Treffpunkt RU 9/10

Neuausgabe

Treffpunkt RU – Neuausgabe

Unterrichtswerk für katholische Religionslehre
in der Sekundarstufe I

9./10. Jahrgangsstufe

Erarbeitet von
Reinhard Bamming und Maria Trendelkamp
unter Mitarbeit von
Paul Schladoth, Alexander Schmidt und Michael Wedding
unter Beratung von
Professor Dr. Paul Schladoth

Revidiert von
Josef Epping und Brigitte Zein-Schumacher
unter Mitarbeit von Stefanie Fuest

Zugelassen als Lehrbuch für den katholischen Religionsunterricht in der Sekundarstufe I durch die Diözesanbischöfe von Aachen, Berlin, Essen, Fulda, Hamburg, Hildesheim, Köln, Limburg, Mainz (für den Bistumsanteil in den Bundesländern Hessen und Rheinland-Pfalz), Münster, Osnabrück (für den Bistumsanteil im Bundesland Niedersachsen), Paderborn, Speyer, Trier

Umschlag: Kaselow Design, unter Verwendung eines Motivs von Peter Schimmel
Illustration: Lisa Althaus, A-Klaus
Notensatz: Christa Pfletschinger, München
Satz: Kösel-Verlag, München

www.cornelsen.de
www.oldenbourg.de

4. Auflage, 2. Druck
Alle Drucke dieser Auflage können im Unterricht nebeneinander verwendet werden.

© 2005 Kösel-Verlag, München, in der Verlagsgruppe Random House GmbH
© 2015 Cornelsen Schulverlage GmbH, Berlin

Folgt der aktuellen Rechtschreibung (2006).
Das Werk und seine Teile sind urheberrechtlich geschützt.
Jede Verwertung in anderen als den gesetzlich zugelassenen Fällen bedarf deshalb
der vorherigen schriftlichen Einwilligung des Verlages.
Hinweis zu den §§ 46, 52a UrhG: Weder das Werk noch seine Teile dürfen ohne eine solche Einwilligung
eingescannt und in ein Netzwerk eingestellt oder sonst öffentlich zugänglich gemacht werden.
Dies gilt auch für Intranets von Schulen und sonstigen Bildungseinrichtungen.

Druck und Bindung: Kösel, Krugzell

ISBN 978-3-06-065495-6

Inhaltsverzeichnis

1 Das Leben gestalten — 5
Arbeit – Beruf – Freizeit

2 Liebe – mehr als ein Wort — 19
Liebe – Partnerschaft – Ehe

3 Grenzen erfahren — 35
Alter – Leiden – Sterben – Tod

4 Handeln für das Leben — 51
Entscheiden und verantworten können

5 Schalom – den Frieden wünschen — 63
Verantwortung der Christen

6 Das Lebenshaus — 79
Schöpfung und Lebensstil

7 Himmel auf Erden? — 91
Das Reich Gottes

8 Lebenswege eines Buches — 105
Entstehung und Auslegung der Bibel

9 Vom Tod zum Leben — 119
Kreuz und Auferstehung Jesu Christi

10 In Geschichte(n) verwickelt — 135
Kirche auf dem Weg

11 Kirchen-Räume — 149
Glaube nimmt Gestalt an

12 Hinduismus und Buddhismus — 165
Östliche Wege zur Mitte

Projekt: Glaube muss wirksam werden — 186
Register — 188
Text- und Bildnachweis — 189

Liebe Schülerinnen und Schüler,

im Internet gibt es (2005) mehr als drei Millionen Einträge zum Stichwort »Treffpunkt«, zu »meeting point« sind es sogar mehr als 140 Millionen. Es ist offenbar für Menschen überaus wichtig, dass es Orte gibt sich mit anderen zu treffen. Wo kann ich meine Freunde treffen? Wo sind Leute mit gleichen Interessen? Wo kann ich mit jemandem über meine Fragen und Probleme diskutieren? Wo kann ich Menschen finden, die sich für eine gemeinsame Sache engagieren? Das sind Fragen, die sicher auch euch beschäftigen.

Der Religionsunterricht kann ein solcher »meeting point« sein. Er ist ein Ort, an dem es um die Grundfragen des Lebens geht: um Ursprung und Ziel der Welt, um den Sinn des Lebens, um das richtige Handeln. Es ist nicht selbstverständlich, dass Menschen über solche Fragen reden, aber es ist lebensnotwendig. Sonst kann das Leben leicht zu bloßem Dahinleben verkommen.

Diese Grundfragen haben Menschen schon seit Jahrtausenden beschäftigt. Sie haben damit viele wichtige Erfahrungen gemacht und sind zu vielen wichtigen Erkenntnissen gekommen. Es wäre dumm auf diesen Schatz zu verzichten. Deshalb ist der Religionsunterricht auch ein Treffpunkt, an dem ihr ins Gespräch kommen könnt mit den Fragen und Antworten aus dem Erfahrungsschatz der Menschheit und auch mit vielen faszinierenden Menschen, die um diese Fragen gerungen haben.

Christen sind Menschen, die davon ausgehen, dass man in der Begegnung mit Jesus Christus entscheidende Antworten auf die Grundfragen des Lebens finden kann. Auch ihn könnt ihr im Religionsunterricht treffen, wenn ihr euch nur auf diese lohnende Begegnung einlassen wollt. Er hat ein erstaunliches Wort gesagt: »Wo zwei oder drei in meinem Namen versammelt sind, da bin ich in ihrer Mitte« (Mt 18,20).

Wir wünschen euch, dass ihr im Religionsunterricht interessante Treffen miteinander habt, spannende Begegnungen mit Gott und der Welt und immer wieder auch mit euch selbst. Dieses Buch will euch dabei helfen und euch viele Anregungen geben. Ihr braucht nur etwas Mut euch in diese Begegnungen einzubringen: mit euren Einsichten und Ideen, mit euren Fragen und Problemen, mit eurer Fantasie und Kreativität.

Viel Freude dabei!

1 Das Leben gestalten
Arbeit – Beruf – Freizeit

1 Leben – aber wie?

> Ich fänd's klasse, wenn ich den ganzen Tag tun und lassen könnte, was ich möchte.

> Mit Freunden treffen und bummeln gehen ist für mich das Schönste.

> Für mich ist es wichtig, mich für eine Sache einzusetzen. Deshalb bin ich Trainerin in unserem Sportverein.

> Was du heute kannst besorgen, das verschiebe ruhig auf morgen!

> Nach der Schule möchte ich gerne eine qualifizierte Ausbildung machen. Darauf bereite ich mich schon jetzt mit Kursen vor.

- Morgens lange schlafen,
- sich in den Tag hineintasten,
- stundenlang Kaffee trinken,
- in Zeitungen blättern,
- Radio hören,
- durch die Gegend streifen,
- ziellos Freunde treffen,
- Stunden verquatschen,
- im Schwimmbad liegen, dösen,
- ins Kino gehen oder in die Diskothek,
- reisen,
- Schönes sehen und erleben,
- manchmal jobben für ein Kleingeld …

- Im Beruf den Mann/die Frau stehen,
- die Zeit nützen,
- sich weiterbilden durch Abendschule, Wochenendkurse …,
- Bücher lesen, Sprachen lernen,
- die Zeit nicht vertrödeln,
- das Leben planen,
- sich Ziele setzen,
- sich einsetzen in Verein, Gemeinde, Staat, Kirche,
- die Natur kennen lernen,
- nicht durch die Gegend stolpern,
- auf die Dinge zugehen,
- sie nicht auf sich zukommen lassen …

Anekdote zur Senkung der Arbeitsmoral

In einem Hafen an einer westlichen Küste Europas liegt ein ärmlich gekleideter Mann in seinem Fischerboot und döst. Ein schick angezogener Tourist legt eben einen neuen Farbfilm in seinen Fotoapparat, um das idyllische Bild zu fotografieren: blauer Himmel, grüne See mit friedlichen schneeweißen Wellenkämmen, schwarzes Boot, rote Fischermütze. Klick. Noch einmal: klick. Und da aller guten Dinge drei sind und sicher sicher ist, ein drittes Mal: klick.
Das spröde, fast feindselige Geräusch weckt den dösenden Fischer, der sich schläfrig aufrichtet, schläfrig nach einer Zigarettenschachtel angelt; aber bevor er das Gesuchte gefunden, hat ihm der eifrige Tourist schon eine Schachtel vor die Nase gehalten, ihm die Zigarette nicht gerade in den Mund gesteckt, aber in die Hand gelegt, und ein viertes Klick, das des Feuerzeuges, schließt die eilfertige Höflichkeit ab. Durch jenes kaum messbare, nie nachweisbare Zuviel an flinker Höflichkeit ist eine gereizte Verlegenheit entstanden, die der Tourist – der Landessprache mächtig – durch ein Gespräch zu überbrücken versucht.
»Sie werden heute einen guten Fang machen.«
Kopfschütteln des Fischers.
»Aber man hat mir gesagt, dass das Wetter günstig ist.«
Kopfnicken des Fischers.
»Sie werden also nicht ausfahren?«
Kopfschütteln des Fischers, steigende Nervosität des Touristen. Gewiss liegt ihm das Wohl des ärmlich gekleideten Menschen am Herzen, nagt an ihm die Trauer über die verpasste Gelegenheit.
»Oh, Sie fühlen sich nicht wohl?«
Endlich geht der Fischer von der Zeichensprache zum wahrhaft gesprochenen Wort über. »Ich fühle mich großartig«, sagt er. »Ich habe mich nie besser gefühlt.« Er steht auf, reckt sich, als wolle er demonstrieren, wie athletisch er gebaut ist. »Ich fühle mich fantastisch.«

Der Gesichtsausdruck des Touristen wird immer unglücklicher, er kann die Frage nicht mehr unterdrücken, die ihm sozusagen das Herz zu sprengen droht: »Aber warum fahren Sie dann nicht aus?«
Die Antwort kommt prompt und knapp. »Weil ich heute Morgen schon ausgefahren bin.«
»War der Fang gut?«
»Er war so gut, dass ich nicht noch einmal auszufahren brauche, ich habe vier Hummer in meinen Körben gehabt, fast zwei Dutzend Makrelen gefangen ...« Der Fischer, endlich erwacht, taut jetzt auf und klopft dem Touristen beruhigend auf die Schultern. Dessen besorgter Gesichtsausdruck erscheint ihm als ein Ausdruck zwar unangebrachter, doch rührender Kümmernis.

»Ich habe sogar für morgen und übermorgen genug«, sagt er, um des Fremden Seele zu erleichtern. »Rauchen Sie eine von meinen?«
»Ja, danke.«
Zigaretten werden in die Münder gesteckt, ein fünftes Klick, der Fremde setzt sich kopfschüttelnd auf den Bootsrand, legt die Kamera aus der Hand, denn er braucht jetzt beide Hände, um seiner Rede Nachdruck zu verleihen.
»Ich will mich ja nicht in Ihre persönlichen Angelegenheiten mischen«, sagt er, »aber stellen Sie sich mal vor, Sie führen heute ein zweites, ein drittes, vielleicht sogar ein viertes Mal aus, und Sie würden drei, vier, fünf, vielleicht gar zehn Dutzend Makrelen fangen – stellen Sie sich das mal vor.«
Der Fischer nickt.
»Sie würden«, fährt der Tourist fort, »nicht nur heute, sondern morgen, übermorgen, ja, an jedem günstigen Tag zwei-, dreimal, vielleicht viermal ausfahren – wissen Sie, was geschehen würde?«
Der Fischer schüttelt den Kopf.
»Sie würden sich spätestens in einem Jahr einen Motor kaufen können, in zwei Jahren ein zweites Boot, in drei oder vier Jahren vielleicht einen kleinen Kutter haben, mit zwei Booten und dem Kutter würden Sie natürlich viel mehr fangen – eines Tages würden Sie zwei Kutter haben, Sie würden ...«, die Begeisterung verschlägt ihm für ein paar Augenblicke die Stimme, »Sie würden ein kleines Kühlhaus bauen, vielleicht eine Räucherei, später eine Marinadenfabrik, mit einem eigenen Hubschrauber rundfliegen, die Fischschwärme ausmachen und Ihren Kuttern per Funk Anweisungen geben. Sie könnten die Lachsrechte erwerben, ein Fischrestaurant eröffnen, den Hummer ohne Zwischenhändler direkt nach Paris exportieren – und dann ...«, wieder verschlägt die Begeisterung dem Fremden die Sprache. Kopfschüttelnd, im tiefsten Herzen betrübt, seiner Urlaubsfreude schon fast verlustig, blickt er auf die friedlich hereinrollende Flut, in der die ungefangenen Fische munter springen. »Und dann«, sagt er, aber wieder verschlägt ihm die Erregung die Sprache.
Der Fischer klopft ihm auf den Rücken, wie einem Kind, das sich verschluckt hat.
»Was dann?«, fragt er leise.
»Dann«, sagt der Fremde mit stiller Begeisterung, »dann könnten Sie beruhigt hier im Hafen sitzen, in der Sonne dösen – und auf das herrliche Meer blicken.«
»Aber das tu ich ja schon jetzt«, sagt der Fischer, »ich sitze beruhigt am Hafen und döse, nur Ihr Klicken hat mich dabei gestört.«
Tatsächlich zog der solcherlei belehrte Tourist nachdenklich von dannen, denn früher hatte er auch einmal geglaubt, er arbeite, um eines Tages einmal nicht mehr arbeiten zu müssen, und es blieb keine Spur von Mitleid mit dem ärmlich gekleideten Fischer in ihm zurück, nur ein wenig Neid.

Heinrich Böll

Verschiebe nicht auf morgen, was du auch heute tun kannst; denn wenn es dir heute Spaß macht, kannst du es morgen wieder tun.

- Welcher Ringbuchseite gehört deine Sympathie?
- Erstelle eine Auflistung, die deinen Lebensvorstellungen entspricht. Finden sich Auffälligkeiten? Vergleiche mit den Texten deiner MitschülerInnen!
- Nimm zum Text von Heinrich Böll Stellung. Wie werden die beiden Lebenshaltungen dargestellt und welche gesellschaftlichen Konsequenzen haben sie?
- Suche weitere Sprichwörter, die die Einstellung zu menschlicher Arbeit zeigen!
- Sprecht darüber, was es heißt, »das Leben zu gestalten«!

2 Leben um zu arbeiten

Arbeit war sein ganzes Leben ...

Bei der Beerdigung von Herrn Heinz Miller, Prokurist der Firma Geller & Co. GmbH, sprach der Geschäftsführer des Unternehmens bewegende Abschiedsworte. Er sagte unter anderem: »Aus dem vollen Schaffen, mitten aus der täglichen Firmenarbeit heraus, wurde Herr Miller von uns gerissen – viel zu früh, erst 41 Jahre alt ... Das Leben unseres verdienten Freundes war Arbeit und nochmals Arbeit. Er hat dem Unternehmen seine ganze Zeit, seine ganze Kraft und sogar seine Gesundheit geschenkt. Sein hohes Verantwortungsbewusstsein und sein enormer Fleiß ließen ihn zu einer unersetzlichen Stütze der Firma werden. Allen Mitarbeiterinnen und Mitarbeitern unseres Betriebs wird er in seiner vorbildlichen Pflichterfüllung immer ein leuchtendes Vorbild bleiben. Der Tod von Herrn Miller hinterlässt eine Lücke, die kaum zu schließen sein wird ...« Frau Lina Miller, Gattin des Verstorbenen, war sehr bewegt. Aber sie dachte auch an all die unzähligen Stunden, die sie zu Hause allein verbracht hatte, an all die Mahlzeiten, die kalt geworden waren, und an all die Sorgen um die Kinder und den Haushalt, die sie alleine mit sich herumgeschleppt hatte, weil ihr Mann auf jede Bitte immer wieder gesagt hatte: »Ach, ich habe keine Zeit. Du siehst doch, dass ich zu arbeiten habe ...« Auch die Kinder des Verstorbenen, Petra, Klaus und Regina, waren sehr ergriffen. Auch sie erinnerten sich daran, wie sie als Kinder immer versucht hatten, dem Vater ihr zerbrochenes Spielzeug zu bringen oder mit ihm zu spielen. Und auch später, als sie versuchten, mit ihren Lebensfragen zu ihm zu kommen, da hatte er immer abgewinkt: »Ein andermal ...« Und auch Millers Kollegen und Untergebene waren tief beeindruckt. Tief in ihrem Herzen allerdings fragten sie sich: »Wann hat er eigentlich je ein persönliches Wort mit uns gesprochen? Hat er überhaupt bemerkt, dass wir Menschen sind und Sorgen haben?« Jedenfalls hatte er sie nie angehört, wenn sie ihn einmal um Rat fragen wollten; denn er war ja immer so beschäftigt gewesen ...

Michael Persie

Walter Habdank, 1973

Als man das Münster zu Freiburg baute, fragte man drei Steinmetze nach ihrer Arbeit. Der eine saß und haute Quader zurecht für die Mauern der Wand. »Was machst du da?« – »Ich haue Steine.«
Stand da ein anderer, mühte sich um das Rund einer kleinen Säule für das Blendwerk der Tür. »Was machst du da?« – »Ich verdiene Geld für meine Familie.«
Bückte sich ein dritter über das Ornament einer Kreuzblume für den Fensterbogen, mit dem Meißel vorsichtig tastend. »Was machst du da?« – »Ich baue am Dom.«

Mündlich überliefert

- Welchen Stellenwert hat die Arbeit im Leben des Verstorbenen? Wie beurteilt ihr dieses Leben?
- Lest Todesanzeigen in der Zeitung, die eine ähnliche Auffassung von Arbeit zeigen.
- Besprecht, welche unterschiedlichen Vorstellungen zur Arbeit sich in den Begriffen »Job«, »Maloche«, »Tretmühle« und »Beruf« zeigen. Sucht Beispiele zu den einzelnen Begriffen und zeigt auf, wie eure eigenen Vorstellungen, Wünsche und Möglichkeiten aussehen.

Schritt – Atemzug – Besenstrich

In seinem Märchenroman ›Momo‹ erzählt Michael Ende von Beppo, dem Straßenkehrer:

Er fuhr jeden Morgen lange vor Tagesanbruch mit seinem alten, quietschenden Fahrrad in die Stadt zu einem großen Gebäude. Dort wartete er auf einem Hof zusammen mit seinen Kollegen, bis man ihm einen Besen und einen Karren gab und ihm eine bestimmte Straße zuwies, die er kehren sollte. Beppo liebte diese Stunden vor Tagesanbruch, wenn die Stadt noch schlief. Und er tat seine Arbeit gern und gründlich. Er wusste, es war eine sehr notwendige Arbeit. Wenn er so die Straßen kehrte, tat er es langsam, aber stetig: Bei jedem Schritt einen Atemzug und bei jedem Atemzug einen Besenstrich. Schritt – Atemzug – Besenstrich. Schritt – Atemzug – Besenstrich. Dazwischen blieb er manchmal ein Weilchen stehen und blickte nachdenklich vor sich hin. Und dann ging es wieder weiter – Schritt – Atemzug – Besenstrich. Während er sich so dahinbewegte, vor sich die schmutzige Straße und hinter sich die saubere, kamen ihm oft große Gedanken. Aber es waren Gedanken ohne Worte. Gedanken, die sich so schwer mitteilen ließen wie ein bestimmter Duft, an den man sich nur gerade eben noch erinnert, oder wie eine Farbe, von der man geträumt hat. Nach der Arbeit, wenn er bei Momo saß, erklärte er ihr seine großen Gedanken. Und da sie auf ihre besondere Art zuhörte, löste sich seine Zunge und er fand die richtigen Worte.

»Siehst du, Momo«, sagte er dann zum Beispiel, »es ist so: Manchmal hat man eine sehr lange Straße vor sich. Man denkt, die ist so schrecklich lang; das kann man niemals schaffen, denkt man.« Er blickte eine Weile schweigend vor sich hin, dann fuhr er fort: »Und dann fängt man an sich zu eilen. Und man eilt sich immer mehr. Jedes Mal, wenn man aufblickt, sieht man, dass es gar nicht weniger wird, was noch vor einem liegt. Und man strengt sich noch mehr an, man kriegt es mit der Angst und zum Schluss ist man ganz außer Puste und kann nicht mehr. Und die Straße liegt immer noch vor einem. So darf man es nicht machen.« Er dachte einige Zeit nach. Dann sprach er weiter: »Man darf nie an die ganze Straße auf einmal denken, verstehst du? Man muss nur an den nächsten Schritt denken, an den nächsten Atemzug, an den nächsten Besenstrich. Und immer wieder nur an den nächsten.« Wieder hielt er inne und überlegte, ehe er hinzufügte: »Dann macht es Freude; das ist wichtig, dann macht man seine Sache gut. Und so soll es sein.« Abermals nach einer langen Pause fuhr er fort: »Auf einmal merkt man, dass man Schritt für Schritt die ganze Straße gemacht hat. Man hat gar nicht gemerkt, wie, und man ist nicht außer Puste.« Er nickte vor sich hin und sagte abschließend: »Das ist wichtig.«

- Vergleicht Beppo und den verstorbenen Heinz Miller. Welche unterschiedlichen Auffassungen werden deutlich? Wo finden sich Ähnlichkeiten?
- Wo spiegeln sich die Aussagen der Bilder in den Texten wider?
- Sucht Bilder und kurze Texte/Kalendersprüche, die eure Ansicht zu der Frage »Leben, um zu arbeiten« zeigen. Gestaltet Plakate dazu und sprecht über eure Meinungen.

3 Mensch werden – durch Arbeit

Jeder Mensch hat das Recht auf Arbeit, auf freie Berufswahl, auf angemessene und befriedigende Arbeitsbedingungen sowie auf Schutz gegen Arbeitslosigkeit. Jeder Mensch, der arbeitet, hat das Recht auf angemessene und befriedigende Entlohnung, die ihm und seiner Familie eine der menschlichen Würde entsprechende Existenz sichert und die, wenn nötig, durch andere soziale Schutzmaßnahmen zu ergänzen ist.

Allgemeine Erklärung der Menschenrechte, Artikel 23

Neapel sehen

Er hatte eine Bretterwand gebaut. Die Bretterwand entfernte die Fabrik aus seinem häuslichen Blickkreis. Er hasste die Fabrik. Er hasste seine Arbeit in der Fabrik. Er hasste die Maschine, an der er arbeitete. Er hasste das Tempo der Maschine, das er selber beschleunigte. Er hasste die Hetze nach Akkordprämien, durch welche er es zu einigem Wohlstand, zu Haus und Gärtchen gebracht hatte. Er hasste seine Frau, sooft sie ihm sagte: Heute Nacht hast du wieder gezuckt. Er hasste sie, bis sie es nicht mehr erwähnte. Aber die Hände zuckten weiter im Schlaf, zuckten im schnellen Stakkato der Arbeit. Er hasste den Arzt, der ihm sagte: Sie müssen sich schonen, Akkord ist nichts mehr für Sie. Er hasste den Meister, der ihm sagte: Ich gebe dir eine andere Arbeit, Akkord ist nichts mehr für dich. Er hasste so viele verlogene Rücksicht, er wollte kein Greis sein, er wollte keinen kleineren Zahltag, denn immer war das die Hinterseite von so viel Rücksicht, ein kleinerer Zahltag. Dann wurde er krank, nach vierzig Jahren Arbeit und Hass zum ersten Mal krank. Er lag im Bett und blickte zum Fenster hinaus. Er sah sein Gärtchen. Er sah den Abschluss des Gärtchens, die Bretterwand. Weiter sah er nicht. Die Fabrik sah er nicht, nur den Frühling im Gärtchen und eine Wand aus gebeizten Brettern. Bald kannst du wieder hinaus, sagte die Frau, es steht alles in Blüte. Er glaubte ihr nicht. Geduld, nur Geduld, sagte der Arzt, das kommt schon wieder. Er glaubte ihm nicht. Es ist ein Elend, sagte er nach drei Wochen zu seiner Frau, ich sehe immer das Gärtchen, sonst nichts, nur das Gärtchen, das ist mir zu langweilig, immer dasselbe Gärtchen, nehmt doch einmal zwei Bretter aus der verdammten Wand, damit ich was anderes sehe. Die Frau erschrak. Sie lief zum Nachbarn. Der Nachbar kam und löste zwei Bretter aus der Wand. Der Kranke sah durch die Lücke hindurch, sah einen Teil der Fabrik. Nach einer Woche beklagte er sich: Ich sehe immer das gleiche Stück der Fabrik, das lenkt mich zu wenig ab. Der Nachbar kam und legte die Bretterwand zur Hälfte nieder. Zärtlich ruhte der Blick des Kranken auf seiner Fabrik, verfolgte das Spiel des Rauches über dem Schlot, das Ein und Aus der Autos im Hof, das Ein des Menschenstromes am Morgen, das Aus am Abend. Nach vierzehn Tagen befahl er, die stehen gebliebene Hälfte der Wand zu entfernen. Ich sehe unsere Büros nie und auch die Kantine nicht, beklagte er sich. Der Nachbar kam und tat, wie er wünschte. Als er die Büros sah, die Kantine und so das gesamte Fabrikareal, entspannte ein Lächeln die Züge des Kranken. Er starb nach einigen Tagen.

Kurt Marti

Die Arbeit ist ein Gut für den Menschen, weil er durch die Arbeit nicht nur die Natur umwandelt und seinen Bedürfnissen anpasst, sondern sich auch selbst als Mensch verwirklicht, ja gewissermaßen »mehr Mensch wird«. – Man muss den Vorrang des Menschen im Produktionsprozess, den Vorrang des Menschen gegenüber den Dingen unterstreichen und herausstellen.

Papst Johannes Paul II.

Aufgerufen zur Mitarbeit

Das ist das Erste, was die christliche Botschaft über die Arbeit zu sagen hat: Gott hat die Welt nicht erschaffen, er erschafft sie dauernd, und zwar auch durch uns ... Was der Mensch macht, erschafft Gott ...
Das Zweite ist, dass Arbeit die Menschen einigt. Durch die Zusammenarbeit wachsen Solidarität und Kontakt unter den Menschen. Dass Mann und Frau zusammen für die Familie arbeiten, prägt auch ihr Verhältnis zueinander. Vor allem einigt die Arbeit die Menschen, weil sie immer auch für andere geschieht: Der Mann arbeitet für die Frau und umgekehrt, der Architekt und der Maurer für die künftigen Hausbewohner, die er nicht kennt. Unsere ganze Gesellschaft ist ein großes Gefüge von wechselseitigen Dienstleistungen. Menschliche Arbeit ist ein Stück menschlicher Zusammengehörigkeit. Und noch etwas hat die Botschaft Christi über die Arbeit zu sagen: Alle Arbeit dient dazu, den Menschen menschlicher zu machen und sein Leben reicher, offener für Entfaltung in Liebe: Liebe zur Familie, Kameradschaft und Kollegialität im Beruf und auf der Arbeitsstelle, Verantwortung gegenüber der Gesellschaft, in der man lebt und arbeitet.

Holländischer Katechismus

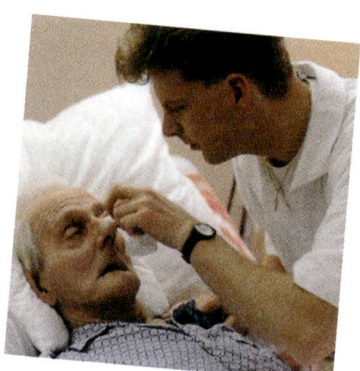

- »Er hasste seine Arbeit.« Viele Aussagen der Geschichte widersprechen dieser Behauptung. Wie lässt sich die Beziehung des Mannes zu seiner Arbeit beschreiben?
- Vergleicht die Geschichte mit der Abbildung »In der Tretmühle«, S. 8, und der Geschichte »Arbeit war sein ganzes Leben«, S. 8.
- Sucht Beispiele (Texte, Bilder ...) aus Illustrierten, Zeitungen usw., die die Aussage »Gott hat die Welt nicht erschaffen, er erschafft sie dauernd, und zwar durch uns« erklären. Weitere Hinweise findet ihr auch in dem Kapitel »Das Lebenshaus«.
- Betrachtet die Abbildungen unter dem Gesichtspunkt: »Mehr Mensch werden« – durch Arbeit?
- »Die Arbeit ist kein Fluch. Sie ist ein Segen Gottes, ein Aufruf, eine neue Welt zu bauen.« Überlegt, inwieweit Gott mit der jetzigen Situation einverstanden wäre. Wo gäbe es Zustimmung, wo Ablehnung?
- Informiert euch (Misereor, Adveniat, Eine-Welt-Läden o. Ä.) über die Arbeitsbedingungen der Menschen in Asien, Südamerika oder Afrika.

4 Was werd ich bloß?

Berufsberatung

Arbeitsamt, Zimmer 218, Berufsberatung für Hauptschüler. Unbedingt hatte die Mutter mitkommen wollen. Es geht um deine Zukunft, Kind.
Zukunft. Horoskop, fiel Petra ein. Enterprise. Raumschiff Enterprise wiederholen sie gerade im Fernsehen ... Wenn sie von der Zukunft reden, sind alle immer todernst. Der Ernst des Lebens. Nun fängt der Ernst des Lebens für dich an, hat Papp heute morgen gesagt.
Petra rutschte auf ihrem Stuhl etwas nach vorn, setzte sich gerade hin. Sechs Wochen hatte sie auf einen Termin bei der Berufsberatung warten müssen. Jetzt war ihr unbehaglich. Die Berufsberaterin betrachtete aufmerksam Petras Zeugnis. Warum sagt sie bloß nichts? Petra fand, dass es stickig war in dem kleinen Raum. Von draußen drang Straßenlärm herein, das Arbeitsamt lag direkt an der Hauptstraße. Die Sonne schien genau in die beiden Fenster, Petra kniff die Augen zusammen. Ich muss mich konzentrieren. Sie zog die Unterlippe zwischen die Zähne und kaute darauf herum.
Sie haben ja recht gute Noten, lobte die Berufsberaterin. Deutsch Zwei, Geometrie ebenfalls. Geometrie ist wichtig für das räumliche Denken.
Wir hatten für Petra eventuell an eine Höhere Handelsschule gedacht, mischte sich die Mutter ein.
Dazu bräuchte Ihre Tochter den Realschulabschluss. Hauptschulabschluss reicht nicht.
Die Berufsberaterin gab Petra das Zeugnis zurück. In welche Richtung gehen denn Ihre Berufsvorstellungen?
Ich hab wieder diesen Frosch im Hals. Petra zog die Schultern hoch. Ja, ich weiß nicht, sagte sie heiser. Sie dachte an die Wochen im Berufspraktikum zurück. Ein Reinfall war das gewesen. Petra wusste damals nicht genau, wozu sie Lust hatte. Nur eines war klar: Ihre Freundin Conny wollte das Berufspraktikum mit Petra zusammen machen. Petra war das sehr recht. Conny ist meine beste Freundin, dachte sie. Conny fand, Versicherung, das wäre es, und Petra entschied sich ebenfalls für Versicherung. Aber dann war hier nur ein einziger Ausbildungsplatz zu bekommen und schließlich hatte Conny die Idee gehabt. Eine Stelle im Lebensmitteleinzelhandel blieb übrig. Frau Marein meinte, so etwas wäre doch für Petra gar nicht schlecht. Naja, also Lebensmittelgeschäft! Leere Flaschen annehmen. Wurst und Schinken aus Plastikfolien herausschneiden ... Petra war froh gewesen, als sie die drei Wochen endlich hinter sich gebracht hatte.
Die Berufsberaterin klopfte mit dem Kugelschreiber auf den Tisch: Sie müssen sich schon irgendwie äußern, Petra. Haben Sie bestimmte Berufswünsche?
Es gibt so viele Berufe, dachte Petra. Was soll ich mir wünschen? ...
Petra fühlte, wie die Berufsberaterin sie beobachtete. In Ihrer Freizeit, Petra, was machen Sie da?
Am liebsten fahre ich Mofa, dachte Petra. Ja, Mofa fahren. Ich hab das irgendwie gern, wenn mir der Wind ins Gesicht schlägt ...
Petra sah zur Mutter hin. Mami hat immer Angst, wenn ich mit meinem Mofa losmache. Ja, also, in meiner Freizeit, sagte Petra gedehnt. Ich bastele gern. Haben Sie schon mal an einen praktischen Beruf gedacht? Mädchen können heute ja auch Bautischler werden ... oder Konditor. Petra musste lachen. Sie sah sich mit einer hohen weißen Mütze vor einer bunten Zucker-

- Traumberuf
- Wunsch der Eltern
- schnell Geld verdienen
- Aufstiegsmöglichkeiten
- Beruf des Vaters, der Mutter
- Nähe einer Arbeitsstelle
- offene Stelle
- Begabungen und Fähigkeiten
- Männer- bzw. Frauenberufe
- viel Geld verdienen
- Interessen und Neigungen
- Modeberuf
- Rat des Arbeitsamtes

Es gibt verschiedene Gründe, sich für einen bestimmten Beruf zu entscheiden.

torte. Peinlich, dass ihr das Lachen so herausgeplatzt war. Tischler, dachte Petra dann. Warum nicht. Bautischler. Mädchen auf dem Bau? Hab ich noch nie gesehen. Wäre das nichts für Sie?, fragte die Berufsberaterin. Ein Beruf im gewerblich-technischen Bereich? Ich möchte lieber ins Büro, sagte Petra unsicher. Mein Mann und ich würden es sehr begrüßen, wenn Petra eine Büroausbildung machen könnte, sagte die Mutter mit Nachdruck. Sie selber arbeitete vormittags in der Filiale einer Großreinigung. Einen Beruf hatte sie nicht gelernt. Sie war Verkäuferin bei Hertie gewesen, bis Papp sie dann geheiratet hat. Die Berufsberaterin sah plötzlich müde aus. Einen Augenblick sagte sie gar nichts. Dann breitete sie sich über Möglichkeiten und Aussichten des Bürokaufmanns aus, gab Petra eine Ablichtung vom Berufsbild Bürokaufmann. Petra solle sich alles in Ruhe durch den Kopf gehen lassen, hieß es noch, und in sechs Wochen zu einem zweiten Gespräch kommen. Die Mutter bedankte sich und die Berufsberaterin versuchte, Petra aufmunternd zuzulächeln. Vor der Tür wartete die nächste Schülerin. Die war allein gekommen. Im Treppenhaus rannte die Mutter los. Petra kam gar nicht so schnell mit. Hättest du dich nicht einmal zusammennehmen können? Immer deine Muffigkeit! Ich war doch nicht muffig. Hockst da und kriegst den Mund nicht auf! Was sollte ich denn sagen? Fragen! Wozu sind wir denn sonst hingegangen? ... Ist dir eigentlich klar, um was es geht? Um meine Zukunft, dachte Petra. Ja, klar, sagte sie. Eine Frau drehte sich um, sah zu ihnen hin. Petra wollte weitergehen, aber die Mutter konnte nicht aufhören. Es kommt auf den persönlichen Eindruck an, den man beim Arbeitsamt macht! Ich begreife dich nicht. Wir zerbrechen uns den Kopf, was aus dir werden soll, aber dich scheint das alles nichts anzugehen. Doch, sagte Petra. Natürlich. Am Ende des Flurs entdeckten sie den Pfeil Ausgang. Sie waren genau in die falsche Richtung gegangen.

Ann Ladiges

- Sprecht über Petras Schwierigkeiten bei der Berufsfindung und vergleicht dies mit euren eigenen Vorstellungen und Wünschen.
- Welches sind für dich die drei wichtigsten Gründe bei der Berufswahl?
- Versetze dich in den Jugendlichen auf dem Bild von F. C. Rogers und denke über mögliche Gefühle (positive und negative) nach. Schreibe einen Tagebucheintrag: »Mein letzter Schultag ...«
- »Die Schule hinter sich lassen« – Denkt darüber nach, welche Veränderungen der Wechsel von der Schule in die Arbeitswelt mit sich bringt.

5 Arbeitslos – Recht auf Arbeit?

Traumjob auf Umwegen

Eigentlich waren alle Lehrstellen vergeben: Doch die Firma Hagemeyer und Co. KG in Minden schuf einen zusätzlichen, einen 26. Ausbildungsplatz. Möglich geworden ist das durch die Initiative gegen Jugendarbeitslosigkeit in Herford, die von Klaus Waldschmidt (64) gegründet wurde.
»Dekorateur war immer mein Traumberuf«, schwärmt Rene Patrik Dallmann aus Minden, der bereits im Sommer sein Praktikum – mit viel Spaß an der Tätigkeit des Dekorateurs – bei der Firma Hagemeyer gemacht hatte.
»Wir hätten ihn auch gerne als Lehrling angenommen, denn sein Engagement und seine Kreativität haben uns überzeugt«, erklärt der Schauwerbeleiter bei Hagemeyer. »Leider war keine Planstelle frei, sodass wir den jungen Mann nicht einstellen konnten.«

Über das Arbeitsamt wurden Rene Patrik Dallmann verschiedene Alternativen angeboten, die aber nicht seinen Neigungen und Berufsvorstellungen entsprachen. So hatte er nur die Möglichkeit eine andere Berufsausbildung zu wählen oder zwei Jahre zu warten, bis eine Planstelle beim Kaufhaus Hagemeyer für ihn zur Verfügung stehen würde. Über Bekannte seiner Familie hatte er von dem Projekt gegen Jugendarbeitslosigkeit gehört und wandte sich an Klaus Waldschmidt. Der ist mit über 100 Lehrstellen-Vermittlungen inzwischen Profi auf diesem Gebiet und trat an die Firma Hagemeyer heran: mit Erfolg.
Sein Angebot, einen Teil der Ausbildungsvergütung für Dallmann zu übernehmen, war für das Haus Hagemeyer äußerst interessant. Der Schauwerbeleiter kann sich gut vorstellen, dass der heutige Auszubildende bei einem guten Prüfungsabschluss vom Haus Hagemeyer auf Dauer übernommen wird. Aus Sicht des Schauwerbeleiters bestehen auch bei anderen Firmen in Minden und Umgebung, die Lehrlinge ausbilden, gute Chancen über den »Solidaritätsfond gegen Jugendarbeitslosigkeit« zusätzliche Lehrstellen zu gewinnen.

Ein Kreuz symbolisiert im ALZ die Zahl der Arbeitslosen in Herne und die Firmen, die in den letzten Jahren abgewandert sind oder »dichtgemacht« haben.

Unverschuldete Arbeitslosigkeit wird zum gesellschaftlichen Skandal, wenn die zur Verfügung stehende Arbeit nicht gerecht verteilt und der Ertrag der Arbeit nicht auch dazu verwandt wird, neue Arbeit für möglichst alle zu schaffen. Hier ist die Solidarität aller gefordert, derjenigen, die über Kapital und Produktionsmittel verfügen, wie auch aller, die bereits Arbeit haben. Das biblische Wort »Wer zwei Gewänder hat, der gebe eines davon dem, der keines hat« (Lk 3,11) gilt auch für die Arbeit.

*Papst Johannes Paul II.
vor Arbeitern in Bottrop (1987)*

- Der junge Mann (R. P. Dallmann) hat seinen »Traumjob auf Umwegen« gefunden. Vergleicht seine Situation mit der Situation Jugendlicher, deren Berufswunsch sich nicht erfüllt hat.
- Listet die unterschiedlichen Möglichkeiten auf, aus dem Labyrinth der Arbeitslosigkeit herauszukommen.
- Informiert euch über kirchliches Engagement für Arbeitssuchende. Welche Projekte finden sich in eurer Nähe?

Was hat Arbeitslosigkeit zu tun ... mit Globalisierung?

Globalisierung bedeutet weltweite Verflechtung, vor allem wirtschaftliche. Heimische Schuhfabrikation wird nach Ostasien verlegt, Äpfel kommen aus Australien, deutsche Altkleider zerstören die Textilindustrie im Kongo. Es gibt kaum Grenzen für Geld und Waren, für Konzerne und Arbeitskräfte, für Wissen und Macht. Globalisierung bedeutet weltweiten Wettbewerb. Manche sehen darin große Chancen, auch für die armen Länder. Doch eine Balance zwischen Arm und Reich stellt sich nicht automatisch ein. Es gibt ausbeuterische Arbeitsverhältnisse, Ressourcenverschwendung, Krieg um Wasser und Bodenschätze.

... Liberalisierung?

In den USA reichen die Steuereinnahmen häufig nicht mehr aus, um die Schulen zu finanzieren. Diese sind deshalb immer stärker auf Sponsoren aus der Wirtschaft angewiesen. So z. B. die Greenbriar-Highschool in Evans, Georgia. Sie wird von einem Getränkehersteller gesponsert. Ein Einzelfall aus den USA? Seit 1995 gilt das Abkommen zur Liberalisierung von Dienstleistungen (GATS). Das Ziel ist die Privatisierung nahezu jeder öffentlichen Dienstleistung: Energie- und Wasserversorgung, medizinische und soziale Dienste, Bildung und Kultur, Post und Telekommunikation, Banken und Versicherungen, Transport und Handel, Bauwesen, Tourismus ...

SELBSTHILFEGRUPPE ZUVERSICHT

Wer sind wir?
Wir sind eine Selbsthilfegruppe von 15-20 Frauen und Männern, die von Sozialhilfe oder Arbeitslosenhilfe leben müssen.

Was machen wir?
1. Bearbeiten von Themen zur Arbeitslosigkeit
   Erfahrungsaustausch über die persönliche Situation
   Informationsveranstaltungen
   Öffentlichkeitsarbeit
   Besuche von anderen Organisationen und Arbeitsprojekten
   Umfrage vor Ämtern
   Beteiligung an Podiumsdiskussionen
   Seminare zu speziellen Themen wie z. B.:
   Arbeitslosigkeit und deren psycho-soziale Folgen
   Sozialpolitik
   Kinderarmut in Deutschland
   Selbstbehauptungstraining

2. Beratung betreffs Arbeitslosigkeit, Hartz IV, ALG 2
   (Termine nur nach vorheriger Absprache)

3. gemeinsames Frühstück
   Wir treffen uns: jeden Freitag ab 9.30 Uhr
   Ort: Pfarrhaus, Kreuzgemeinde Braunschweig

- Debattiert in einer Pro-und-Contra-Diskussion die Vor- und Nachteile, die sich ergeben können, wenn Wirtschaftsunternehmen Schulen und Hochschulen sponsern.
- Einen guten Einstieg in das Thema Globalisierung bietet das e-Learning-Modul von Schülern und Schülerinnen www.e-globalisierung.org. Über Argumente der Globalisierungskritiker und ihre Vorschläge für eine solidarische Weltwirtschaft könnt ihr euch z. B. informieren unter www.attac.de, www.pax-christi.de.
- Untersucht, was sich alles hinter dem Begriff »Arbeit« versteckt: Erwerbsarbeit, Hausarbeit, Familienarbeit, ehrenamtliche Arbeit, Teilzeitarbeit ... Setzt euch vor diesem Hintergrund und der Grafik oben mit dem Begriff der Arbeitslosigkeit auseinander.

6 Freizeit – gestaltete Zeit?

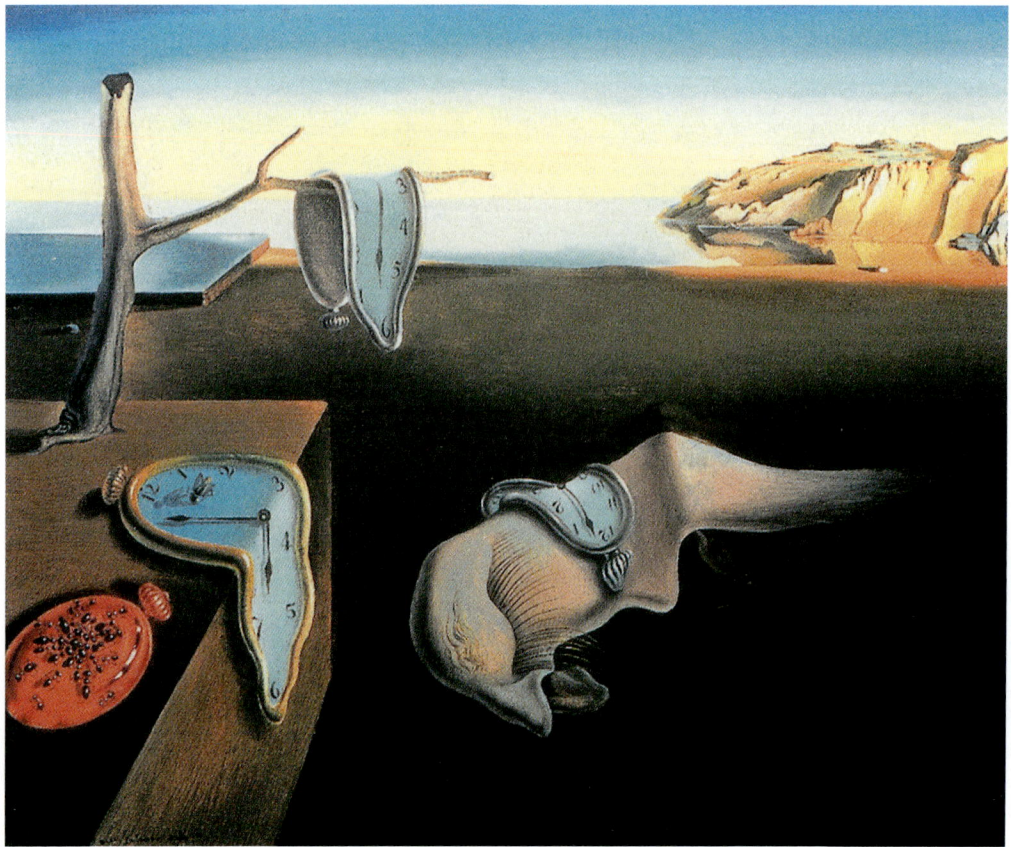

Salvador Dalí, 1931

Vom Umgang mit der Zeit

»Der weiße Mann ist immer unzufrieden mit seiner Zeit und er klagt den großen Geist dafür an, dass er ihm nicht mehr davon gegeben hat. Ja, er lästert Gott und seine große Weisheit, indem er jeden Tag nach einem ganz gewissen Plan teilt und zerteilt. Er zerschneidet ihn gerade so, als führe man kreuzweise mit dem Buschmesser durch eine weiche Kokosnuss. Alle Teile haben ihren Namen: Sekunde, Minute, Stunde ... Es gibt im Land des weißen Mannes nur wenige Menschen, die Zeit haben. Die meisten rennen durchs Leben wie ein geworfener Stein. Fast alle sehen im Gehen auf den Boden und schleudern die Arme weit von sich, um möglichst schnell voranzukommen ...

Ich glaube, die Zeit entschlüpft dem weißen Mann wie eine Schlange in nasser Hand, gerade weil er sie zu sehr festhält. Er lässt sie nicht zu sich kommen. Er jagt immer mit ausgestreckten Händen hinter ihr her. Er gönnt ihr die Ruhe nicht, sich in der Sonne zu lagern. Sie soll immer ganz nahe sein, soll etwas singen und sagen. Die Zeit aber ist still und friedlich und liebt die Ruhe und das breite Lagern auf der Matte. Der weiße Mann liebt die Zeit nicht, er versteht sie nicht und deshalb misshandelt er sie.«

Den Reden des Südseehäuptlings Tuiavii zugeschrieben

Was wir so sagen ...

Mir läuft die Zeit davon.
Nutze die Zeit!
Das ist eine Frage der Zeit.
Man muss mit der Zeit gehen.
Er hat das Zeitliche gesegnet.
Die Zeit weilt – eilt – teilt – heilt.
Er nahm sich keine Zeit.

Du schlägst die Zeit tot!
Nimm dir die Zeit!
Ich stehe unter Zeitdruck.
Ich vertreibe mir die Zeit.
Ihr sollt euch die Zeit einteilen!

Christen feiern den Sonntag

10. Menschen brauchen den Sonntag. Der Wechsel von Arbeit und Ruhe gehört zum Leben und Dasein des Menschen. Der Sonntag unterbricht den Kreislauf von Arbeit und Konsum. Auch der Umgang mit der Freizeit soll nicht nur von Markt und Geschäft bestimmt sein. Der Grundsatz »Zeit ist Geld« soll nicht alle Tage beherrschen. Menschen müssen Zeit haben für das, was sich ökonomisch nicht rechnet. Dafür steht der Sonntag …
11. Der Sonntag gibt dem Zeitempfinden einen wiederkehrenden Rhythmus und gewährt einen regelmäßigen Freiraum. Er verhilft zu dem notwendigen Abstand von dem sich beschleunigenden Wandel, von dem Anpassungsdruck des Erwerbslebens wie des Freizeitverhaltens. In der Leistungsgesellschaft bietet er eine Zone der Freiheit vom Leistungsdruck. Zum verantwortlichen Umgang mit der Zeit gehört die regelmäßige Unterbrechung. »Zeitbrachen«, also unbewirtschaftete Zeit, sind für die Wahrnehmung menschlicher Freiheit unentbehrlich …
13. Weil Jesus Christus am ersten Tag nach dem Sabbat (Markus 16,2) von den Toten auferweckt wurde, feiern Christen den Sonntag als den Tag des Herrn. Der Sinn des Sabbats wurde in die Feier des Sonntags aufgenommen … Den Dank für die Schöpfung und den Lobpreis für die Auferstehung Christi haben die Christen von Anfang an im Gottesdienst zum Ausdruck gebracht. Indem Christen sich zum Gottesdienst versammeln, verdeutlichen sie, dass die Unterscheidung des Sonntags vom Alltag dem Leben dient. Die Feier des Sonntags ist die Antwort der Christen auf das, was Gott getan hat.

Gemeinsames Wort der Deutschen Bischofskonferenz und des Rates der EKD

Gedenke des Sabbats: Halte ihn heilig!

Ex 20,8

Gott gibt ein Fest

Es ist schön, dass in vielen Kulturen heute der Sonntag ein freier Tag ist oder gar mit dem Samstag ein so genanntes freies Wochenende bildet. Aber diese freie Zeit bleibt leer, wenn Gott nicht darin vorkommt. Liebe Freunde! Manchmal ist es vielleicht im ersten Augenblick unbequem, am Sonntag auch die heilige Messe einzuplanen. Aber ihr werdet sehen, dass gerade das der Freizeit erst die rechte Mitte gibt. Lasst euch nicht abbringen von der sonntäglichen Eucharistie und helft auch den anderen, dass sie sie entdecken … Entdecken wir den inneren Reichtum des Gottesdienstes der Kirche und seine wahre Größe: dass da nicht wir selber uns allein ein Fest machen, sondern dass der lebendige Gott selbst uns ein Fest gibt.

Papst Benedikt XVI. beim Weltjugendtag 2005

Arbeiten und Feiern

Einen großen Teil unseres Lebens verbringen wir mit Arbeit. Aber in zunehmendem Maß wächst – dank der modernen Produktionstechnik – unsere Freizeit. Arbeiten und Feiern werden zu gleich wichtigen Formen unserer Selbstentfaltung und Selbstverwirklichung.
Für viele ist Freizeit lustloser Feierabend, totgeschlagene Zeit, einfallsloser Konsum. Doch sie kann auch Zeit zur Muße, zur wohlverdienten Entspannung, zur erholsamen Pause sein, in der nicht nur wieder für die Arbeit neue Kraft gesammelt wird, sondern die in sich ein Wert ist: Solche Freizeit könnte das Gespür für die Bedeutung des Feierns erneuern, ja als Feiern selbst erfahrbar sein. Denn wir leben nicht nur um zu arbeiten. Zum Leben gehört auch: spielen, lieben, feiern, träumen, erzählen, musizieren, spazieren gehen, lesen, die Welt betrachten. Arbeiten und Feiern zusammen sind wichtig für das Menschsein.

Grundriss des Glaubens 39.4

- Sprecht über eure Freizeit! Was macht ihr? Was ist euch wichtig?
- Informiert euch in eurer Umgebung, welche Möglichkeiten der Freizeitgestaltung es gibt, und erstellt eine Wandzeitung! Befragt hierzu auch MitarbeiterInnen der kirchlichen und städtischen Jugendarbeit!
- Was bedeutet es für euch Zeit zu haben?
- Setzt euch bequem hin, schließt die Augen und »spürt« die Zeit. Wie kommen euch drei Minuten vor?
- Sprecht über die Bedeutung des dritten Gebotes, auch in Bezug auf sonntägliche Öffnungszeiten u. Ä.
- Wie sind Ruhe und Aktivität für euch verteilt?
- Wie sind Ruhezeiten und Festzeiten im Kirchenjahr verteilt?
- Erstelle einen Plan, wie dein Leben in Bezug auf Freizeit und Arbeitszeit aussehen sollte. Wie möchtest du deine Freizeit gestalten?

²⁵Sorgt euch nicht um euer Leben und darum, dass ihr etwas zu essen habt, noch um euren Leib und darum, dass ihr etwas anzuziehen habt. Ist nicht das Leben wichtiger als die Nahrung und der Leib wichtiger als die Kleidung? ²⁶ Seht euch die Vögel am Himmel an: Sie säen nicht, sie ernten nicht und sammeln keine Vorräte in Scheunen; euer himmlischer Vater ernährt sie. Seid ihr nicht viel mehr wert als sie? ²⁷ Wer von euch kann mit all seiner Sorge sein Leben auch nur um eine kleine Zeitspanne verlängern? ²⁸ Und was sorgt ihr euch um eure Kleidung? Lernt von den Lilien, die auf dem Feld wachsen: Sie arbeiten nicht und spinnen nicht. ²⁹ Doch ich sage euch: Selbst Salomo war in all seiner Pracht nicht gekleidet wie eine von ihnen. ³⁰ Wenn aber Gott schon das Gras so prächtig kleidet, das heute auf dem Feld steht und morgen ins Feuer geworfen wird, um wie viel mehr dann euch, ihr Kleingläubigen. ³¹ Macht euch also keine Sorgen und fragt nicht: Was sollen wir essen? Was sollen wir trinken? Was sollen wir anziehen? ³² Denn um all das geht es den Heiden. Euer himmlischer Vater weiß, dass ihr das alles braucht. ³³ Sorgt euch also nicht um morgen; denn der morgige Tag wird für sich selbst sorgen. Jeder Tag hat genug eigene Plage.

Mt 6,25-34

Herr meiner Stunden und meiner Jahre,
du hast mir viel Zeit gegeben.
Sie liegt hinter mir
und sie liegt vor mir.
Sie war mein und wird mein
und ich habe sie von dir.
Ich danke dir für jeden Schlag der Uhr
und für jeden Morgen, den ich sehe.

Ich bitte dich nicht, mir mehr Zeit zu geben.
Ich bitte dich aber um viel Gelassenheit,
jede Stunde zu füllen.

Segne du meinen Tag.
Ich bitte dich, dass ich ein wenig dieser Zeit
freihalten darf von Befehl und Pflicht,

ein wenig für Stille,
ein wenig für das Spiel,
ein wenig für die Menschen
am Rande meines Lebens,
die einen Tröster brauchen.
Ich bitte dich um Sorgfalt,
dass ich meine Zeit nicht töte,
nicht vertreibe, nicht verderbe.
Jede Stunde ist ein Streifen Land.
Ich möchte ihn aufreißen mit dem Pflug.
Ich möchte Liebe hineinwerfen,
Gedanken und Gespräche,
damit Frucht wächst.

Jörg Zink

```
Die Zeit verrinnt
Die Zeit verrinnt
Die Zeit verrinnt
Die Zeit verrinnt
Die Zeit verrinnt
Die Zeit verrinnt
Die Zeit verrinnt
Die Zeit verrinnt
 Die Zeit verrin
  Die Zeit verr
   Die Zeit ve
    Die Zeit
     Die Zei
      Die Z
       Die
        D
        i
        e
        Z
        e
        i
        t
        v
        e
        r
        r
```

- *Vergleicht die Sorglosigkeit, von der Jesus spricht, mit der Einstellung des Fischers, S. 6. Welche Unterschiede könnt ihr erkennen?*
- *Auf der Beerdigung von Heinz Miller (S. 8) wählt der Geistliche diesen Text des Evangeliums. Warum wohl?*
- *Welche Bedeutung kann der Text für deine eigene Lebensgestaltung haben?*

2 Liebe – mehr als ein Wort
Liebe – Partnerschaft – Ehe

1 schön & geheimnisvoll & überwältigend

Die allerersten Sätze der Bibel über die Menschen

> ²⁶Dann sprach Gott:
> Lasst uns Menschen machen als unser Abbild, uns ähnlich ...
> ²⁷Gott schuf also den Menschen als sein Abbild; als Abbild Gottes schuf er ihn.
> Als Mann und Frau schuf er sie.
>
> *Gen 1,26 f.*

Arabisches Märchen

Ein junger Mann und ein Mädchen liefen auf zwei verschiedenen Landwegen. In einem bestimmten Augenblick
kamen die zwei Wege zusammen und der Junge und das Mädchen liefen nun gemeinsam weiter.
Der Junge trug einen Kupferkessel auf seinem Rücken. In der einen Hand hatte er ein lebendes Huhn
und einen Stock, während er an der anderen Hand eine Ziege führte.
Nach einer Weile kamen sie an eine Bergschlucht.
Da blieb das Mädchen stehen und sagte:
»Durch diese Schlucht gehe ich nicht mit dir.«
»Warum nicht?«, wollte der Junge wissen.
»Du könntest mich dort umarmen und küssen«, antwortete sie.
»Wie soll ich dich denn umarmen und küssen? Ich hab einen Kupferkessel auf dem Rücken,
an der einen Hand hab ich eine Ziege und in der anderen Hand ein lebendes Huhn und einen Stock.«
Aber das Mädchen beharrte auf seiner Meinung:
»Du könntest mich die Ziege halten lassen, danach den Stock in den Boden stecken,
das Huhn auf den Boden setzen und den Kessel darüber stülpen
und dann könntest du mich umarmen und küssen.«
Lange starrte der Junge das schöne, nette Mädchen an.
Endlich sagte er: »Allah segne deine Weisheit.«
Worauf sie gemeinsam durch die Schlucht gingen.

> Wir sind alle Engel
> mit nur einem Flügel
> und nur,
> wenn wir einander umarmen,
> können wir fliegen.
>
> *Luciano de Crescenzo*

> Gott hat den Menschen
> als Mann und Frau mit gleicher
> personaler Würde geschaffen
> und ihm die Berufung zur Liebe
> und zur Gemeinschaft eingeprägt.
>
> *Katechismus der Katholischen Kirche*

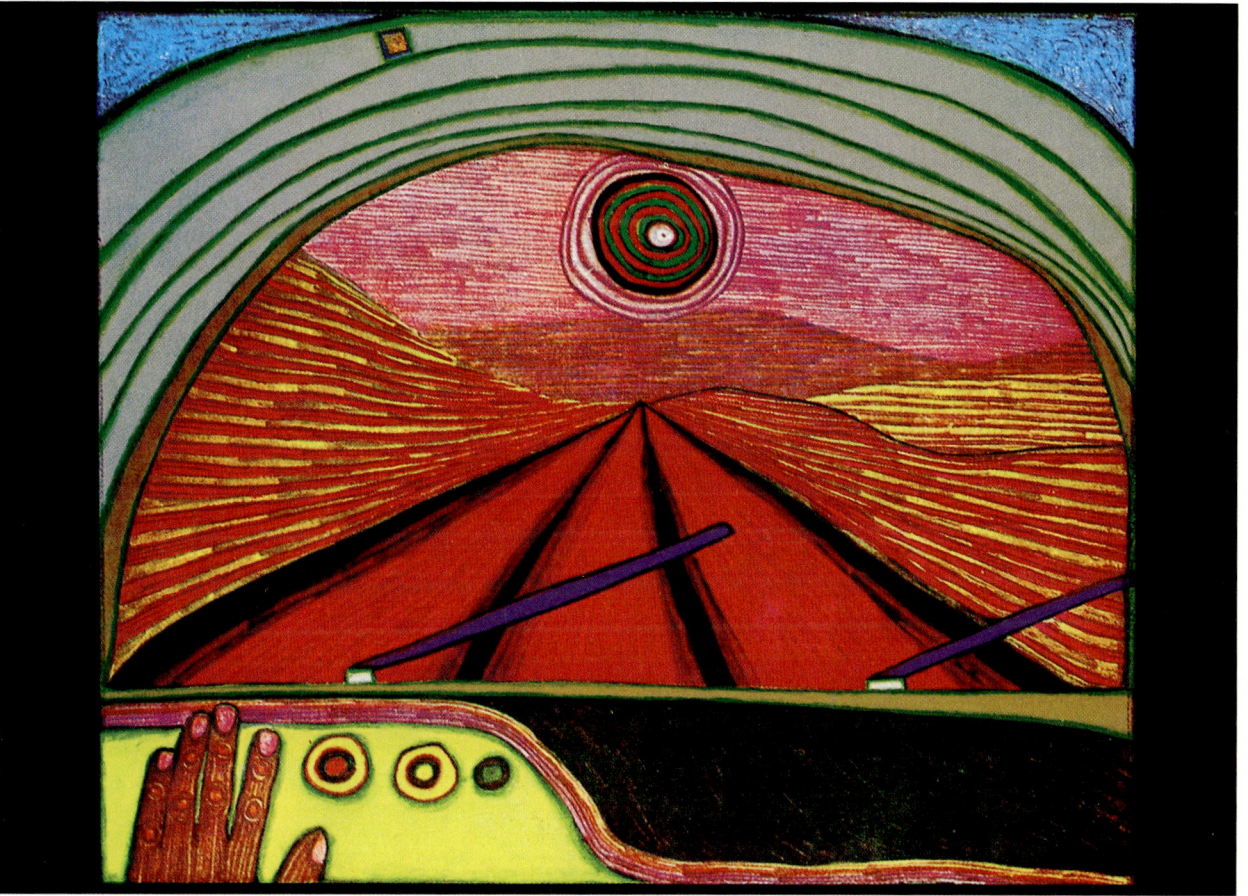

Friedensreich Hundertwasser, Das ist der Weg zu dir, 1966

Verlieben

Es gibt wohl kaum etwas Schöneres, als wenn sich zwei Menschen ineinander verliebt haben. Dann fühlen wir uns leicht, albern herum und wundern uns, worüber wir uns gestern noch den Kopf zerbrochen haben. Wir verbringen Stunden neben dem Telefon in der Hoffnung, es möge doch endlich klingeln. Wir verstehen plötzlich einen dämlichen Popsong, der uns sonst eher angenervt hat. Wir grüßen mit Leidenschaft Leute, die wir eigentlich zum Kotzen finden. Wir gackern mit der Verkäuferin, die uns früher kaum aufgefallen ist. Wir schwatzen mit Gott und der Welt, entdecken unsere Liebe zu Kindern, knuddeln mit kleinen Hunden und verstehen gar nicht, dass es irgendjemanden auf der Welt gibt, dem es nicht so blendend geht wie uns. Wir reden wirres Zeug, das wir selbst nicht verstehen, finden uns in einer Buchhandlung wieder und wollten eigentlich Eier kaufen, patschen in unübersehbare Pfützen, die ausgeschildert waren, und gehen aufs Klo, obwohl wir doch eigentlich in die Küche wollten. Im Bus bezahlen wir mit unserer Krankenversicherungskarte, für den Sportunterricht haben wir die langen Unterhosen eingepackt. Unsere Eltern finden wir dämlicher denn je und all die Miesepeter aus der Clique – mit denen können wir jetzt gar nichts mehr anfangen.

Wenn wir glücklich verliebt sind, sehen wir beneidenswert gut aus. Wir bekommen Angebote von Leuten, die uns sonst nicht mit dem Hintern angesehen haben. Und wenn sie's wieder nicht tun, ist es uns auch egal. Wir denken ganz oft an unseren Star und schmieden Pläne für die Zukunft. Wir glotzen Löcher in die Luft, während andere krampfhaft versuchen sich mit uns zu unterhalten. Wir sind empfindsam und leicht zu verletzen; wir sind ein wenig schüchtern und immer ein bisschen neben uns.

- *Erfahrungen mit der Liebe sind spannend, aber auch verunsichernd. Beide Aspekte lassen sich in den Elementen dieser Doppelseite finden ...*

2 zärtlich & heftig & abenteuerlich

Und tiefblau immer der Himmel, nahe gerückt die heile Alpenkulisse hinter Wäldern und Hügeln. Auf dem Aussichtsmäuerchen sitzt ein Mädchen, neben ihr ein junger Blondschopf, fünfzehn-, sechzehnjährig vielleicht, beide in Jeans. Die Schulmappen haben sie beiseite gelegt, um sich umfassen, streicheln zu können, um zu murmeln, zu lachen, mit den Lippen die Landschaft ihrer Gesichter zu entdecken, die Schulaufgaben in ihren Mappen müssen fürs Erste noch warten, haben Zeit, Aufgaben gibt's, die wichtiger sind: einen anderen Menschen kennen zu lernen zum Beispiel, ihn zu entdecken, von ihm entdeckt zu werden (was ist die Entdeckung Amerikas dagegen?), Gefühle in Worte zu fassen, mit Worten Andeutungen zu spielen wie mit Fingern, mit Haaren (lernt man das im Deutschunterricht?), einander zuzulächeln, Wünsche zu erraten, Pläne zu schmieden, Wahn zu dämpfen, die Freuden der Realität zu genießen (Autodidakten aller Länder vereinigt euch?). Wer weiß, ob die beiden noch einmal so intensiv werden erleben und fühlen können wie jetzt, wie hier in der spontanen Unbedingtheit des Glücks aneinander, an dem ich vorüberflaniere, erfreut, ermuntert auf nicht definierbare Weise. Das Ungeheuer Zärtlichkeit.

Kurt Marti

> Wir können gerade von dem Menschen, den wir lieben, am wenigsten sagen, wie er sei.
> Wir lieben ihn einfach. Das ist das Erregende, das Abenteuerliche, das eigentlich Spannende,
> dass wir mit den Menschen, die wir lieben, nicht fertig werden:
> weil wir sie lieben, solang wir sie lieben.
>
> *Max Frisch*

Acht gute Wünsche zur Sexualität

Wir wünschen euch:
- mit eurer Sexualität sorgsam umzugehen und sie zu pflegen wie einen kostbaren Schatz; dann werdet ihr wahre Liebe erfahren.
- Rücksicht zu nehmen und andere nicht zu überfordern; dann werdet ihr begehrenswerte Liebhaber sein.
- euch beherrschen zu können; dann werdet ihr lustvoller lieben.
- eure sexuellen Bedürfnisse einmal unterordnen zu können und den Partner den Ton angeben zu lassen.
- in einer Beziehungskrise den wichtigen ersten Schritt auf den anderen zugehen zu können; dann werdet ihr einen neuen Anfang setzen.
- euch in eurer Schwachheit annehmen zu können; dann werdet ihr Trost erfahren.
- anderen zärtlich zu begegnen; dann werdet ihr die Welt verwandeln.
- in der Liebe auf den anderen warten zu können, dann werdet ihr reich beschenkt.

Nach einer Idee von Rolf Mengelmann

- Zärtlichkeit hat unendlich viele Ausdrucksformen. Schreibe einmal für dich allein auf, welche du gerne schenken möchtest und welche dir besonders gut tun würden.
- Die innere Haltung zum Partner, zur Partnerin und die äußeren Zeichen dafür müssen zueinander passen. Die Texte auf dieser Doppelseite können euch anregen über diesen Zusammenhang nachzudenken. Sucht Bilder (z. B. aus Zeitschriften) und schreibt eine kleine Liebesgeschichte dazu – von gelungener, vielleicht aber auch von misslungener Zärtlichkeit.
- Die »acht guten Wünsche zur Sexualität« sind in Anlehnung an die Seligpreisungen der Bergpredigt formuliert (vgl. Mt 5,3-12). Ihr könnt den Text verändern, eigene ›«Seligpreisungen« einfügen, neue schreiben ...

Stationen der Begegnung

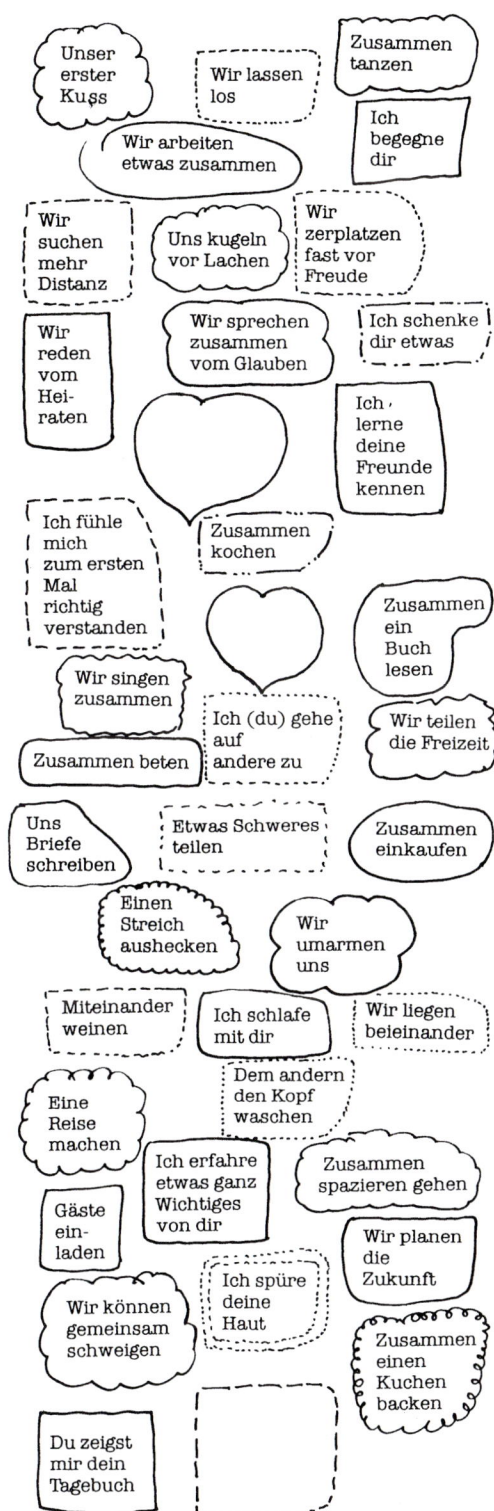

Zärtlich sein – mit allen Sinnen lieben

Zwei Menschen lieben sich, sie werden einander wichtig, sie werden sich vertrauter, sie möchten schließlich alles einander anvertrauen, miteinander teilen und sich mitteilen. Zwei Menschen, die sich lieben, wollen ihre Liebe einander zeigen und ausdrücken, nicht nur mit Worten, sondern mit all ihren Sinnen.

Wie sich zwei Menschen nicht von heute auf morgen durch und durch kennen können, so ist auch die geschlechtliche Beziehung eines Paares ein längerer Weg mit unterschiedlicher Intensität, mit einem Reichtum von Ausdrucksformen und Stufen der Zärtlichkeiten.

Wenn in der Bibel von Geschlechtsverkehr die Rede ist, dann wird das Wort »erkennen« gebraucht: Mit dem Partner eins werden, ihn so erkennen, wie er ist, in seinem Handeln und Denken, in seinem Wollen und Fühlen, in seiner Sehnsucht und Liebe. Dieses »Erkennen« will hören und sehen und riechen und schmecken und tasten und berühren.

Zärtlich zu sein will gelernt werden. Junge Menschen, die sich lieben, freuen sich über Liebkosungen und Zärtlichkeiten. Sie sind erfinderisch darin, doch bisweilen sind sie unsicher und wissen nicht, wo sie Grenzen setzen sollen. Entscheidend in solchen Situationen ist, dass sie den Mut haben und zu lernen bereit sind, mit dem Partner über alles zu sprechen, was sie denken, fühlen und möchten – und damit auch über die Ausdrucksformen ihrer Zärtlichkeit.

Das Verlangen nach Zärtlichkeit ist nicht unbedingt identisch mit dem Verlangen nach Geschlechtsverkehr. Wer von vornherein Geschlechtsverkehr will, handelt falsch und überfordert den Partner. Spielraum und Stufen der Zärtlichkeit sind weit; sie sind wie ein spannender Weg durch vielfältige und immer wieder überraschende Landschaften. Ein ganzes Leben ist nötig sie zu erkunden und doch bleibt das Wunder des anderen größer.

- *Könnt ihr die »Stationen der Begegnung« erweitern? Vielleicht lässt sich auch ein »roter Faden« entdecken.*
- *Bevor ihr den Text »Zärtlich sein – mit allen Sinnen lieben« lest, ergänzt einmal den Satz »Damit es sich um echte Liebe handelt, muss ...« nach euren eigenen Vorstellungen. Vergleicht anschließend mit dem Text.*

3 offen & ehrlich

Lieben

Jemand liebt dich heiß. –
Wenn nur keine kalte Dusche folgt!

Jemand liebt dich abgöttisch. –
Ist das nicht unmenschlich?

Jemand hat dich zum Auffressen gern. –
Setz dich nicht zu Tisch mit ihm.

Jemand liebt nur dich allein. –
Wer kann da nicht teilen?

Jemand liebt dich, so wie du bist. –
Du Glückspilz!

Hans Manz

Sei kein Klammeraffe!

Diplompsychologe Michael Thiel gibt Tipps für eine gelungene erste, zweite oder auch dritte Liebe:

1. Vergleiche nicht. Jede Liebe ist großartig. Und jeder Mensch ist ein Individuum. Also vergleiche deinen neuen Partner niemals mit dem alten. Was jedoch nicht nur erlaubt, sondern auch sehr gut ist: aus alten Fehlern lernen, um sie künftig nicht mehr zu machen.
2. Lass los! Klammere dich niemals so sehr an deinen Partner, dass du ihn einschränkst. Auch deine Freundin, dein Freund hat ein Eigenleben, ohne das kann sie, er nicht atmen. Erwarte im Gegenzug auch von deinem Partner, dass du du selbst bleiben kannst.
3. Keine Angst! Lass dich nach einer Enttäuschung wieder auf die Schmetterlinge im Bauch ein. Es muss nicht immer schlecht für dich ausgehen. Und ohne Kribbeln und rosa Brille kann keine wahre Liebe entstehen.
4. Träumt! Ein gemeinsamer Traum wie der Interrail-Trip nach Spanien oder die Holzhütte in Kanada tut gut! Wenn zwei Menschen das gleiche Ziel haben und gemeinsam darauf hinarbeiten, dann kommen sie sich dadurch viel näher.
5. Warte! Wenn gerade deine Beziehung gescheitert ist, dann warte, bevor du dich in eine neue stürzt. Abstand gewinnen ist wichtig und dem neuen Partner gegenüber nur fair. Denn wer noch an alten Dingen hängt, ist niemals offen für neue.
6. Sei da! Du musst nicht immer gleicher Meinung sein wie dein Partner. Aber gib ihm das Gefühl: Was auch immer dir passiert, ich bin für dich da. Ich bin dein sicherer Hafen.

Homosexualität

Aus einem Interview mit einem Psychoanalytiker

Homosexualität ist für Sie keine Perversion und auch keine Krankheit im psychiatrischen Sinne. Was führt Sie zu dieser Bewertung?

Wir bekommen aus unseren Forschungen keinerlei Hinweise, dass es sich hier um eine Orientierung handelt, die in irgendeiner Weise krankhaft wäre. Die sexuelle Orientierung kann für sich genommen nichts aussagen über Gesundheit und Krankheit.

Inwiefern sind Ihre psychologischen Erkenntnisse hilfreich?

Hilfreich sind sie, weil sie beispielsweise die Eltern homosexueller Kinder entlasten können. Oft ist es doch so, dass sich die Eltern homosexueller Kinder schuldig fühlen. Sie glauben, in der Erziehung etwas falsch gemacht zu haben. Es entspannt die familiäre Situation ganz entscheidend, wenn Eltern wissen und von den Fachleuten bestätigt bekommen, dass es bei der Homosexualität nicht um Erziehungsfehler geht, sondern um eine sexuelle Entwicklungsvariante. Die Entlastung von absurden Schuldgefühlen kann Eltern wie Kinder bei dem schwierigen Weg in die gesellschaftliche Öffentlichkeit stärken.

Die katholische Kirche kennt in ihrer Morallehre ein natürliches Sittengesetz, sie geht von einer Schöpfungsnorm und -ordnung für sexuelles Verhalten aus. Die römische Glaubenskongregation spricht im Zusammenhang der Homosexualität von einer »schöpfungswidrigen« Orientierung, von einer »objektiven Unordnung« ...

Für mich geht es darum, die biblische Botschaft in jeder Zeit neu zu verstehen. Wenn man in der Moraltheologie mit Recht von der Bedeutung personaler, ganzheitlicher Beziehungen spricht, dann wird deutlich, dass es um die Qualität der Beziehung, um das Miteinander von Menschen geht, und das ist völlig unabhängig von der sexuellen Orientierung.

Selbstverständlich muss sein, dass jeder homosexuelle Mensch seine unverwechselbare Würde als Sohn und Tochter Gottes, als Bruder und Schwester Christi besitzt. Sie gehören wie die anderen zur Kirche und sollen sie als Ort geschwisterlicher Gemeinschaft erfahren. Dass Christen in der Kirche zur Diskriminierung von Homosexuellen beigetragen haben, gehört zu den zwiespältigen Kapiteln unserer Geschichte.

Wir verstehen, dass junge Homosexuelle, die sich ihrer Würde bewusst sind, gegen Diskriminierungen kämpfen und sich um eine verantwortliche Sexualität bemühen. Aber wir stellen uns der Herausforderung der biblischen und kirchlichen Tradition, die Einheit von Mann und Frau sowie die Weitergabe des Lebens als Grundlage und Ziel menschlicher Sexualität zu sehen. Darauf müssen junge Menschen hingewiesen und dazu hingeführt werden. Die Kirche hat praktizierte Homosexualität immer als in sich nicht in Ordnung angesehen.

Brief der Jugendkommission der Deutschen Bischofskonferenz an die Verantwortlichen in der kirchlichen Jugendarbeit zu einigen Fragen der Sexualität und der Sexualpädagogik, September 1999

- Die Meinung des Psychoanalytikers und der kirchliche Text zeigen, dass die Bewertung der Homosexualität umstritten ist. Stellt in einer Tabelle gegenüber, in welchen Punkten sich beide Positionen unterscheiden. In welcher Auffassung sind sich beide einig?
- Informiert euch genauer über Homosexualität, homoerotische Neigungen, homosexuelle Fantasien und ihren Stellenwert in der Entwicklung Jugendlicher.

4 verantwortlich für dich & mich

Eine gute Gabe

Die biblische und christliche Botschaft zur Sexualität hat viele Aspekte, die jeweils neu entdeckt werden müssen. In der Mitte steht immer die Würde des Menschen vor Gott. Menschen entsprechen ihr in der Bereitschaft ihr sexuelles Verhalten unter der Maßgabe der Liebe und der Verantwortung zu entwickeln. Die biblische Botschaft zeigt, dass Sexualität, Freude an ihr und die Möglichkeit Leben weiterzugeben gute Gaben Gottes sind.

Brief der Jugendkommission der Deutschen Bischofskonferenz an die Verantwortlichen in der kirchlichen Jugendarbeit zu einigen Fragen der Sexualität und der Sexualpädagogik, September 1999

Eine Aufgabe: Sich selbst kennen und mitteilen

Für alles Tun im Bereich der Sexualität gilt zuerst: »Alles, was du nicht willst, das fordere nicht von anderen.« Dann der nächste Schritt: »Alles, was du in deiner Sehnsucht spürst, das fasse in Worte und besprich es mit den Menschen deines Vertrauens.« Schließlich der nächste Schritt: »Jede sexuelle Handlung, die dich in irgendeiner Weise belastet, solltest du ins Wort, zur Sprache bringen.« Dein eigener Herzschlag, das heißt dein eigener innerer Lebensrhythmus, ist eine Quelle für deine Norm. Den eigenen Herzschlag zu spüren wird dir dann gelingen, wenn du dich vertraut gemacht hast mit deinen Sehnsüchten, Fantasien und Wunden. Was kann es alles geben? Wozu treibt mich die Lebenslust? Wer bin ich für andere? Es sind dies Lebensfragen, an denen niemand vorbeigehen sollte, zumal in ihnen das Ziel Verantwortung zu übernehmen bereits enthalten ist.

Albert Bauernfeind

Eine Aufgabe: Sich bewähren

Brautleute sollen die Verlobungszeit als eine Zeit ansehen, in der sie lernen, einander zu achten und treu zu sein in der Hoffnung, dass sie von Gott einander geschenkt werden. Sie sollen Liebesbezeugungen, die der ehelichen Liebe vorbehalten sind, der Zeit nach der Heirat vorbehalten.

Katechismus der Katholischen Kirche, Nr. 2350

Eine Aufgabe: Bescheid wissen

▶ Wie gut bin ich über die verschiedenen Methoden der Empfängnisverhütung und ihre Risiken informiert?
▶ Welche wären mir körperlich oder seelisch unangenehm?
▶ Wie gut ist mein Partner, meine Partnerin informiert?
▶ Gilt für mich die Gleichberechtigung der Partner auch bei der Verhütung?
▶ Wie gut bin ich über die Gefahren von AIDS informiert?
▶ Wie gut ist mein Partner, meine Partnerin informiert?
▶ Kann ich mir vorstellen mit ihr oder ihm über diese Fragen zu sprechen?

- Vielleicht lässt es sich organisieren, dass ihr zum Thema Verhütung eure Lerngruppe einmal nach Geschlechtern trennt. Ein offenes Gespräch ist dann leichter.
- Informationen zur Empfängnisverhütung und zur AIDS-Vorbeugung gibt es z. B. bei der Bundeszentrale für gesundheitliche Aufklärung in Köln (www.bzga.de), bei der Deutschen AIDS-Stiftung (www.aids-stiftung.de) und vielen weiteren Institutionen.
- Die kirchlichen Stellungnahmen zu diesen Fragenkreisen und Informationen über kirchliche Initiativen zu beiden Bereichen lassen sich finden über www.kath.de.

Das »erste Mal« ist immer früher

Jugendliche insgesamt gut aufgeklärt

Jugendliche haben immer früher Sex und erleben das erste Mal zunehmend als »überraschend« und »zufällig«. 15 Prozent der Jungen und zwölf Prozent der Mädchen verhüten daher beim ersten Sex nicht, geht aus einer Studie der Bundeszentrale für gesundheitliche Aufklärung hervor. Zur Begründung führten sie laut Direktorin Elisabeth Pott an: »Es kam zu spontan.«

In den vergangenen Jahren ist die Zahl der jungen Jugendlichen, die bereits Sex haben, weiter angestiegen. Unter den 14-Jährigen berichteten elf Prozent der Mädchen (1980: drei Prozent) und acht Prozent der Jungen (1980: ein Prozent) von ersten Sexualerfahrungen. Von den 15-jährigen Mädchen hatten 25 Prozent und von den Jungen 18 Prozent bereits Sex. Vor 20 Jahren lag die Zahl noch bei neun und vier Prozent. Parallel trete auch die Geschlechtsreife der Jugendlichen früher ein, sagte Pott. Die Zahl der Teenager-Schwangerschaften in Deutschland blieb jedoch konstant bei rund 10 000 im Jahr. Als beunruhigend wertete Pott die Erkenntnisse der Bundeszentrale, dass Jugendliche die AIDS-Gefahr »nicht mehr so hoch einschätzen«.

In diesem Bereich gebe es noch zu viele Wissenslücken. Der Studie zufolge sind die Jugendlichen heute jedoch insgesamt weit besser über ihre Sexualität aufgeklärt als noch in den 80er-Jahren. Sowohl die Jugendzeitschriften als auch Elternhaus und Schule spielen dabei die größte Rolle. Die Verhütungsaufklärung im Elternhaus konzentriert sich mittlerweile nicht mehr nur auf die Töchter. Heute werden 72 Prozent der Mädchen und 57 Prozent der Jungen dazu von ihren Eltern beraten. Erfahrungen mit dem Kondom als Verhütungsmittel haben 93 Prozent der Jungen und 86 Prozent der Mädchen.

Kein Sex vor der Ehe – neuer Trend zur Enthaltsamkeit

Kein Sex vor der Ehe, Nein bis zum Ja-Wort – gibt es das heute noch? Während Erotik, nackte Haut und hemmungsloser Hedonismus (= Ausrichtung auf Lust und Genuss) in Medien und Werbung präsent sind wie nie zuvor, besinnt sich eine wachsende Zahl von Jugendlichen zurück auf Werte, die seit Generationen als altmodisch gelten: Treue, Zurückhaltung und Enthaltsamkeit.

Aktuelle Studien in den USA sprechen bereits von 2,5 Millionen junger Menschen, die Sex vor der Ehe ablehnen. In Deutschland bekennen sich über 10 000 Jugendliche zum selbst gewählten Verzicht. »Wahre Liebe wartet« nennt sich die Bewegung, deren Anhänger konservativer sind als ihre Eltern. Die Nein-Sager vor dem Ja-Wort: Von Gleichaltrigen werden sie oft als Außenseiter belächelt – sie selbst fühlen sich als Trendsetter einer neuen »No-Sex«-Generation.

So wie Johannes H. (23) und Jutta (25) aus Dortmund. Die beiden waren vier Jahre ein Paar, als sie sich im Juni letzten Jahres das Ja-Wort gaben. Vier Jahre, in denen sie zusammen verreisten, einen gemeinsamen Freundeskreis aufbauten und ihre Zukunft planten. Vier Jahre voller Intimität und Nähe. Und ohne Sex. Der Lehramtsstudent sagt: »Ich habe in meinem Umfeld beobachtet, dass eine verfrühte, unbedachte Sexualität in diesem Alter unheimlich viel zerstören kann.« Das habe ihn in seinem Entschluss bestätigt: Ich warte bis zur Ehe. Seine eigenen Eltern waren in dieser Hinsicht freizügiger: »Die haben nicht bis zur Hochzeit gewartet.«

Seine Frau Jutta betont: »Wir wollten eben nicht, dass unsere körperliche Beziehung schneller verlief als unsere geistige.«

Heute sagt der Katholik Johannes über die Zeit der Enthaltsamkeit: »Das waren nicht vier Jahre des Verzichtes. Es war prickelnd und schön, kleine Intimitäten zwischen uns auszureizen.«

David (21) und Marie H. (20) aus Bremen sehen das ebenso. Seit knapp drei Jahren sind sie ein Paar, seit Oktober verlobt. Demnächst soll Hochzeit sein. Bis dahin bleibt Sex tabu. Dass ihnen das nicht leicht fällt, geben die beiden offen zu. David: »Wir müssen schon manchmal aufpassen, dass wir uns nicht provozieren lassen und nur aus einer Laune heraus alles über den Haufen werfen.« Sexverzicht und Zärtlichkeit sind kein Widerspruch für das junge Paar. Die Vertriebsangestellte Marie glaubt: »Ohne Sex konnten wir uns ungestört und entspannt kennen lernen.«

Zu ihrem Bremer Freundeskreis gehören Jens L. (22) und seine Frau Daniela (23). Die beiden waren sechs Jahre ein Paar, lebten ebenfalls bis zur Ehe enthaltsam. Der Industriemechaniker: »Mir war immer klar, dass ich Sex nur mit einer Frau erleben wollte, die ich auch richtig liebe.«

Nicht alle Bekannten hatten dafür Verständnis. Gehässige Kommentare hätten ebenso zu den gängigen Reaktionen gehört wie die rüde Frage von Klassenkameraden: »Bist du schwul oder was?« Um ihre Keuschheit durchzuhalten, fuhren sie nicht zu zweit in den Urlaub, schliefen möglichst nicht in einem Bett. Jens L.: »Ich denke, dass man beim Sex und in der Liebe immer einen Teil von sich weggibt. Und den sollte man nur jemandem schenken, mit dem man auch zusammenbleibt.«

Bruntje Thielke

5 männlich & weiblich

Männer

Männer nehm'n in den Arm
Männer geben Geborgenheit
Männer weinen heimlich
Männer brauchen viel Zärtlichkeit
Männer sind so verletzlich
Männer sind auf dieser Welt einfach unersetzlich

Männer kaufen Frau'n
Männer stehen ständig unter Strom
Männer baggern wie blöde
Männer lügen am Telefon
Männer sind allzeit bereit
Männer bestechen durch ihr Geld und ihre Lässigkeit

    Männer habens schwer, nehmens leicht
    Außen hart und innen ganz weich
    Werd'n als Kind schon auf Mann geeicht
    Wann ist ein Mann ein Mann?
    ...

Männer haben Muskeln
Männer sind furchtbar stark
Männer können alles
Männer kriegen'n Herzinfarkt
Männer sind einsame Streiter
Müssen durch jede Wand, müssen immer weiter ...

Herbert Grönemeyer

**Schöne Frauen sind eine Woche lang gut,
aber gute Frauen sind ein Leben lang schön.**

Korea

Den alten Griechen war eine seltsame Geschichte überliefert, die die Anziehungskraft zwischen den Menschen in überaus bildhafter Sprache zu erklären versucht:

Ganz am Anfang gab es Menschen, die waren rund. Jeder hatte vier Füße und vier Hände, zwei Gesichter und zwei verschiedene Geschlechtsteile. Diese »Kugelmenschen« wurden mit der Zeit mächtig und bedrohten die Götter in ihrer heiligen Wohnung. Die Götter schlugen zurück. Sie wollten die Menschen nicht ausrotten, sondern nur schwächen. So beschlossen sie, die Kugelmenschen auseinander zu schneiden. Die eine Hälfte wurde zu einer Frau, die andere Hälfte zu einem Mann.
Seit dieser Zeit – so der griechische Mythos – haben Mann und Frau Sehnsucht nach der fehlenden Hälfte, Sehnsucht nach ihrer »Ganzheit«.

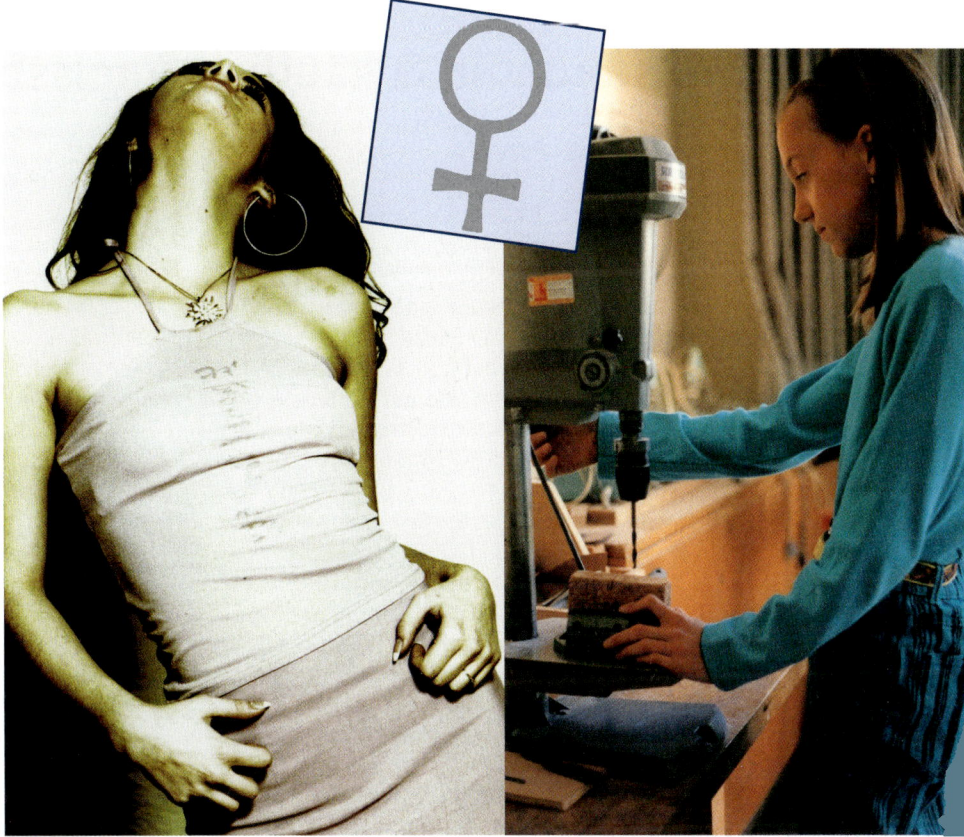

Eine Frau musst du am Samstag aussuchen, nicht am Sonntag.
England

Ehe du mit einem Weibe nicht eine Kamellast Salz gegessen hast, kennst du es nicht.
Ägypten

- Schreibt in getrennten Mädchen- und Jungengruppen eine Liste »Typisch Mann – typisch Frau«. Stellt euch dann eure Ergebnisse gegenseitig vor.
- Sammelt aus der Werbung Beispiele für Rollenklischees (das sind einseitige und vereinfachte Vorstellungen, wie Frauen oder Männer zu sein haben) und gestaltet eine Collage.
- Versucht einen Gegentext zu Herbert Grönemeyers Songtext mit dem Thema »Frauen«.
- Euch fallen sicher weitere Sprüche über Frauen und Männer ein. Welches Bild von den Geschlechtern ergibt sich?
- Führt eine Podiumsdiskussion: Wie »männlich« muss ein Mann sein, wie »weiblich« eine Frau? Die Podiumsteilnehmer müssen sich dazu gut vorbereiten und ihre Position klären.
- Auch zur Männer- und Frauenrolle in der Kirche lässt sich eine Diskussion führen, wenn ihr euch gut vorbereitet habt (Tipp: Gebt einmal die Suchbegriffe »Mann« und »Frau« ein in der Online-Ausgabe des Katholischen Erwachsenen-Katechismus www.dbk.de/katechismus).
- Informiert euch über das Thema »Männersprache – Frauensprache«. Material dazu kann euch euer Deutschlehrer geben, ihr findet es auch im Internet.
- Vergleicht den griechischen Mythos von den »Kugelmenschen« oben mit Gen 2,20-25.

6 verkaufsfördernd & käuflich & missbraucht

Ein Beispiel

Ich wähle mich ins Internet, und – ob ich will oder nicht – es erscheinen zwei parallele Bilder einer fast nackten jungen Frau, die in einigen Punkten voneinander abweichen. Ich werde aufgefordert, per Mausklick die Abweichungen zu notieren. Der Pfeil auf dem Bildschirm, den ich mit meiner Maus bewege, soll also auf die Brüste, den Schenkel, den Schoß der nackten Frau gerichtet werden. Welche aggressiv-sexuelle Symbolik! Welche Entwürdigung der Frauen!
Was üben Männer ein, wenn sie dies Spielchen treiben? Was lernen sie über ihre eigene Frau zu denken und wie lernen sie sie zu behandeln? Zur Jagd freigegeben!, lehrt mich das Bild. Jedes Bild ist auch eine Wesensaussage über das Abgebildete, jedes Bild enthält eine Art Philosophie des Abgebildeten. Dieses Bild aber lehrt: Die Frau ist Beute und Jagdwild.
Ich wundere mich oft über die Geduld der Frauen, die sich nicht aufmachen und diese Bilder von den Wänden reißen. Ich finde sie ja nicht nur im Internet. Wir sind umstellt von ihnen, von diesen widerwärtigen Lehrern des Zynismus und der Menschenverachtung.
Die Allgegenwärtigkeit und die Unverhohlenheit des Sexuellen beleidigt nicht nur die Würde der Menschen, sie zerstört die Erotik.

Fulbert Steffensky

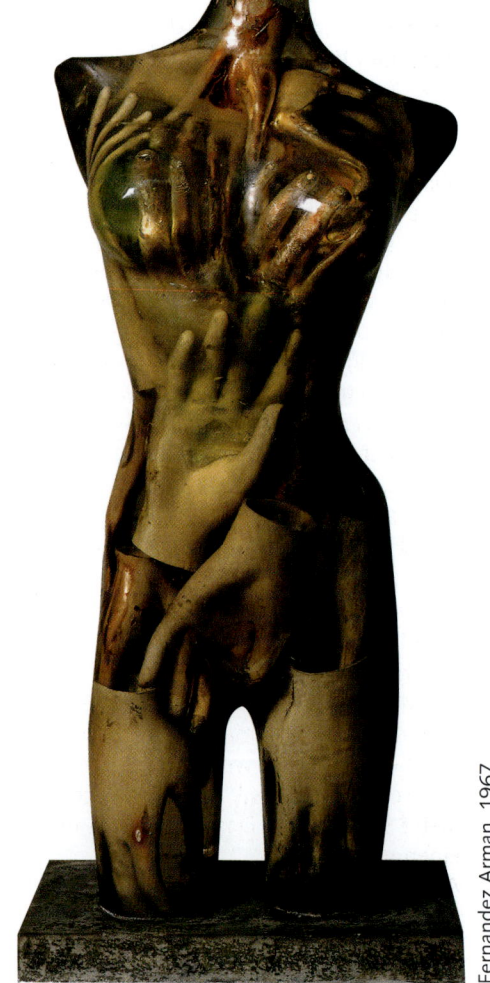

Fernandez Arman, 1967

Sexualität kann missbraucht werden zu Machtausübung und Demütigung, sie kann zur Sucht werden, die Probleme zu vergessen, aber nicht zu lösen hilft. Auch wenn Sexualität anderen Zwecken (z. B. dem Geschäft) dienen soll, erfolgt eine Manipulation, die die menschliche Entfaltung behindert. (...)
Jesus tritt entschieden für die Würde der Frau ein. Er zeigt, dass Gott den beziehungsfähigen Menschen will.

Brief der Jugendkommission der Deutschen Bischofskonferenz an die Verantwortlichen in der kirchlichen Jugendarbeit zu einigen Fragen der Sexualität und der Sexualpädagogik, September 1999

- »Jesus tritt entschieden für die Würde der Frau ein«: Lest dazu Mk 5,25-34; Lk 13,10-17; Joh 7,53-8,11.

- *Telefonsex, Werbung mit Sex, Sextourismus, Prostitution, sexueller Missbrauch, Vergewaltigung ... Täglich begegnen uns in den Medien viele Beispiele dafür, dass Sexualität zum Geschäft gemacht werden kann und mit krankhaften oder gar kriminellen Handlungen verbunden ist. Informiert euch über solche »Schattenseiten« menschlicher Sexualität, besonders über die psychischen und körperlichen Leiden der Opfer.*
- *Zu einzelnen Bereichen (z. B. Sextourismus) könnt ihr euch an Aufklärungs- und Protestaktionen beteiligen. Nähere Informationen gibt es etwa unter www.solwodi.de.*
- *Zum Sinn von Regeln und Normen vgl. das Kapitel 4 »Handeln für das Leben«, besonders S. 52-55.*

Urlaubsziele für Sextouristen

Rund 7 500 Deutsche missbrauchen jedes Jahr Kinder im Ausland

Für Pater Shay Cullen ist es kein Zufall, dass die Philippinen zu einem Paradies für Pädophile wurden. »Die Kinder wachsen in einer repressiven Gesellschaft auf. Sie müssen den Eltern und Erwachsenen bedingungslos gehorchen.« Gegenüber Fremden wagen sie nicht Nein zu sagen, selbst wenn sie leiden. Auch Pia sträubte sich nicht, als sie am 6. Januar 1996 den deutschen Thomas Breuer traf. Zwei ehemalige Prostituierte hatten mit dem Urlauber einen Tagespreis von umgerechnet 45 Euro für die damals Elfjährige ausgehandelt. Pia gehorchte und ging mit aufs Zimmer. Sie ließ über sich ergehen, was der Mann ihr antat. Schweigend und leidend.

»Wir wollen die Würde und Selbstachtung der Kinder aufbauen«, sagt Shay Cullen. Durch die Konfrontationstherapie sollen sich die Mädchen mit dem Erlebten auseinander setzen. Pia hatte damals gegen diesen Mann keine Chance, aber wenn sie nicht lebenslänglich unter den Folgen leiden will, muss sie dagegen ankämpfen, meint Shay Cullen. Das Opfer muss den Täter besiegen. Einen großen Sieg hat die kleine Pia bereits errungen. Als sie im PREDA-Kinderschutzzentrum Zuflucht fand, wurde sie von Shay Cullen gefragt, was mit dem Deutschen geschehen solle. Thomas Breuer war auf den Philippinen verhaftet worden, gegen Kaution kam er auf freien Fuß und floh unbehelligt in seine Heimat. Für Pia stand die Entscheidung fest: Vor einem deutschen Gericht soll er angeklagt werden. Im Dezember 1996 fand vor dem Jugendschöffengericht in Iserlohn eine Premiere statt. Zum ersten Mal in der Justizgeschichte der Bundesrepublik wurde ein betroffenes ausländisches Mädchen als Zeugin eingeladen. Dreieinhalb Jahre Haft lautete das Urteil. Pia hatte nicht nur den Prozess gewonnen. Jetzt war sie stärker als »der böseste Mensch«, wie sie ihren Peiniger nennt.

Für Pia geht der Kampf in jeder Therapiestunde weiter. »Aber sie macht große Fortschritte«, beobachtet Shay Cullen. Pia selber sagt, sie habe im Kinderschutzzentrum »Freunde und eine neue Familie gefunden.« Für sie und die anderen Mädchen ist Shay Cullen mehr als ein Therapeut und Seelentröster. Wenn er mit ihnen zum Schwimmen ans Meer geht, wenn er spannende Geschichten erzählt von Naturvölkern, die gegen die Zerstörung des tropischen Regenwaldes kämpfen, dann verwandelt sich der Priester in einen tollen Vater. »Wenn sich bei Pia eine starke Persönlichkeit gebildet hat und sie emotional stabil geworden ist, dann hat die Therapie ihr Ziel erreicht«, sagt Shay Cullen. Und damit die 13-Jährige einmal ihr Leben in die eigenen Hände nehmen kann, geht sie seit dem Sommer wieder in die Schule. Denn Pia hat große Pläne. Wenn eine Fee ihr drei Wünsche erfüllen würde, würde sie Pilotin oder Rechtsanwältin werden. »Und Karate will ich lernen. Dann verteidige ich die anderen Kinder.«

Jörg Nowak

7 menschlich & göttlich

Kleine Geschichte der christlichen Ehe

Die Ehe ist eine Wirklichkeit, die mit der Entwicklung des menschlichen Zusammenlebens gewachsen ist und sich auch gewandelt hat. Von alters her gehört die Ehe zu den festen Einrichtungen dieser Welt.

Ehe war nie eine private Angelegenheit zweier Menschen, sondern unterlag immer dem Interesse und dem Schutz der weltlichen und religiösen Gemeinschaft. Das Christentum versteht die Ehe im doppelten Sinne: Sie ist unter Menschen eine irdische und natürliche Wirklichkeit. Sie ist gleichzeitig Bund vor Gott. – Die Form der Eheschließung richtete sich nach den Bräuchen und Gesetzen des Landes, in dem die Christen lebten. Bereits im 4. Jahrhundert ist der priesterliche Segen und das Gebet bei der Eheschließung nachzuweisen.

Im 5. Jahrhundert wird in Rom die Eheschließung mit der Eucharistiefeier verbunden. Andernorts sind aber bis ins hohe Mittelalter Trauungsriten ohne Eucharistiefeiern üblich. Vom heiligen Augustinus ausgehend entwickelt sich im frühen Mittelalter die Lehre von der Sakramentalität der Ehe. Im 12. Jahrhundert wird die Ehe in die Reihe der sieben Sakramente aufgenommen. Im Unterschied zu den anderen Sakramenten spenden sich die Eheleute das Sakrament der Ehe selbst.

Immer war die Beteiligung der Öffentlichkeit an der Eheschließung gefordert, die Weise der Beteiligung war jedoch unterschiedlich und die Praxis entsprach nicht immer der Forderung. Damals registrierte der Staat die Eheabschlüsse noch nicht und auch von der Kirche wurden sie nur mangelhaft festgehalten. Dies führte zu einer Anhäufung von »heimlichen Ehen« ...; dadurch wurde die Gefahr von Untreue oder Doppelehen sehr groß. Auf dem Konzil von Trient im 16. Jahrhundert schuf die Kirche daher eine verbindliche Form (Formpflicht): Es wurde Pflicht, die (sakramentale) Ehe vor dem Priester und zwei Zeugen, also öffentlich, zu schließen. Diese Rechtsform wurde Voraussetzung für die kirchlich-öffentliche Anerkennung der Ehe.

Nach der Französischen Revolution erhob auch der Staat die Forderung des öffentlichen, rechtssicheren Eheabschlusses. Die standesamtliche Trauung wurde eingeführt. Einige Länder vermieden die Doppeltrauung (standesamtlich und kirchlich) und erkannten die kirchliche Eheschließung im Sinne des Staates an. In anderen Ländern – so in der Bundesrepublik Deutschland – blieben es getrennte Vorgänge; vor der kirchlichen Eheschließung findet auf dem Standesamt der zivile Eheabschluss statt.

Manchmal

manchmal
fehlt mir
der mut
zu mir selbst

ich wünsch
mir dann
dass du ihn hast
zu mir

manchmal
fehlt mir
die ehrfurcht
vor mir selbst

ich wünsch
mir dann
dass du sie hast
vor mir

manchmal
fehlt mir
die hoffnung
auf mich selbst

ich wünsch
mir dann
dass du sie hast
auf mich

manchmal
fehlt mir
der glaube
an IHN

ich wünsch
mir dann
dass du ihn hast
für mich

Wilhelm Bruners

- Informiert euch über die Einzelheiten der zivilen und der kirchlichen Eheschließung (s. GL Nr. 72–74) in Deutschland. Versucht den Sinn der einzelnen Zeichen und Worte zu deuten.
- In eurer Lerngruppe sind vielleicht verschiedene Nationalitäten und Kulturen vertreten. Informiert euch gegenseitig über die unterschiedlichen Formen der Trauung und über das Brauchtum rund um die Hochzeit.

Unser Ja ist ein Ja.
Unser Ja ist kein Jaja.
Unser Ja ist kein Möglicherweise,
kein unter Umständen,
kein Probeweise.
Unser Ja ist kein Naja.
Unser Ja
ist ein Ja zu uns,
wie wir sind
und wie wir werden können.   *Josef Dirnbeck*

Die Ehe ist ein Sakrament.
Also: Sie ist ein Zeichen, dass Gott die Sexualität und Liebe dieser Menschen will.
Also: Gott will, dass die Sexualität und Liebe dieser Menschen bewahrt werden und sich entfalten können.
Also: Gott will, dass aus der Sexualität und Liebe dieser Menschen etwas Heilsames für die Welt entsteht.

Gottes Segen für die Ehe

Brautpaare, die den Segen Gottes für ihre Ehe erbitten, dürfen in der guten Gewissheit leben, dass Gott mit ihnen ist und ihren gemeinsamen Lebensweg wohlwollend begleitet. Diese Zusage Gottes wird nicht alle menschlichen Zweifel und Ängste beseitigen, aber doch die Zuversicht und das Vertrauen stärken. Die Hoffnung auf das Gelingen der Ehe wird in der kirchlichen Trauung aufgegriffen und von Gott bekräftigt.
Im feierlichen Schlusssegen bei der Trauung heißt es:
»Gott, der allmächtige Vater, bewahre euch in seiner Liebe und der Friede Christi wohne stets in eurem Hause.«
Die kirchliche Trauung versteht sich nicht als einmaliges Geschehen, als ein punktuelles Ereignis; sie hat vielmehr die gesamte Geschichte dieser Ehe im Blick. Damit wird Wichtiges zum katholischen Verständnis einer sakramentalen Ehe ausgesagt. Sakramente stehen zwar an bestimmten Knotenpunkten unseres Lebens, aber sie wollen über diesen Zeitpunkt hinweg das gesamte Leben mitprägen und mittragen, also *zeitlebens* wirksam sein. Wenn die Brautleute sich das Sakrament der Ehe spenden, dann geht es um die ganze Geschichte ihrer Ehe.

**Ich will bei dir bleiben;
Denn wo du hingehst, will auch ich hingehn;
Wo du bleibst, da bleibe ich auch.**

Rut 1,16

**⁷Sie erträgt alles,
glaubt alles,
hofft alles,
hält allem stand.
⁸Die Liebe hört niemals auf.**

1 Kor 13,7 f.

**⁵Jesus entgegnete ihnen: ⁶Am Anfang der Schöpfung aber hat Gott sie als Mann und Frau geschaffen.
⁷Darum wird der Mann Vater und Mutter verlassen ⁸und die zwei werden ein Fleisch sein.
Sie sind also nicht mehr zwei, sondern eins.
⁹Was aber Gott verbunden hat, das darf der Mensch nicht trennen.**

Mk 10,5-9

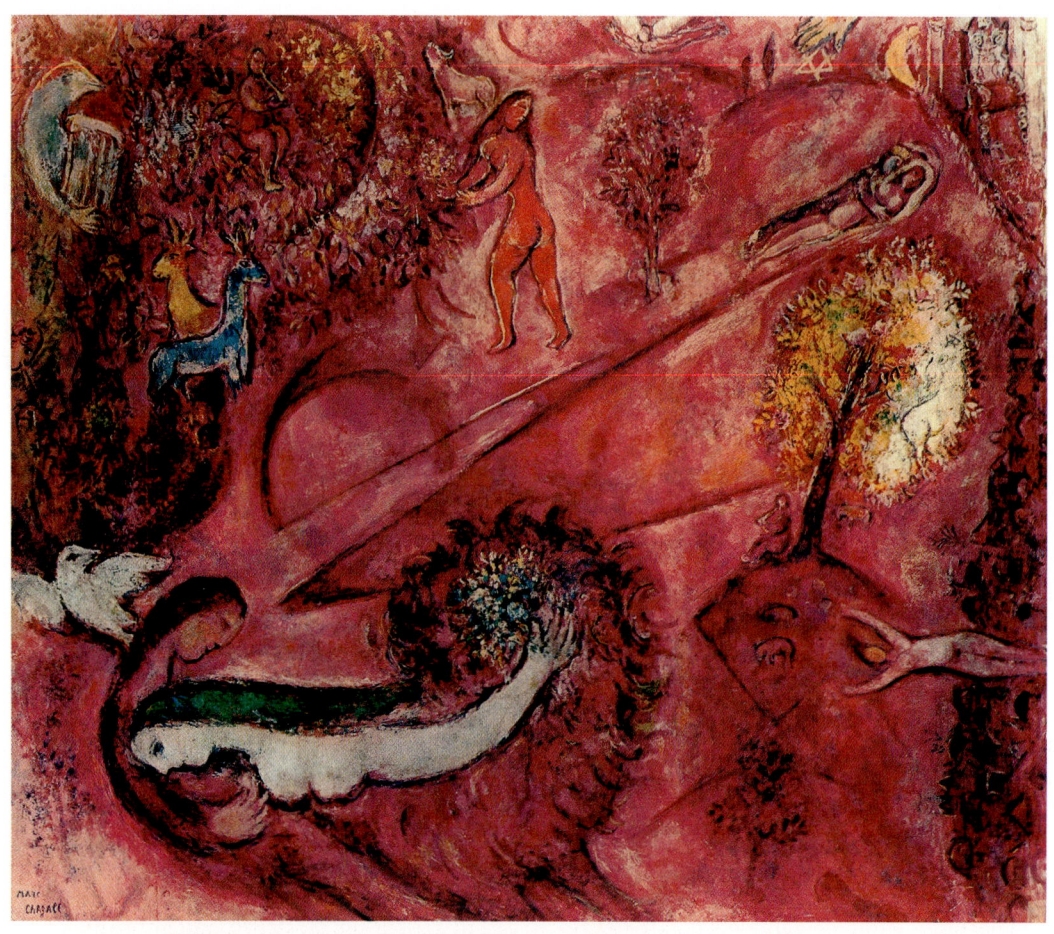

¹⁶Der Geliebte ist mein
und ich bin sein.
Er weidet in den Lilien.
¹⁷Wenn der Tag verweht
und die Schatten wachsen,
komm, du, mein Geliebter,
der Gazelle gleich.

⁶Leg mich wie ein Siegel auf dein Herz,
wie ein Siegel an deinen Arm!
Stark wie der Tod ist die Liebe,
die Leidenschaft ist hart wie die Unterwelt.
Ihre Gluten sind Feuergluten,
gewaltige Flammen.
⁷Auch mächtige Wasser können die Liebe nicht löschen.
Auch Ströme schwemmen sie nicht weg.

Hohes Lied 2,16-17; 8,6-7

3 Grenzen erfahren
Alter – Leiden – Sterben – Tod

1 Leid wahrnehmen

Eine Frau mit Handicap berichtet aus ihrem Leben

Mitten in den Kriegsjahren wurde ich geboren. Blauäugig, glatzköpfig und mit fünf Pfund Gewicht, so lag ich in den Armen meiner Mutter, der es schien, als bekäme ihr Leben durch mich einen neuen Sinn ... Nach etwa zehn oder elf Wochen suchte meine Mutter mit mir einen Kinderarzt auf, da offensichtlich etwas nicht mit mir stimmte. Dr. de Rudder untersuchte mich gründlich, schluckte mal, denn auch Ärzte haben zuweilen ein Herz im Leib, wenn sie vor einem Fall stehen, bei dem wirklich nichts zu »machen« ist. Seine Diagnose: Cerebralparese mit schweren spastischen Verkrampfungen, Augenhintergrund völlig normal. Zu Deutsch: ein körperlich behindertes Kind, das im Laufe der Zeit, wenn überhaupt, nur wenige Bewegungen selbstständig ausführen kann, mit voraussichtlich guter Intelligenz. – Eine Heilung gibt es nach dem heutigen Stand der Medizin leider noch nicht.

Ich fand nie den Mut meine Mutter zu fragen, was in den ersten Stunden nach dieser Eröffnung in ihr vorging ...

Die Orgel mit ihren weichen Tönen und ihrem vollen Klang hielt mich stets in Bann. Da wurde ich ruhig und meinte, weit weg zu sein, irgendwo ...

Auch in späteren Jahren besuchte ich öfter den Gottesdienst. Doch in der Zwischenzeit war mein Gehör kritischer geworden und es gab Sätze, über die ich lange nachdenken musste. Das Vaterunser hatte ich bald durch seinen Rhythmus gelernt und sprach es eifrig mit ... Je häufiger ich die Worte sagte, desto klarer wurde mir ihr Sinn ... Die christliche Lehre jedoch hat mir nie jene innere Festigkeit gegeben, wie manche Leute vielleicht annehmen. Die Liebe Gottes ist hoch und weit, in meinem kleinen Leben spielten jedoch die zärtliche Hand und das verstehende Wort stets die wichtigere, die entscheidende Rolle.

Damals so wenig wie heute kann ich Knöpfe öffnen oder schließen. Ebenso stellen Haken, Reißverschlüsse, Schnallen und Bänder für mich unlösbare Aufgaben dar. Ich kann immer noch keinen Löffel zum Munde führen oder mein Brot selbst bestreichen.

Man führe sich die Tatsachen klar vor Augen. Viele Freunde bestätigen mir, ich sei ein »normaler« Mensch, sei intelligent, begabt und charakterlich intakt. Das mag stimmen (oder auch nicht). Doch schöne Worte nutzen nichts, wenn nicht die Bereitwilligkeit dahinter steht Last und Kummer mitzutragen. Es ist anstrengend mir zuzusehen, wenn ich mich anziehe; es ist unappetitlich, wenn ich vergebens versuche, die kleinen Brotstückchen auf eine Gabel zu spießen, und dabei alles zerkrümele. Es verlangt Willenskraft mich trotz dieser Mängel in den Gesellschaftskreis mit einzubeziehen. Die Betreuung eines körperlich eingeschränkten Menschen ist und bleibt unbequem.

Dennoch begegnete ich Menschen, denen so etwas wie der Glanz einer »Berufung« zukam. Da war eine junge Praktikantin in der Klinik, klein und zierlich, tatkräftig in ihrem Handeln und scheu in ihrem Wesen. War ich heiter, festigte sie den Frohsinn mit ihrer herzlichen Freude, kamen mir die Tränen, lag ihre Hand auf meinem Haar, leise streichelnd – ohne Worte. Da war eine Hausfrau mit Kindern, fest gefügt in ihrer Welt. Aber wenn andere keine Zeit hatten, spazierte sie mit mir durch den Park, zeigte mir die Vögel am Himmel und die Blüten am Strauch. Wenn sie mir den Löffel Eiscreme in den Mund schob und gleichzeitig auf die Kleine im Sandkasten achtete, lag in ihrem Tun eine unsagbare Harmonie ...

Manchmal liege ich abends im Bett und weine mich in den Schlaf. Im ersten Augenblick klingt es vielleicht überheblich, wenn ich beklage, dass ich in keine Kategorie richtig einzugliedern bin, weder in den Kreis der Menschen mit Behinderungen noch in den der Menschen ohne Behinderungen. Ich bin nicht behindert genug, um krank zu sein, und nicht gesund genug, um selbstständig zu sein. Ein waschfester Außenseiter jeglicher Gesellschaft. Es ist nicht selbstverständlich dieses verfluchte Leben zu bejahen. Viele erzählen von meiner »unwahrscheinlichen Energie«, aber es ist sehr viel Verzweiflung darin, ein Gefühl, das man besser nicht beschreibt. Ich möchte doch auch glücklich und jung sein wie unsere Krankengymnastinnen und Beschäftigungstherapeuten. Ich möchte auch mehr geben als nehmen. Manchmal möchte ich wissen, wozu ich da bin. Ich weiß, dass ich an die Grenzen meiner Welt poche. Es heißt so schön, dass man sein Schicksal annehmen muss. Aber wer hat ein Recht dazu, so viel Leid von uns zu fordern?

Leid verdrängen?

Was wird aus einer Gesellschaft, in der bestimmte Formen von Leiden gemieden und vermieden werden, in der die Menschen mit Behinderungen und Krankheiten schnell aus dem Hause und die Toten schnell aus dem Gedächtnis kommen?
In einer solchen Gesellschaft entwickelt sich eine Wahrnehmungsunfähigkeit für das Leiden. Zwischen dem einzelnen Menschen und der Wirklichkeit werden Mauern aufgerichtet. Man erfährt vom Leiden anderer nur indirekt.
Man sieht verhungernde Kinder auf dem Bildschirm. Auch das Leiden der Freunde und Verwandten wird selten unmittelbar erfahren – wir hören das Röcheln und Stöhnen nicht mehr, Wärme und Kälte des kranken Körpers berühren uns nicht mehr. Der Mensch, der solche Art von Leidfreiheit sucht, begibt sich in Quarantäne, an einen keimfreien Ort, wo Schmutz und Bakterien ihn nicht berühren, wo er mit sich selbst allein ist.
Wir können annehmen, dass – ähnlich wie bei den physischen Schmerzen – auch die seelischen und sozialen Schmerzen zurückgedrängt werden. Wir werden weniger empfindlich gegen den Verlust eines Freundes oder Partners und es tritt eine gewisse Abstumpfung gegen den Schmerz, den solche Verluste bedeuten, ein. Mit der geringeren Schmerzfähigkeit aber verlieren menschliche Beziehungen die ihnen eigentümliche Tiefe.

Nach Dorothee Sölle

Karl Schmidt-Rottluff, 1920

- Erstellt eine »Klagemauer«, indem ihr anonym auf einzelne Zettel schreibt, was euch belastet, worunter ihr leidet, was euch traurig macht. Heftet diese Zettel anschließend an eure Klagemauer.
- Sucht Beispiele dafür, dass Leiderfahrungen in unserer Gesellschaft verdrängt werden. Welche Konsequenzen hat dies für die Betroffenen und ihre Mitmenschen?
- Beobachtet die Darstellung von Leidsituationen in den Medien (Zeitungen, Zeitschriften, Fernsehen, Internet). Wie wird »präsentiert«? Welche Wirkung soll beim Leser/Zuschauer erzeugt werden? Nehmt kritisch zu den Folgen dieser Art von Berichterstattung Stellung.
- Erstellt zu dem Bild von Schmidt-Rottluff einen Dialog über die Frage nach dem Sinn des Leidens. Welche Fragen, Kritikpunkte usw. müssten genannt werden?

2 Gott im Leid begegnen

Ijobs Leid

Angesichts vieler Situationen und Ereignisse, über die ihr etwas in den Medien erfahren habt oder die zu euren eigenen Erfahrungen gehören, habt ihr euch sicherlich schon einmal die Frage gestellt: »Wie kannst du, Gott, das Leid zulassen?«
Diese Frage (Theodizee-Frage) stellen sich Menschen seit alters her. Im Buch Ijob des Alten Testaments, das nach seiner zentralen Gestalt benannt ist, erfolgt eine Auseinandersetzung mit dieser Frage. Ijob, ein frommer und gerechter Mann, erfährt unendliches Leid (Verlust des Besitzes, Tod der Kinder, Krankheit) und gerät hierdurch in Konflikt mit seiner Frau und seinen Freunden, die sein Leid in Zusammenhang mit seiner Treue zu Gott sehen.

> ^{5}Mein Leib ist gekleidet in Maden und Schorf, meine Haut schrumpft und eitert.
> ^{6}Schneller als das Weberschiffchen eilen meine Tage, der Faden geht aus, sie schwinden dahin.
> ^{7}Denk daran, dass mein Leben nur ein Hauch ist. Nie mehr schaut mein Auge Glück.
>
> *Ijob 7,5-7*

> ^{11}Gott gibt mich dem Bösen preis, in die Hand der Frevler stößt er mich. ^{12}In Ruhe lebte ich, da hat er mich erschüttert, mich im Nacken gepackt, mich zerschmettert, mich als Zielscheibe für sich aufgestellt.
>
> *Ijob 16,11 f.*

Die Reaktion der Freunde

Als Ijobs Freunde, Elifas, Bildad und Zofar, von seinem Leid erfahren, kommen sie von weit her, um ihn zu trösten. Nach orientalischer Sitte schreien sie und weinen, als sie sein Leid sehen. In verschiedenen Argumentationsgängen verteidigen die Freunde Gott und finden traditionelle Erklärungen für Ijobs Leid, u. a. dass Leiden eine Strafe für begangene Sünden sei, eine Prüfung seiner Frömmigkeit, ein Erziehungsmittel Gottes als Mahnung zur Umkehr und dass es dem Menschen mit seiner stark beschränkten Einsicht nicht zukomme, über Gott zu urteilen. Die Freunde versuchen also, einen Zusammenhang zwischen Ijobs früherem schuldhaften Handeln und seiner jetzigen Lage herzustellen und dadurch sein Leid zu begründen. Die Bibelwissenschaftler sprechen vom Tun-Ergehen-Zusammenhang.

> ^{7}Bedenk doch! Wer geht ohne Schuld zugrunde? Wo werden Redliche im Stich gelassen?
> ^{8}Wohin ich schaue: Wer Unrecht pflügt, wer Unheil sät, der erntet es auch.
>
> *Ijob 4,7 f.*

> ^{5}Wenn du mit Eifer Gott suchst, an den Allmächtigen dich flehend wendest, ^{6}wenn du rein bist und recht, dann wird er über dich wachen, dein Heim herstellen, wie es dir zusteht.
>
> *Ijob 8,5 f.*

Arnulf Rainer, 1995/98

- Versetzt euch in die Situation Ijobs – hierzu könnt ihr gut das oben stehende Bild nutzen – und verfasst eine »Klage-Rede«. Worüber würde Ijob klagen, wie ist sein Verhältnis zu Gott? Tragt die Rede vor und überlegt eine den Bibelstellen entsprechende Vortragsweise.
- Ijobs Freunde kommen, um ihn zu trösten (vgl. S. 38). Wie würde der »Trost« der Freunde auf euch wirken?
- Stellt die Situation dar, indem ihr die Ansichten der Freunde in eurer Sprache formuliert und dazu ein Rollenspiel entwickelt.
- Wie reagiert Ijob? Beachtet die Körperhaltung der Personen. Zur genaueren Information könnt ihr die drei Reden der Freunde und Ijobs Gegenrede im Buch Ijob nachlesen.
- Setzt euch in Gruppen zusammen und diskutiert darüber, welche sozialen Folgen Leid für die Menschen hat (vgl. auch Ijob 19,19). Sucht hierzu Beispiele in der Gegenwart (vgl. u. a. Kap. 1 »Das Leben gestalten« S. 5 ff.) und erstellt eine Dokumentation.

Ijob streitet mit Gott

Ijob lässt sich durch die Erklärungsversuche seiner Freunde nicht verunsichern. Er weiß, dass er unschuldig ist, und gerade deshalb wendet er sich an Gott und streitet mit ihm. Er will verstehen, warum all dies Leid über ihn gekommen ist.

> ⁸Geh ich nach Osten, so ist er nicht da, nach Westen, so merke ich ihn nicht,
> ⁹nach Norden, sein Tun erblicke ich nicht; bieg ich nach Süden, sehe ich ihn nicht.
> ¹⁰Doch er kennt den Weg, den ich gehe; prüfte er mich, ich ginge wie Gold hervor.
> ¹¹Mein Fuß hielt fest an seiner Spur, seinen Weg hielt ich ein und bog nicht ab.
> ¹²Das Gebot seiner Lippen gab ich nicht auf; seines Mundes Worte barg ich im Herzen.
>
> *Ijob 23,8 ff.*

> ²⁰Ich schrie zu dir und du erwiderst mir nicht; ich stehe da, doch du achtest nicht auf mich.
> ²¹Du wandelst dich zum grausamen Feind gegen mich, mit deiner starken Hand befehdest du mich.
> ²²Du hebst mich in den Wind, fährst mich dahin, lässt mich zergehen im Sturmgebraus.
> ²³Ja, ich weiß, du führst mich zum Tod, zur Sammelstätte aller Lebenden.
>
> *Ijob 30,20 ff.*

Als Ijobs Verzweiflung am größten ist, erfährt er Gott in einem Sturm und erkennt dessen Allmacht.

> ¹Da antwortete Ijob dem Herrn und sprach:
> ²Ich hab erkannt, dass du alles vermagst; kein Vorhaben ist dir verwehrt ...
> ⁵Vom Hörensagen nur hatte ich von dir vernommen; jetzt aber hat mein Auge dich geschaut.
> ⁶Darum widerrufe ich und atme auf, in Staub und Asche.
>
> *Ijob 42,1-2.5*

Das Ijob-Buch zeigt, wie die alttestamentliche Vorstellung vom Tun-Ergehen-Zusammenhang zerbricht. Das Leben der Menschen ist nicht berechenbar. Ihr Leiden kann nicht als von Gott gewollt rational erklärt werden. Die Welt entzieht sich der Erklärungsversuche der Menschen und bleibt eine Schöpfung des Allmächtigen.

- Wie interpretiert H. H. Heidenheim in seinem Holzschnitt das Leid Ijobs?
- Immer wieder wird von Kritikern gefragt, wie Menschen nach Auschwitz noch an Gott glauben können. Sucht Informationen über Menschen, die die Schrecken der nationalsozialistischen Verfolgung erlebt haben und für die der Glaube an Gott eine besondere Bedeutung hatte (z. B. Dietrich Bonhoeffer, Maximilian Kolbe, Etty Hillesum u. a.). Vielleicht könnt ihr noch eure Großeltern fragen, ob sie – auch wenn sie die Schrecken nicht direkt erfahren haben – in dieser Zeit eine besondere Gottesbeziehung aufgebaut haben.
Wie hat sich ihr Glaube angesichts der Gräuel des Krieges verändert?

Hiob

Als er nicht mehr wusste
an welchen
der Heiligen
er sich wenden
wer seine Verteidigung
übernehmen sollte
auf seinem Beschwerdegang

er sich lieber die Zunge abbiss
als den Namen
dessen zu nennen
der ihn zum Sprichwort
unter den Leuten gemacht
und ihm eine Wunde
nach der anderen geschlagen

bedachte er
wo er selber gewesen war
als die Erde gegründet
ihr die Richtschnur gezogen
das Band des Orion gebunden

dem Adler befohlen wurde
so hoch zu fliegen
und seinen Jungen
das Blut der Erschlagnen zu saufen

Wo er denn gewesen war
als dem Wind sein Gewicht
dem Licht seine Geschwindigkeit
dem Meer seine Fußstapfen gesetzt
dem Krokodil
seine Schuppen gesteckt
fest und eng ineinander
dass die Angst vor ihm herhüpft

da meinte er nicht mehr im Ernst
das Eichhorn müsste ihm dienen
und der Mond
müsste ihm Kusshände zuwerfen

Er wurde vielmehr gewahr
dass der
der seine Seele betrübt
der ihm sein Recht verweigert
und ihn verändert
wie Lack unter dem Siegel
derselbe ist
dem nichts zu schwer wird
was er sich vorgenommen
dessen Unsichtbarkeit
ihn kaputt macht
den seine Hände betastet haben
der sich als Letzter
über den Staub erheben
und ihn aus der Erde
aufwecken wird

Eva Zeller

Hanns H. Heidenheim

3 Mit dem Tod leben

Sterben und Leben

Wenn einer sich vornähme, das Wort Tod nicht mehr zu benützen, auch kein anderes, das mit dem Tod zusammenhängt, mit dem Menschentod oder mit dem Sterben der Natur. Ein ganzes Buch würde er schreiben, ein Buch ohne Tod, ohne Angst vor dem Sterben, ohne Vermissen der Toten, die natürlich auch nicht vorkommen dürften, ebenso wenig wie Friedhöfe, sterbende Häuser, tödliche Waffen, Autounfälle, Mord. Er hätte es nicht leicht, dieser Schreibende, jeden Augenblick müsste er sich zur Ordnung rufen, etwas, das sich eingeschlichen hat, wieder austilgen, schon der Sonnenuntergang wäre gefährlich, schon ein Abschied und das braune Blatt, das herabweht, erschrocken streicht er das braune Blatt. Nur wachsende Tage, nur Kinder und junge Leute, nur rasche Schritte, Hoffnung und Zukunft, ein schönes Buch, ein paradiesisches Buch.

Marie-Luise Kaschnitz

> **Wer das Leben ohne den Tod ansieht oder den Tod ohne das Leben, kennt weder das eine noch das andere.**
>
> *Jörg Zink*

Der Tod ist keineswegs ein Ereignis, das am Ende des Lebens gleichsam angestückt wird, sondern vielmehr Teil unseres natürlichen Lebensablaufes. Bei jedem Abschied, jeder Änderung, jedem neuen Lebensjahr und anlässlich jedes Jubiläums und Gedenkens werden wir daran erinnert, dass unsere Lebensstrecke begrenzt und die uns zugemessene Zeit nicht umkehrbar ist. Selbst der Schlaf ist ein Versinken in eine uns unbekannt bleibende Welt, freilich von der Erwartung begleitet, dass wir am nächsten Morgen erfrischt wieder zu neuem Leben erwachen. Die Chinesen lehren ihre Kinder, dass der Schlaf der kleine Bruder des Todes sei.

Tobias Brocher

> **Niemand kennt den Tod, es weiß auch keiner, ob er nicht das größte Geschenk für den Menschen ist. Dennoch wird er gefürchtet, als wäre es gewiss, dass er das schlimmste aller Übel sei.**
>
> *Sokrates*

- Sucht das Gespräch mit Menschen, die beruflich mit dem Tod zu tun haben (PflegerInnen, Priester, ÄrztInnen, Friedhofsgärtner, Angestellte eines Bestattungsunternehmens ...). Überlegt euch zuvor, welche Fragen ihr stellen wollt. Überlegt auch, in welcher Form ihr eure »Ergebnisse« präsentieren wollt.
- Sammelt Todesanzeigen oder sucht im Internet (z. B. unter www.trauertexte.de oder mithilfe einer Suchmaschine) nach Trauersprüchen und untersucht, welches Verständnis vom Tod darin zum Ausdruck kommt. Welche Unterschiede könnt ihr feststellen zwischen religiös und weltanschaulich ausgerichteten Formulierungen?
- Informiert euch über die Bedeutung der Krankensalbung (Gotteslob Nr. 78: »Wegzehrung«). Früher wurde dieses Sakrament auch »Letzte Ölung« genannt. Welche Auffassung kommt durch die frühere bzw. jetzige Bezeichnung zum Ausdruck?
- »Der Tod als Freund« – Diskutiert diese Aussage.

Käthe Kollwitz, 1934/35

**Den Tod fürchten die am wenigsten,
deren Leben den meisten Wert hat.**

Immanuel Kant

Fritz stirbt

Fritz fühlte, dass er in diesen letzten Monaten seines Lebens eine neue Intensität der Wahrnehmung, der Freude und des innigen Verbundenseins mit allem Schönen gewonnen hatte. Auf unseren kleinen, vorsichtigen Spaziergängen teilte ich seine ungetrübte Freude an kleinen Kindern, Vögeln, Blumen, Bäumen und Wolken. In dieser Zeit waren wir uns wahrscheinlich näher, enger miteinander verbunden in gegenseitigem Vertrauen als zu irgendeinem anderen Zeitpunkt unseres langen Ehelebens. Freunde, die sich angezogen fühlten von der ganz besonderen Atmosphäre gelassener Bejahung, besuchten uns gerne. Sie freuten sich über Fritz' liebevolle Anteilnahme und sie erbaten sich seinen Rat – buchstäblich bis zu seinem letzten Tage. Kaum jemals hat ihn sein Sinn für Humor und Spaß verlassen. Er bewahrte sein Lächeln und das heitere Zwinkern in seinen Augen und bis zuletzt interessierte er sich lebhaft für alles, was in der Welt vorging, und auch für meine Arbeit, die er stets förderte und mit der er sich viel beschäftigte. Ich machte die überwältigende Erfahrung, dass das Leben gesteigert und erhöht wird durch diese Bereitschaft den Tod anzunehmen.

Als Fritz' letzte Nacht herangekommen war, vergewisserte er sich, ob ich mir dessen so voll bewusst sei wie er selbst. Als ich ihm diese Zusicherung geben konnte, sagte er mit einem Lächeln: »Dann ist alles gut.« – Er starb wenige Stunden später in vollkommenem Frieden. Die Nachtschwester, die mit mir zusammen gewacht hatte, war mitfühlend aus dem Zimmer gegangen, um sich ihr Frühstück zu bereiten. So war ich denn allein bei Fritz in seiner letzten, friedvollen Stunde. Dafür werde ich ewig dankbar sein. Dieser »vollkommene« Tod war der Höhepunkt eines Lebens, das nach Vollkommenheit gestrebt hatte – weniger im Sinne von Leistung und Erfolg, denen Fritz nie sehr viel Bedeutung beizumessen schien, sondern vielmehr im Sinne der Vervollkommnung im Menschlichen.

Lily Pincus

4 Trauernde trösten

Von Beileidsbekundungen **keinen** Abstand nehmen!

Anderthalb Jahre nach Martins Tod – er starb im Alter von 19 Jahren bei einem Verkehrsunfall – wollen wir versuchen, unser Erleben des Geschehens, unser Erleben mit seinem Tod zu beschreiben …

Die Nacht zum 10. Mai 1986

In der Nacht zum 10. Mai 1986, um 2.40 Uhr, brachten uns zwei Polizeibeamte die Schreckensnachricht. Die ersten Reaktionen von uns sind nicht zu beschreiben. Wir standen zusammen, einer hielt den anderen fest. Es war schlimm, grausam. Wir wissen nicht mehr, wie wir die Minuten überlebten, bis der erste Satz fiel: »Oh, lieber Gott, sei gut zu ihm, nimm ihn ganz zu dir, sei gut zu ihm.« Irgendwann gingen wir ins Wohnzimmer, zündeten ein Licht an, weinten, klagten, beteten und sprachen immer wieder Martins Namen aus. Wir erinnern uns an diese Stunden sehr genau und nicht nur mit Schrecken; selten habe ich so stark Nähe und Zusammenhalt unserer Familie gespürt.

Die Tage bis zur Beerdigung

Um 7.00 Uhr am Morgen – es war ein Samstag – riefen wir unsere besten Freunde an …
Draußen war Mai – ringsherum blühte alles, war voll intensivsten Lebens – und Martin war tot! Diese Tatsache – Martin war tot – mussten wir nun per Telefon weitergeben: zuerst an unseren Sohn Matthias in Freiburg, an die Großeltern, Verwandten und Freunde. Immer nicht fassen könnendes Entsetzen, es war so schwer für uns, wir brauchten fast den ganzen Tag dafür. Von einem Augenblick auf den nächsten war unser Haus Trauerhaus geworden, doch bis zu Martins Beerdigung waren wir nie mehr allein in diesem Haus: Immer wieder kamen Freunde, Kollegen, Bekannte und Mitglieder unserer Pfarrgemeinde – auch die Priester der Gemeinde. Alle ließen uns ihr Mitgefühl spüren, keiner sagte ein unpassendes Wort. Sie weinten und schwiegen mit uns. Niemand … machte den Ansatz einer Erklärung oder verbalen Tröstung. Sprachlosigkeit kann so wohltuend sein! Uns tat die Nähe der Menschen gut, ihre spontane praktische Hilfe, ihr Mut, uns in unserem Leid und unserer Trauer auszuhalten, bzw. ihre Kraft, nicht davonzulaufen. Wir sagten uns immer wieder: Martin ist bei Gott – ihm geht es gut – er ist durch das Tor der Verwandlung hindurch. Aber nie mehr würde er durch unsere Tür kommen – diese Endgültigkeit –, so plötzlich und unabänderlich.

Viele Dinge müssen bis zur Beerdigung getan werden. Die Beerdigungsinstitute sind bereit alles zu regeln. Für uns war ganz wichtig möglichst viel selbst zu tun: Texte für Anzeige, Totenbildchen, Gottesdienst, Briefe an auswärtige Freunde, Schmücken der Friedhofskapelle … Dies war schmerzlich und immer wieder versagten die Kräfte. Niemals zuvor erlebten wir uns und unsere Kinder in solch absoluter Verlässlichkeit – gleichzeitig trostbedürftig und Trost gebend. So war dieses Tun gut für uns und, wir meinen, auch für Martin. Wir wollten keine Ablenkung von Martins Tod, sondern ganze Konzentration auf diese Wirklichkeit. Wir wollten uns auf Martin konzentrieren, auch deshalb gingen wir bis zur Beerdigung mehrmals an Martins Sarg in die Leichenhalle – in vielen kleinen Schritten nahmen wir Abschied von ihm, ließen wir ihn gehen.

Die Beerdigung

In unserer Gemeinde ist es Brauch, zuerst die Beerdigung zu halten und danach die Eucharistie zu feiern. Jetzt haben wir erfahren, wie wichtig diese Reihenfolge ist. Die Trauergemeinde versammelt sich zunächst in der Friedhofskapelle und zieht von dort mit dem Sarg zum Grab. Erst nach der Beerdigung geht die Gemeinde in die Kirche.
Irgendwann haben wir einmal gelernt, dass Tote zu begraben ein Werk der leiblichen Barmherzigkeit ist.

Selig die Trauernden, denn sie werden getröstet werden.

Mt 5,4

Wirklich begriffen haben wir es jetzt. Dass der Leib, wie es der Apostel Paulus ausdrückt, Tempel des Heiligen Geistes ist, wurde uns in einer neuen Weise klar: Dieser Leib war Martins irdische Möglichkeit Liebe zu empfangen und Liebe zu schenken. Und diese Würde kann ihm auch der Tod nicht nehmen.

Es ist ein wichtiger Schritt auf dem Weg der Trauerarbeit, ganz bewusst den Leib der Erde anzuvertrauen und dem Toten mit den (eigenen) Händen die Erde zu geben. »Von Beileidsbekundungen am Grabe bitten wir Abstand zu nehmen« ist in den letzten Jahren immer häufiger in Todesanzeigen zu lesen. Es fiel uns nie leicht, solche Hinweise richtig einzuordnen. Heute können wir für uns sagen, dass wir dies nie schreiben würden. Wir haben auch den Mut andere von solchen Schritten abzuhalten; denn wir haben erfahren, dass manche sich nicht trauten auf uns zuzugehen, weil sie glaubten uns schonen zu müssen, aber wir wollten und konnten uns gar nicht schonen ...

Es geht nicht darum, richtige oder große Worte zu sagen: Den meisten Menschen fällt – Gott sei Dank! – sowieso nichts ein und die Angehörigen haben in diesen Augenblicken auch kein Ohr dafür. Aber es tut gut zu spüren, dass man nicht allein gelassen ist ...

Die ersten Wochen ohne Martin

Die Zeit nach der Beerdigung war für uns sehr schwer. Die Kinder gingen wieder ihrem Studium nach, die Arbeit ging weiter und doch war nichts mehr wie vorher. Wohin wir schauten und gingen, da waren die Spuren Martins. Dass uns auch in diesen Wochen die Freunde nicht allein ließen, uns besuchten und uns einluden, war für uns sehr wichtig. Und nie wurden Martin und sein Sterben ausgeklammert ...

Immer wieder – bis heute! – trafen wir sie an Martins Grab oder fanden dort Zeichen ihres Besuches. Wir luden seine engsten Freunde zu uns ein und schenkten ihnen Dinge, die Martin gehörten, z. B. Kleider, Spiele, Bilder usw. zum Andenken an ihn. In den Gesprächen mit seinen Freunden erfuhren wir vieles, was uns bis dahin verschlossen war. Wir spürten, welche Bedeutung Martin in ihrem Leben hatte und wie sehr er auch ihnen fehlte.

Die neue Wirklichkeit

Martin hat im Leben unserer Familie seinen festen Platz, anders als vorher, aber nicht weniger intensiv. Sein Geburtstag, sein Namenstag sind – wie sein Todestag – wichtige Erinnerungstage, die wir auch mit einem

Gottesdienst feiern. In jeder Eucharistiefeier – bei den Fürbitten und dem Gedächtnis für die Verstorbenen – denken wir an ihn und an eine gemeinsame Zukunft bei Gott ...

Schrecken, Schmerz und unsagbare Trauer haben wir durchlebt und durchlitten. Unser Glaube, d. h. unsere Hoffnung auf die Einlösung der Zusagen Gottes, haben uns nichts von den Schmerzen genommen, haben unsere Trauer nicht verringert. Aber dieser Glaube hat uns geholfen nicht ohne Hoffnung weiterzuleben. Wir haben viel verloren, aber wir haben auch eine Erkenntnis des Herzens gewonnen. Der Tod ist nicht das Stärkste – über unsere Liebe hat er keine Macht.

Christl und Johannes Grewe

5 Sterbende begleiten

Ein Fallbeispiel zur Diskussion

Ein 88-jähriger Ingenieur lebt mit seiner Ehefrau in einem Eigenheim. Das Ehepaar hat keine Kinder, auch gibt es kaum Kontakte zu Nachbarn oder Freunden. Der Mann bemerkt seit einigen Monaten Schmerzen im Rücken und im Oberarm. Zunächst führt er die Schmerzen auf die Folgen eines Sturzes bei der geliebten Gartenarbeit zurück. Bei stärker werdenden Schmerzen sucht er den Hausarzt auf. Die Diagnostik erbringt einen fortgeschrittenen Tumor der Prostata mit ausgedehnten Knochen- und Wirbelsäul-Metastasen. Eine Tumorheilung ist in dieser Phase nicht mehr möglich. Zunächst gelingt die Schmerzstillung befriedigend, der Patient ist in seinen Aktivitäten nicht eingeschränkt. Allerdings verschlechtert sich der Gesamtzustand des Patienten kontinuierlich, die Schmerzen lassen sich nur unter Inkaufnahme deutlicher Müdigkeit und Darmträgheit einigermaßen stillen. Nach dem plötzlichen Tod der Ehefrau in dieser Phase wird die ambulante Pflege zu Hause unmöglich. Er bittet den Hausarzt um die Verabreichung einer hohen Dosis Schmerz- und Beruhigungsmittel, um den Tod herbeizuführen. Im Leben mit zunehmenden Schmerzen, allein ohne seine Frau und in anderer Umgebung sieht er keinen Sinn mehr.

Aktive Sterbehilfe	Passive Sterbehilfe
ist das bewusste Verabreichen Leben verkürzender Mittel. Der Tod wird aktiv durch die Gabe bestimmter Mittel herbeigeführt oder der Sterbevorgang beschleunigt. Es handelt sich um eine verursachte Tötung.	ist der Verzicht auf künstliche, Leben verlängernde Maßnahmen oder der Abbruch einer bereits eingeleiteten Behandlung, wenn der ursprünglich beabsichtigte Heilerfolg nicht mehr erreicht werden kann.
Direkte Sterbehilfe	**Hilfe im Sterben**
ist die beabsichtigte Herbeiführung des Todes des Patienten.	ist das In-Kauf-Nehmen des Todes als unvermeidlicher Nebenfolge einer beabsichtigten Leben förderlichen Maßnahme (Beispiel: Zur wirksamen Schmerzlinderung werden dem Patienten Schmerzmittel gegeben, auch wenn sie zu einer Verkürzung des Lebens führen).

Sterbebegleitung als Lebenshilfe

Der häufig verwendete Begriff »aktive Sterbehilfe« ist irreführend. Ihm geht es nicht darum, Menschen beim Sterben zu helfen; es geht bewusst und gezielt darum, ihren Tod herbeizuführen. Davon grundsätzlich zu unterscheiden ist die Sterbebegleitung. Sie meint den medizinischen, pflegerischen und rein mitmenschlichen Beistand, – wenn die Zeit zum Sterben gekommen ist. Um es auf den Punkt zu bringen: Sterbebegleitung ist Lebenshilfe; sie hilft dem Sterbenden, sein noch verbleibendes Leben so menschenwürdig wie möglich zu gestalten. »Aktive Sterbehilfe« dagegen ist Tötung auf Verlangen oder Beihilfe zur Selbsttötung. »Hilfe« solcher Art verdient diesen Namen nicht und ist entschieden abzulehnen ...

Wir können als Christen stolz sein auf eine jahrhundertealte Zusammenarbeit mit den Ärzten im Dienst an den Sterbenden. Wir begrüßen nachhaltig die bedeutsamen Fortschritte in der Schmerztherapie und halten das Vertrauen zum Arzt gerade in schwerer Krankheit für ein kostbares Gut. Um es zu schützen betont der Eid des Hippokrates, dass der Arzt sich »zum Nutzen des Kranken einsetzen, Schädigung und Unrecht aber ausschließen« soll. Ausdrücklich schließt er die Gabe tödlicher Medikamente – auch auf Verlangen – aus. Nur so können Patienten sich ihrem Arzt anvertrauen, wenn sie keine Kontrolle mehr über sich haben und sich vorschnell aufgeben. Eine rechtlich legitimierte ärztliche Tötungspraxis würde dieses grundlegende Vertrauen der Patienten zu Ärzten und Pflegenden untergraben.

Bischof Franz Kamphaus

Das Hospiz – Gasthaus auf dem Weg in eine andere Welt

Ins Hospiz *Aachener Oratorium* kommen Menschen um zu sterben. Aus den Krankenhäusern wurden sie entlassen, weil es keine Hoffnung auf Heilung mehr gibt. Viele kommen mit einer Prognose von wenigen Wochen verbleibender Lebenszeit. Trotz des ständig vorhandenen Schattens des Todes herrscht im Hospiz keine bedrückende Atmosphäre.

»Wir wollen ein Gasthaus auf dem Weg von dieser in die andere Welt sein«, sagt Pfarrer Ewald Janßen, Vorsitzender des *Aachener Oratoriums*. »In den Kliniken steht die Bekämpfung der Krankheit im Mittelpunkt. Bei uns ist nur noch der Mensch mit seinen Bedürfnissen wichtig ... Im Aachener Hospiz will man den Menschen, die hierher kommen, vor allem menschliche Wärme und Geborgenheit vermitteln und »bei keinem darf das Gefühl aufkommen: Ich bin wertlos, ich bin meinen Mitmenschen eine Last«, erklärt Clémentine Louven, die Heimleiterin.

Die Kranken sollen das Gefühl haben, dass das Beste gerade gut genug für sie ist. Deshalb wird auf die Einrichtung der Schlaf- und Speisezimmer ebenso viel Wert gelegt wie auf den Speiseplan. Auch freundlich eingerichtete Gästezimmer sind vorhanden. Hier können Angehörige wohnen, die bei den Schwerkranken bleiben wollen. Selbst Hunde oder Katzen können hier untergebracht werden, wenn die Kranken Wert darauf legen ... Die meisten Schwerkranken fürchten sich vor Schmerzen und davor, allein sterben zu müssen. Deshalb wird im Hospiz alles dafür getan, dass die Kranken möglichst schmerzfrei bei Bewusstsein bleiben können. Für die medizinische Versorgung kann jeder Patient und jede Patientin den gewohnten und vertrauten Hausarzt behalten. Allein ist im Hospiz niemand. Priester, Ordens- und Krankenschwestern versorgen die Patienten und selbst die Putzfrauen stehen für Gespräche zur Verfügung. »Die Frauen, die hier putzen, kommen seit langem, sie kennen die Kranken und daraus entsteht so manches Gespräch«, sagt Pfarrer Türks, deshalb beschäftige man auch keine Putzkolonnen.

Und da man aus Erfahrung weiß, dass die meisten Menschen zu Hause sterben möchten, können die Kranken jederzeit nach Hause »umziehen«, wenn die Familie die Pflege übernehmen kann. Dabei werden die Angehörigen vom Personal des Hospizes unterstützt ... Aber auch im Hospiz fühlen sich die schwer kranken Patienten wohl: »Ich komme mir hier eigentlich vor wie in einem schicken Hotel«, sagt eine 38-Jährige. Auch Freizeitangebote sind vorhanden. So kann man, soweit es der Gesundheitszustand der Kranken zulässt, z. B. in einer Singgruppe mitmachen, schwimmen oder Gymnastik treiben.

Viele leben noch sehr intensiv in ihrer letzten Lebensphase: »Ich sitze gern hier«, sagt ein Mann im Garten des Hospizes, »man kann die Kinder nebenan im Kindergarten sehen und lachen hören.«

Ein Mann, der mit der Prognose »eine Woche noch« kam, lebt schon ein halbes Jahr im Hospiz. Er macht ausgedehnte Spaziergänge und es geht ihm jetzt sogar besser als zum Zeitpunkt der Einlieferung. »Es ist gut, dieses Haus«, sagt er; »die Menschen sind geduldig, liebevoll. Man ist nicht allein, wenn man Angst hat.«

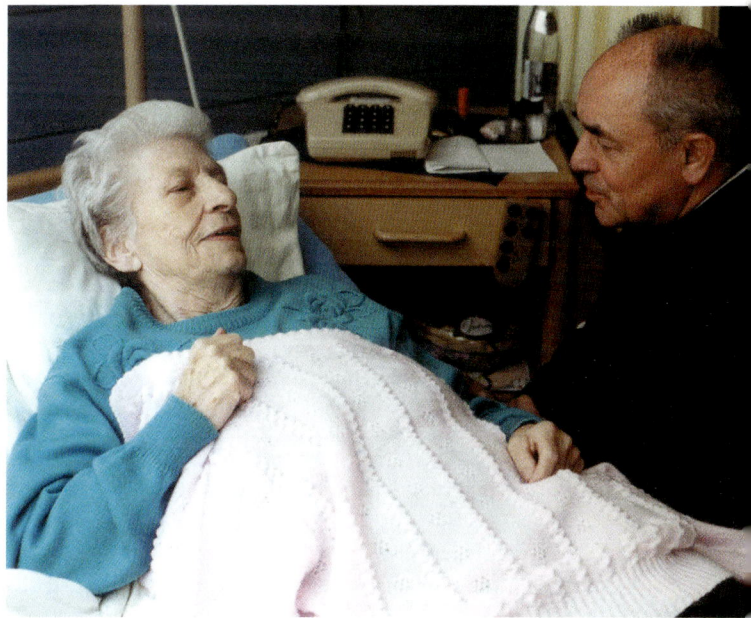

- Überlegt, welche Begriffe aus der Tabelle S. 46 auf den Fall des todkranken Ingenieurs passen. Wie soll der Arzt auf die Bitte des Mannes reagieren?
- Informiert euch über das geltende Recht zur Sterbehilfe, über die kirchliche Position, über die Hospizbewegung. Die Informationen lassen sich gut über das Internet einholen.
- Erkundigt euch, wo es in eurer Umgebung ein Hospiz gibt. Vielleicht könnt ihr einen Mitarbeiter oder eine Mitarbeiterin zu einem Gespräch in euren Unterricht einladen.

6 Durch den Tod hindurchgehen

Was kommt nach dem Tod?

Was geschieht mit uns, wenn wir sterben? Die wissenschaftliche Forschung bemüht sich seit Jahrzehnten dem Phänomen des Todes auf die Spur zu kommen. Es sind auch zahlreiche Bücher erschienen mit Erfahrungsberichten von Menschen, die schon an der Schwelle des Todes standen und dann wiederbelebt werden konnten. In diesen Berichten wird immer wieder beschrieben, dass an der Grenze zum Tod Freude erfahren wird, nicht Angst oder Qual. Oft ist von einem Licht die Rede, das dem Sterbenden entgegenleuchtet. Aber aus solchen Berichten lässt sich nicht schließen, was wirklich im Tod und nach dem Tod auf uns zukommt. Denn keiner, der wieder ins Leben zurückgeholt werden konnte, war wirklich tot. Die Schwelle des Todes haben diese Menschen nicht überschritten.

Die Vorstellung von einem Weiterleben nach dem Tod ist allen Religionen gemeinsam. Man kann das an den vielfältigen Bestattungsriten erkennen. Im Hinduismus und Buddhismus gibt es die Vorstellung von der Reinkarnation, der Wiederverkörperung des Toten oder seiner Lebenskräfte in einer neuen Gestalt; Ziel ist es, diesem endlosen Rad zu entkommen.

Die Bibel kennt die Wiedergeburt nicht. Nach biblischem Verständnis ist dieses Leben einmalig und unwiederholbar. Aber diese Unwiederbringlichkeit muss uns keine Angst machen. Christen glauben an einen Gott, der den Menschen liebevoll nahe ist. Dieser mit all seinen göttlichen Kräften liebende Gott will nicht das endgültige Verlöschen seiner Geschöpfe. Sie sind ihm kostbar, er will ihre lebendige Nähe. Aber wenn wir auf den Toten schauen, dann ist dieser Glaube zunächst in Frage gestellt. Dass der Körper des Menschen im Tod zerfällt, ist unbezweifelbar. Was bleibt von einem Menschen, wenn sein Leichnam sich zersetzt? Der Glaube an einen Gott, der jeden einzelnen Menschen liebt, hat zur Konsequenz: Das Ich dieses Menschen, sein Selbst, die Mitte seiner Person, das, was ihn voll und ganz ausmacht, ist unzerstörbar. Die christliche Tradition hat dieses Lebensprinzip des Menschen Seele genannt.

Nach biblischer Vorstellung gehören in der Person des Menschen Leib und Seele unabdingbar zusammen. Die ganze Person des Menschen geht nach christlichem Glauben ein in das Leben bei Gott.

Wie dieses Leben aussieht, muss ein Geheimnis bleiben. Zwar haben die Christen immer wieder versucht, sich dieses Leben bei Gott auszumalen. Diese Bilder können unsere menschlichen Hoffnungen ausdrücken, aber sie können natürlich nicht wissen, welche Überraschungen der liebende Gott für uns bereithält.

> was kommt nach dem tod?
>
> nach dem tod
> kommen die rechnungen
> für sarg, begräbnis und grab
> was kommt nach dem tod?
> nach dem tod
> kommen die wohnungssucher
> und fragen ob die wohnung erhältlich
> was kommt nach dem tod?
> nach dem tod
> kommen die grabsteingeschäfte
> und bewerben sich um den auftrag
> was kommt nach dem tod?
> nach dem tod
> kommt die lebensversicherung
> und zahlt die versicherungssumme
> was kommt nach dem tod?
>
> *Kurt Marti*

Der Übergang in das neue Leben bei Gott wird Auferstehung genannt. Die Gewissheit, dass Gottes Liebe am Tod keine Grenze findet, gründet für Christen in der Gewissheit der Auferstehung Jesu (s. dazu S. 129 ff.), wie sie von den ersten Glaubenden bezeugt und an uns weitergegeben wurde. Was an Christus geschehen ist, betrifft uns alle. Das macht Paulus in seinem Brief an die Gemeinde von Korinth deutlich: Wenn aber verkündigt wird, dass Christus von den Toten auferweckt worden ist, wie können dann einige von euch sagen: Eine Auferstehung der Toten gibt es nicht? Wenn es keine Auferstehung der Toten gibt, ist auch Christus nicht auferweckt worden. Ist aber Christus nicht auferweckt worden, dann ist unsere Verkündigung leer und euer Glaube sinnlos. Wir werden dann auch als falsche Zeugen Gottes entlarvt, weil wir im Widerspruch zu Gott das Zeugnis abgelegt haben: Er hat Christus auferweckt. Er hat ihn eben nicht auferweckt, wenn Tote nicht auferweckt werden. Denn wenn Tote nicht auferweckt werden, ist auch Christus nicht auferweckt worden. Wenn aber Christus nicht auferweckt worden ist, dann ist euer Glaube nutzlos. (1 Kor 15,12-17)

Wenn Christen an die Auferstehung der Toten glauben, dann hat das grundlegende Konsequenzen für ihr Leben und Handeln. Wer hoffen kann, dass der Tod nicht das letzte Wort hat, der kann für andere da sein und ihr Leben verwandeln, wo sie in Not sind. Der muss nicht auf die ständige Selbstbehauptung bedacht sein und kann sein Leben mit anderen teilen.

Hieronymus Bosch, um 1500

Auf einer Wanderung stand ich vor einem Baum,
in den eine Christusfigur eingewachsen war.
Vor hundert Jahren oder mehr hatte jemand
ein Kruzifix an dem Stamm befestigt.
Nun wächst der Baum und schließt die Figur ein.
Unmerklich wächst der Baum um sie herum.
Die offene Stelle wird eines Tages
ganz zusammengewachsen sein
und am Ende ist der Baum wieder wie unversehrt.
Aber Christus ist in ihm.
Ich denke an dich,
wenn ich das Bild anschaue.

Unsere Lieben wachsen,
wenn sie gegangen sind,
in uns hinein. Werden ein Teil von uns.
Geben uns ihre Liebe und Kraft
und am Ende bewahren wir sie unsichtbar in uns.
Das gilt auch von Christus.
Wir empfangen sein Leben,
indem er in uns hineinwächst,
und am Ende sind wir in seine Gestalt verwandelt.
Am Ende ist er in uns
und vollendet uns zu dem Bild,
nach dem wir geschaffen sind.

Jörg Zink

4 Handeln für das Leben
Entscheiden und verantworten können

1 Was soll ich tun? Wer will ich sein?

Angenommen ...

... du kommst an eine unbelebte Straßenkreuzung.
Die Fußgängerampel steht auf »Rot«. Aber da weit und breit kein Auto zu sehen ist, überquerst du die Straße ohne auf »Grün« zu warten. Ist das in Ordnung?

... du kommst morgens zu spät zum Unterricht.
Um lästigen Mahnungen auszuweichen, erfindest du eine Ausrede, z. B.: dein Autobus habe Verspätung gehabt, du hättest bei einem Unfall als Zeuge aussagen müssen usw. Hältst du solche »Notlügen« für gerechtfertigt?

... du hast dich mit einem Freund verabredet.
Später verlierst du die Lust zu dem Treffen und willst etwas anderes unternehmen. Es gibt allerdings keine Möglichkeit deinem Freund deswegen Bescheid zu sagen. Wie wirst du dich verhalten?

Jürgens Problem

Jürgen und »Kick« sind gute Freunde. Kick heißt eigentlich Sebastian. Er wird aber Kick genannt, weil er andere oft tritt. Er ist auch oft mit anderen in Kämpfe verwickelt. Aber mit Jürgen hat er nie Probleme gehabt. Auch Jürgen mag ihn. Kick hat ihm schon oft gegen Stärkere beigestanden.
Eines Tages sieht Jürgen, wie Kick einen jüngeren Schüler aus einer anderen Schule verprügelt und erst aufhört, als der ihm seinen Geldbeutel gibt. Kick rennt davon, bevor Jürgen etwas tun kann. Am nächsten Tag kommt die Polizei mit dem beraubten Jungen in die Schule. Sie fragt, wer gesehen habe, wie der Junge verprügelt und beraubt wurde. Der Junge entdeckt Jürgen. Er deutet auf ihn und sagt, dass er Jürgen zusammen mit dem gesehen habe, der ihn überfallen habe, und dass Jürgen den Überfall auch gesehen haben müsse.
Der Polizist fordert Jürgen auf, den Namen des Täters zu nennen, sonst würde er sich der Mitwisserschaft strafbar machen.

Wohl täglich stehen wir Menschen vor der Frage, welches Verhalten das richtige ist. Oft können wir schnell und leicht entscheiden, aber manchmal geraten wir auch in schwierige Entscheidungssituationen. Wir spüren dann, dass mit der Entscheidung auf dem Spiel steht, was für ein Mensch wir sein wollen ...
Die Frage nach dem richtigen Handeln ist die ethische Grundfrage. Die Ethik ist das »Erfassen und Begründen dessen, was gutes und richtiges Handeln ausmacht, was den Menschen und sein Handeln gut sein lässt und was ihn zu seinem Ziel und Glück führt«.

Katholischer Erwachsenen-Katechismus

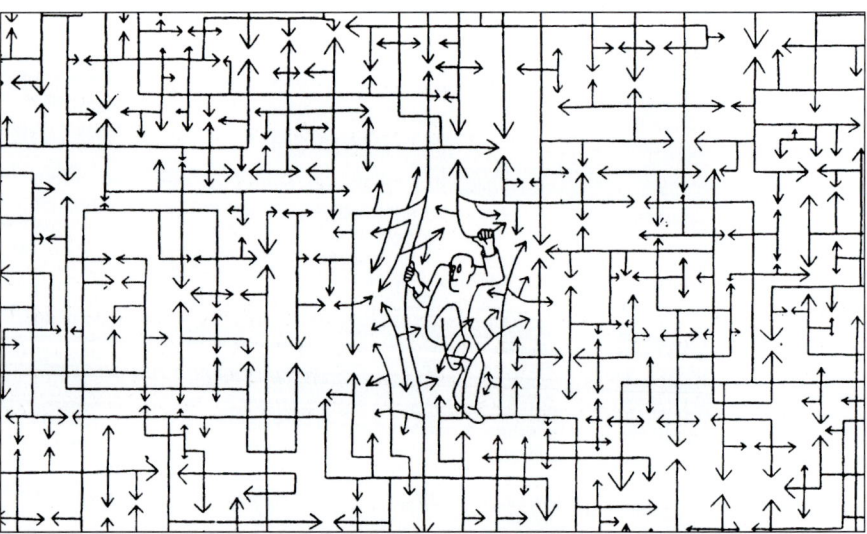

Ethischer Fragekreis

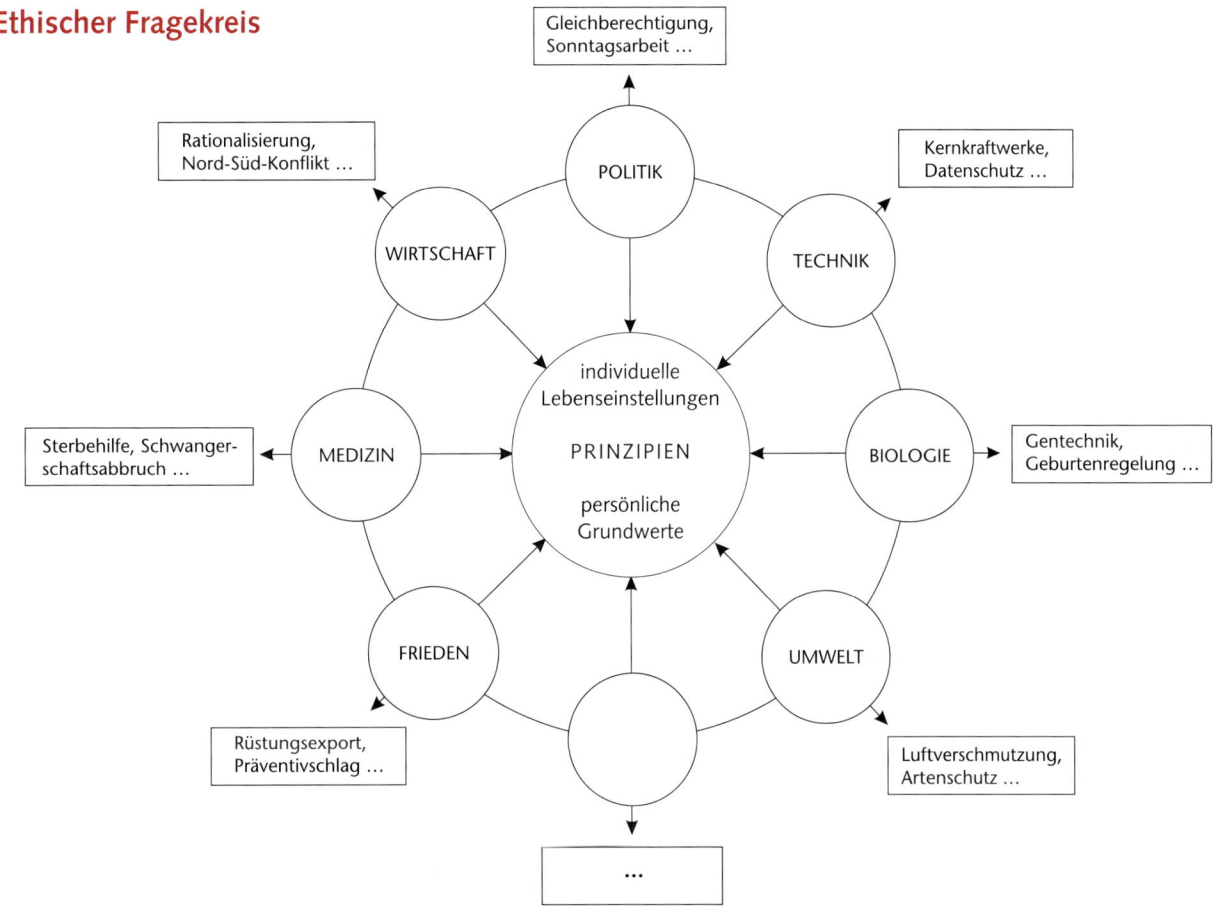

Hab Vertrauen. Nicht zu mir natürlich, auch nicht zu einem Weisen (selbst wenn er einer von den echten ist) und auch nicht zu Bürgermeistern, Pfarrern oder Polizisten.
Nicht zu Göttern oder Teufeln, nicht zu Maschinen, nicht zu Fahnen.
Hab Vertrauen zu dir selbst! Zu deiner Intelligenz, die es dir ermöglicht besser zu sein, als du bereits bist, und zum Instinkt deiner Liebe,
der dich offen macht für die Gesellschaft guter Freunde.

Fernando Savater

- Überlegt, wie ihr in den Beispielsituationen S. 52 entscheiden würdet. Diskutiert in eurer Lerngruppe und haltet gemeinsam fest, welche Argumente für richtiges Verhalten sich finden lassen.
- Versucht herauszufinden, welche Prinzipien oder Grundwerte den jeweiligen Argumenten zugrunde liegen.
- Findet zur Grafik »Ethischer Fragekreis« weitere Handlungsfelder, in denen Menschen sich für gutes und richtiges Handeln entscheiden müssen.
- Findet Fallbeispiele (ähnlich den Beispielsituationen S. 52) zu den einzelnen Handlungsfeldern und legt sie den Mitschülern und Mitschülerinnen zur Diskussion vor.

2 Woran kann ich mich orientieren?

Kein Mensch weiß aus sich allein, was gut ist. Unser Wissen um gutes und richtiges Handeln bildet sich immer in der Auseinandersetzung mit anderen Menschen. Als Eltern und Erzieher, als Vorbilder und Autoritäten, über Sitten und Gebräuche, über Gebote und Gesetze nehmen sie Einfluss auf unsere Vorstellungen. Sie geben auch an uns weiter, was der Glaube an Gott über verantwortliches Handeln zu sagen hat. Als Kinder werden wir das meiste davon einfach annehmen; als Jugendliche und Erwachsene können wir uns bewusst machen, welche Anforderungen an uns gerichtet werden. Wir können uns kritisch mit den Vorstellungen anderer auseinander setzen, wir können darin Orientierung finden und schließlich unseren eigenen Weg zu einem gelingenden Menschsein wählen.

- *Informiert euch genauer über die auf dieser Doppelseite vorgestellten »Orientierungshilfen« für das richtige Handeln. Wägt ab, welche Vor- und Nachteile die Orientierung an ihnen haben kann.*
- *Prüft, ob sie zur Entscheidung der Fallbeispiele S. 52 dienen können.*

Die »Goldene Regel«

Alles, was ihr von anderen erwartet, das tut auch ihnen! Darin besteht das Gesetz und die Propheten.

Mt 7,12 – Christentum

Was dir verhasst ist, füge auch deinem Mitmenschen nicht zu. Das ist das ganze Gesetz; der Rest ist Kommentar.

Rabbi Hillel – Judentum

Keiner von euch darf sich als gläubig ansehen, der nicht seinem Bruder dasselbe wünscht wie sich selbst.

Hadith 4 – Islam

Dies ist die Essenz aller Rechtschaffenheit: Tu deinem Mitmenschen nichts an, von dem du nicht möchtest, dass er es dir später auch antue.

Hinduismus

Füge keinem anderen etwas zu, das du für dich selbst schädlich fändest.

Buddhismus

Wie du dich selbst beurteilst, so beurteile auch die anderen. Dann wirst du Anteil am Himmel haben.

Sikh-Religion

Ein religiöser Mensch sollte alle Lebewesen so behandeln, wie er selbst behandelt werden möchte.

Jainismus

Betrachte den Erfolg deines Nachbarn als deinen Erfolg und seinen Verlust als deinen eigenen.

Taoismus

Sicher ist eine Maxime der Menschlichkeit: Füge einem anderen nichts zu, das du nicht selbst von ihm empfangen wolltest.

Konfuzianismus

Du sollst nicht das achten, was für dich selbst gut ist, sondern das, was der Menschheit nützt.

Bahai

Im Innern seines Gewissens entdeckt der Mensch ein Gesetz, das er sich nicht selbst gibt, sondern dem er gehorchen muss und dessen Stimme ihn immer zur Liebe und zum Tun des Guten und zur Unterlassung des Bösen aufruft und, wo nötig, in den Ohren des Herzens tönt: Tu dieses, meide jenes.

Zweites Vatikanisches Konzil, 1965

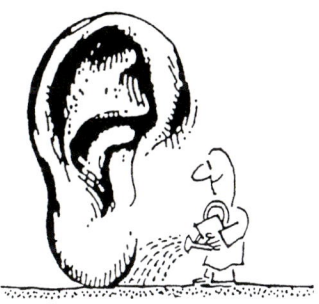

Nutze den Tag!
Geld regiert die Welt.
Ordnung ist das halbe Leben.
Ehrlich währt am längsten.
Halte dich gerade!

Gott will,
dass wir ihm allein vertrauen und uns nicht an Mächte binden, die uns von ihm trennen.
dass wir seinen Namen anrufen und ihn nicht missbrauchen.
dass wir in der Anbetung und im Ausruhen ihm und seiner Schöpfung nahe sind.
dass wir die Menschen ehren, die uns Leben, Gemeinschaft und Glauben geben.
dass wir das Leben schützen und Leid abwenden.
dass wir in Liebe und Ehe Treue bewahren.
dass wir die Freiheit des Menschen achten und uns für Gerechtigkeit in der Welt einsetzen.
dass wir zur Wahrheit stehen und niemandem durch Lügen Schaden zufügen.

Katholischer Erwachsenen-Katechismus, 1995

I. Allgemeine Verkehrsregeln

§1 Grundregeln
(1) Die Teilnahme am Straßenverkehr erfordert ständige Vorsicht und gegenseitige Rücksicht.

(2) Jeder Verkehrsteilnehmer hat sich so zu verhalten, dass kein anderer geschädigt, gefährdet oder mehr, als nach den Umständen unvermeidbar, behindert oder belästigt wird.

Straßenverkehrs-Ordnung (StVO)

Art. 1
(1) Die Würde des Menschen ist unantastbar. Sie zu achten und zu schützen ist Verpflichtung aller staatlichen Gewalt.
(2) Das Deutsche Volk bekennt sich darum zu unverletzlichen und unveräußerlichen Menschenrechten als Grundlage jeder menschlichen Gemeinschaft, des Friedens und der Gerechtigkeit in der Welt.
(3) Die nachfolgenden Grundrechte binden Gesetzgebung, vollziehende Gewalt und Rechtsprechung als unmittelbar geltendes Recht.

Grundgesetz der Bundesrepublik Deutschland

3 Einladung zum Menschenmöglichen

Vom Töten und von der Versöhnung

²¹Ihr habt gehört, dass zu den Alten gesagt worden ist: Du sollst nicht töten; wer aber jemand tötet, soll dem Gericht verfallen sein.
²²Ich aber sage euch: Jeder, der seinem Bruder auch nur zürnt, soll dem Gericht verfallen sein; und wer zu seinem Bruder sagt: Du Dummkopf!, soll dem Spruch des Hohen Rates verfallen sein; wer aber zu ihm sagt: Du gottloser Narr!, soll dem Feuer der Hölle verfallen sein. ²³Wenn du deine Opfergabe zum Altar bringst und dir dabei einfällt, dass dein Bruder etwas gegen dich hat, ²⁴so lass deine Gabe dort vor dem Altar liegen; geh und versöhne dich zuerst mit deinem Bruder, dann komm und opfere deine Gabe.

Mt 5,21-24

Worum geht es Jesus, wenn er in den so genannten »Antithesen« seine Ethik vor dem Hintergrund des alttestamentlichen Gesetzes entfaltet?
Jesus geht zunächst von einem Verbot oder Gebot aus. Ihr habt gehört, dass zu den Alten gesagt wurde: »Du sollst nicht töten«, »du sollst nicht ehebrechen«, »du sollst keinen Meineid schwören«, »Auge um Auge, Zahn um Zahn«, »du sollst deinen Nächsten lieben«.
Solche Verbote und Gebote aber haben ihren Sinn darin, dass sie einen Wert schützen und fördern wollen. Das Verbot »du sollst nicht töten« will den Wert Leben schützen, das Verbot »du sollst nicht ehebrechen« den Wert der Ehe und des geglückten Zusammenlebens von Mann und Frau. Das Verbot »du sollst keinen Meineid schwören« will den Werten Wahrheit und Vertrauen dienen, die Regel »Auge für Auge, Zahn für Zahn« sollte ursprünglich die Gewalt-Eskalation eindämmen und damit dem Wert Frieden dienen. Von dem jeweiligen Wert her erhalten die Verbote ihren Sinn und ihre Gültigkeit. Die Gebote und Verbote, von denen Jesus ausgeht, stellen freilich nur die Mindestanforderung dar, um den jeweiligen Wert zu schützen und zu fördern. Wenn man sich aber nicht nur an äußere vorgegebene Gebote halten will, sondern die Werte im Blick hat, wird deutlich, dass man noch sehr viel mehr tun kann.
Um den Wert Leben zu schützen und zu fördern, ist es das Mindeste, dass man sich nicht gegenseitig umbringt. Aber Menschen gehen sich noch auf viele andere Weisen ans Leben. Wir können andere mit Blicken töten, wir können Rufmord begehen, wir können andere kaltstellen, wir können sie mundtot machen. Hier wird deutlich, was alles dazugehört, wenn wir dem Wert Leben dienen wollen. Die Situationen, die Jesus in den Antithesen vorstellt, sind Beispiele, wie man diesen Wert über den bloßen Verzicht auf Mord hinaus fördern kann.

- Seht euch den Cartoon links an. Findet weitere »Teufelskreise« des Bösen. Vielleicht könnt ihr sie zeichnerisch darstellen. Überlegt auch, wie man sie durchbrechen könnte.
- Lest die »Antithesen« Mt 5,27-48. Ihr könnt über die Beispiele Jesu hinaus weitere Ideen entwickeln, wie der jeweilige Wert gefördert werden kann.

Nur kein Tiefmut!

Viele Menschen spüren in sich eine besondere Sehnsucht: Sie können und wollen nicht mit einem »Minimalprogramm« für ihr Leben zufrieden sein. Sie wollen mehr aus sich machen, sich selbst überschreiten, ihre höchsten Möglichkeiten verwirklichen. »Es muss im Leben mehr als alles geben«, heißt es in einer Geschichte von Maurice Sendak. Wenn sich jemand mit der eigenen Beschränktheit zufrieden gibt, dann nennt der mittelalterliche deutsche Theologe Meister Eckart das Tiefmut. Er hält dagegen:
Gott hat uns zu anderem berufen! Wir sind herausgefordert die Werte des Lebens über das Minimum hinaus zu schützen und zu fördern. Wichtige Impulse dazu gibt die Bergpredigt Jesu in Mt 5 – 7. Das nebenstehende Bild von Willi Raiber heißt »Bergpredigt«. Vielleicht könnt ihr beim Betrachten bemerken, wie das Auge immer wieder den Lichtkreis sucht, wie sich die Figuren gruppieren und wie es vom Lichtkreis aus hell wird.

Das gesamte Neue Testament ist eine große Einladung mehr aus uns zu machen, indem wir der Liebe und dem Leben Gottes trauen:

Willi Raiber, 2003

Ihr könnt es, denn Gott selbst bewirkt in euch nicht nur das Wollen, sondern auch das Vollbringen, so wie es ihm gefällt.
Phil 2,13

Gleicht euch nicht dieser Welt an, sondern wandelt euch und erneuert euer Denken, damit ihr prüfen und erkennen könnt, was der Wille Gottes ist: was ihm gefällt, was gut und vollkommen ist.
Röm 12,2

Ihr sollt also barmherzig sein, wie es auch euer himmlischer Vater ist.
Lk 6,36

Ein neues Gebot gebe ich euch: Liebt einander! Wie ich euch geliebt habe, so sollt auch ihr einander lieben.
Joh 13,34

4 Leben von Anfang an

Konflikt um menschliches Leben

Wir haben es von der Zeugung an mit dem Leben eines Menschen in seiner ersten Lebensgestalt zu tun, in der alle späteren Stadien angelegt sind. Dieses menschliche Leben ist ein Rechtsgut, das von Anfang an einen Anspruch auf Bewahrung und auf Schutz vor Vernichtung hat ... Wie jedes andere Leben kann auch das ungeborene menschliche Leben in Konflikt mit anderen Gütern geraten ... Wie kann man in solchen Konflikten zu verantwortbaren sittlichen Entscheidungen kommen? Für die Klärung dieser Frage ist es wichtig, dass wir mit den Fakten wie mit den verwendeten Begriffen vertraut sind und zudem beachten, dass wir rechtliche Regelungen nicht mit sittlichen Urteilen gleichsetzen.
Im Zusammenhang mit dem Problem des Schwangerschaftsabbruchs begegnen wir immer wieder dem Begriff der »Indikation«. Viele verstehen darunter fälschlicherweise eine »Indikation zum Schwangerschaftsabbruch« und meinen, ein Schwangerschaftsabbruch sei sittlich gerechtfertigt, wenn eine Indikation vorliege. In

> ¹³Denn du hast mein Inneres geschaffen,
> mich gewoben im Schoß meiner Mutter.
> ¹⁴Ich danke dir, dass du mich so wunderbar gestaltet
> hast. Ich weiß: Staunenswert sind deine Werke.
> ¹⁵Als ich geformt wurde im Dunkeln,
> kunstvoll gewirkt in den Tiefen der Erde,
> waren meine Glieder dir nicht verborgen.
> ¹⁶Deine Augen sahen, wie ich entstand,
> in deinem Buch war schon alles verzeichnet;
> meine Tage waren schon gebildet,
> als noch keiner von ihnen da war.
>
> Ps 139,13-16

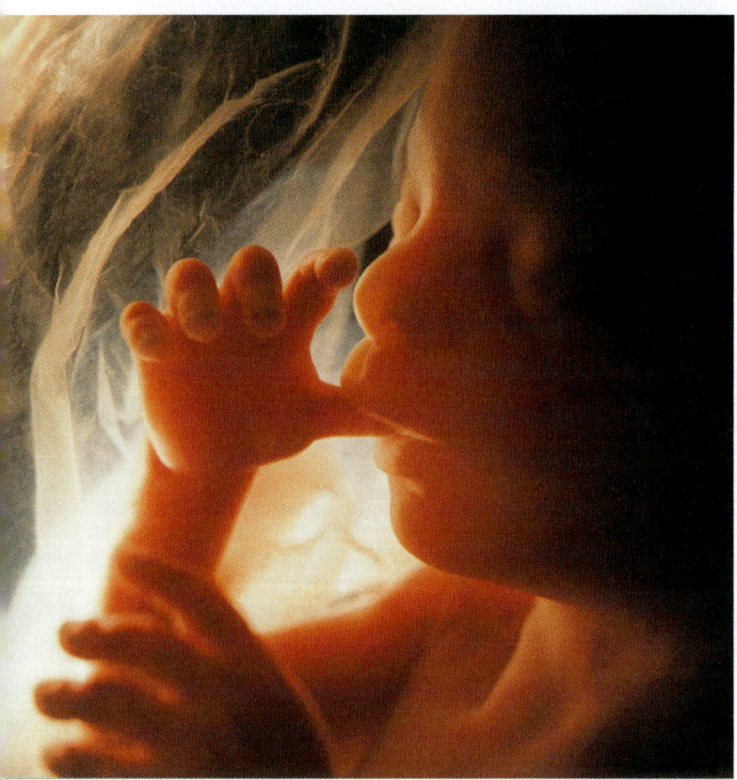

Wirklichkeit ist eine Indikation zunächst einmal nichts anderes als ein »Anzeichen« oder »Hinweis« darauf, dass das empfangene Kind Probleme mit sich bringen kann, die für die Mutter bzw. für die Eltern eine mehr oder minder schwere Konfliktsituation darstellen.
Kriminologische (im Rechtsbereich auch ethische oder humanitäre) *Indikation* besagt, dass das Kind durch Vergewaltigung oder Notzucht rechtswidrig aufgezwungen worden ist.
Allgemeine (soziale) Notlagenindikation besagt, dass durch das empfangene Kind die Mutter oder die Familie in eine schwere soziale oder wirtschaftliche Notlage geraten kann, die von der Schwangeren als so schwer wiegend empfunden wird, dass sie bei ihr zu erheblichen psychischen Belastungen führen kann.
Medizinische Indikation besagt, dass das ungeborene Leben das Leben der Schwangeren ... oder die Gesundheit der Schwangeren ... gefährdet.
Eugenische Indikation ... besagt, dass das ungeborene Kind nicht behebbare Schädigungen aufweist, die vor, während oder kurz nach der Geburt zum Tod des Kindes führen oder während seines Lebens eine bleibende Behinderung zur Folge haben.
Alle diese Indikationen zeigen an, dass das Gut des ungeborenen Lebens in Konflikt mit anderen Gütern geraten kann. Sind diese anderen Güter von so großer Bedeutung und Vordringlichkeit, dass man sie dem fundamentalen Gut des ungeborenen Lebens vorziehen darf? Das ist die eigentlich ethische Frage.

Katholischer Erwachsenen-Katechismus

»Ich bin schwanger«

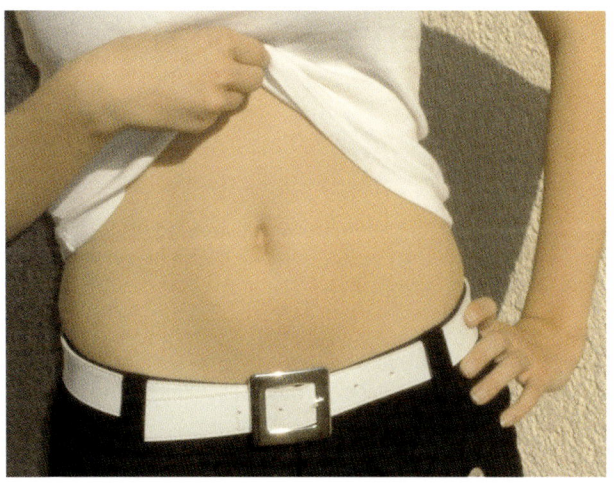

Was für die meisten Frauen, Paare und Familien Grund zur Freude ist, löst bei anderen ein Chaos der Gefühle aus, einen Berg scheinbar unlösbarer Probleme: Wovon leben? Die Ausbildung abbrechen? Hält die Beziehung das Kind jetzt aus? Kann ich dem Druck des Partners, der Familie standhalten oder muss ich nachgeben? Schwangerschaftskonflikte stellen die Betroffenen vor – auf den ersten Blick – unlösbare Probleme. Eine Entscheidung gegen das Kind fällt in vielen Fällen aus dem Gefühl der Ausweglosigkeit und in Unkenntnis der möglichen Hilfen für schwangere Frauen, Paare und ihre Kinder. Frauen und Paare, die mit der Entscheidung ringen, die Schwangerschaft abzubrechen oder ihr Kind auszutragen, sind gesetzlich verpflichtet, eine Konfliktberatungsstelle im Rahmen des staatlichen Systems (§ 219) aufzusuchen.

Entscheidungen in Konflikten sind nicht nur eine Sache der Überlegung, der Kopf-Arbeit. Der ganze Mensch ist betroffen, auch die Seele will ihr Recht. Menschen in Konfliktsituationen brauchen nicht nur Maßstäbe, nach denen sie sich richten können, sie brauchen vor allem Rat und Hilfe.

Die folgende Interview-Aussage einer Frau zeigt, dass ein Schwangerschaftsabbruch eine schwere seelische Belastung bedeuten kann:

»Dieser Abbruch beschäftigt mich bis auf den heutigen Tag, denn das Interessante kam ja erst hinterher, als ich das, was ich an diesem Tag verdrängt hatte, nicht mehr verdrängen konnte. Mein Leben hat sich stark dadurch geändert. Die Beziehung zu meinem Partner hat sich insofern nicht geändert, als wir uns nicht getrennt haben, aber wir haben beide so viel aus der Sache gelernt. Heute tue ich viel dazu, dass ich schwanger werde, wir wünschen uns ein Kind. Ein Schlüsselerlebnis war folgende Szene. Ich kam zu meiner Freundin, der es schlecht ging, sie war schwanger. Weil ich ihre Einstellung kannte, dieselbe, die ich früher auch hatte, wollte ich ihr Tipps geben und fragte, was willst du nun machen?, und sie sagte einfach nur: ›Kriegen‹. Ich war platt ... und als ich nach Hause ging, da spürte ich ein Gefühl in mir hochkommen, das ich vorher nie gekannt hatte, es war reiner Neid. Dann sah ich auch ganz per Zufall in der Fernsehsendung Report einen Bericht über Abtreibungen in Amerika, es war fürchterlich, da kam als neuestes Forschungsergebnis heraus, dass bewusstes Leben vom Beginn der Zeugung an besteht. Das hat mich so irgendwie an einem bestimmten Punkt getroffen, dass ich gedacht habe: ›Was hast du da bloß gemacht?‹ Ohne dass ich es wollte, kam ich in eine so depressive Stimmung und Lage, die sich in plötzlichen pausenlosen Weinkrämpfen ausdrückte, nur mein Mann konnte mich trösten.«

- *Sucht oder entwickelt Fallbeispiele, die verdeutlichen können, wie die Konfliktsituation zu den einzelnen Indikationen konkret aussehen kann.*
- *Stellt die unterschiedlichen Meinungen und Interessen von Betroffenen und Beteiligten in einer Rollendiskussion dar.*
- *Informiert euch über die Fakten: die Methoden, die zum Schwangerschaftsabbruch verwendet werden, die derzeit geltende Rechtslage in Deutschland, aber auch in anderen Ländern.*
- *Informiert euch auch über die »Präimplantationsdiagnostik« (PID), die in vielen Fällen der eugenischen Indikation Einfluss auf die Entscheidung haben kann.*
- *Für die katholische Kirche ist das menschliche Leben von Anfang an ein so hohes und unantastbares Gut, dass es absolut zu achten und zu schützen ist und ein Schwangerschaftsabbruch nicht in Frage kommt. Informiert euch über die genaue Begründung für diese Position.*
- *Informiert euch vor Ort oder durch das Internet (z. B. bei www.caritas.de, www.diakonie.de, www.donum-vitae-defacto.de ...) über die Arbeit der Beratungsstellen für Schwangerschaftskonfliktberatung. Vielleicht könnt ihr eine Mitarbeiterin einer Beratungsstelle in euren Unterricht einladen.*

5 Menschen nach Maß?

Gentechnik – Was wird aus dem Menschen?

Genom-Analyse
Durch die Analyse des menschlichen Genoms (das ist die Gesamtheit aller Gene) können, etwa bei einer vorgeburtlichen Diagnose, akute und künftige Krankheiten oder kann die Veranlagung zu bestimmten Krankheiten erkannt werden.

Gentherapie
Durch gezielte gentechnische Eingriffe in die Erbsubstanz sollen bisher unheilbare Krankheiten zukünftig geheilt werden. Man unterscheidet:

Körperzelltherapie: Krankes Zellgewebe wird entnommen und gentechnisch korrigiert. Die gesunden Zellen werden vermehrt und anschließend in den Organismus eingefügt.
Keimbahntherapie: Die Zellen werden schon in der befruchteten Eizelle verändert. Dadurch werden diese Krankheiten auch für alle folgenden Generationen ausgeschlossen.

Klonen
Hier gibt es zwei Methoden. Bei der ersten Methode wird ein Embryo etwa im 8-Zellen-Stadium geteilt – es entstehen eineiige Mehrlinge. Bei der zweiten Methode wird der Zellkern in eine entkernte Eizelle übertragen und ausgetragen; so entsteht ein mit dem Zellkern-Spender identischer Organismus.

Erstmals menschliche Gene manipuliert

Durchbruch in der Stammzellenforschung

Madison (rpo) 10.02.2003
Erstmals ist es Forschern gelungen, embryonale Stammzellen vom Menschen genetisch zu manipulieren. Dabei konnten sie ein Krankheits-Gen in den Zellen ausschalten, wie eine Sprecherin der Universität von Wisconsin am Montagabend bestätigte. Dieser Vorgang war bisher nur bei Mäusen möglich.
Nach der jetzt gelungenen Genmanipulation glaubt das Team um Thomas Zwaka in Madison, in der Zukunft auch Insulin produzierende Stammzellen schaffen und sie Diabetikern einpflanzen zu können oder auch Dopamin produzierende Stammzellen für Parkinson-Kranke.
Außerdem wollen die Forscher Gene ausschalten, die das Abwehrsystem gegen Spenderorgane oder -gewebe mobilisieren. Das heißt, dass sie eines Tages Stammzellenlinien für bestimmte Krankheiten entwickeln und sie gefahrlos jedem beliebigen Patienten einpflanzen könnten.

Im November 2003 debattierte der Rechtsausschuss der UNO über die Verabschiedung eines weltweiten Verbotes aller Formen des Klonens. Mit 80 zu 79 Stimmen entschied der Ausschuss für eine Verschiebung der Anti-Klon-Verhandlungen. Damit hat sich eine Situation verschärft, vor der Vertreter afrikanischer Staaten gewarnt haben: dass nämlich weibliche Eizellen zu einem begehrenswerten Rohstoff werden. Diese werden in großer Zahl benötigt, um Embryonen zu klonen. Davon wären, so ein nigerianischer Vertreter im UNO-Rechtsausschuss, insbesondere Frauen aus den Entwicklungsländern betroffen.
Ich meine, wir stehen vor einem Bruch mit grundlegenden Wertvorstellungen in Bezug auf das menschliche Leben. Die bisher nicht belegte Hoffnung, Krankheiten besser therapieren zu können, soll die Überschreitung der Schwelle rechtfertigen. Wenn wir jedoch einmal anfangen, menschliches Leben zur Disposition zu stellen, auch wenn sich dieses noch in einem frühen Stadium seiner Entwicklung befindet, dann wird irgendwann auch der Schutz menschlichen Lebens in späteren Stadien infrage gestellt.

Klaus Purkott

Der Roman »Schöne neue Welt« (1932) von Aldous Huxley schildert eine Welt, in der allen Bürgern eines Zukunftsstaates ein Leben ohne Angst, Krankheiten, Sorgen und Not ermöglicht ist. Sie werden in einer Retorte künstlich erzeugt, leben ihr Leben in genormten und festen Bahnen, gelenkt von einem Weltaufsichtsrat, und enden mit einem sanften Tod in einer Sterbeklinik. In einem Reservat werden allerdings noch Menschen der »alten Welt« wie Tiere in einem Zoo gehalten, darunter »John der Wilde«. Er hält gegenüber dem Weltaufsichtsrat an einem nicht genormten Leben in Freiheit fest:

»Ich brauche keine Bequemlichkeiten. Ich will Gott, ich will Poesie, ich will wirkliche Gefahren und Freiheit und Tugend. Ich will Sünde.«
»Kurzum«, sagte Mustafa Mannesmann, »Sie fordern das Recht auf Unglück.«
»Gut denn«, erwiderte der Wilde trotzig, »ich fordere das Recht auf Unglück.«
»Ganz zu schweigen von dem Recht auf Alter, Hässlichkeit und Impotenz, dem Recht auf Syphilis und Krebs, dem Recht auf Hunger und Läuse, ständige Furcht vor dem nächsten Tag, dem Recht auf typhöses Fieber, dem Recht auf unsägliche Schmerzen jeder Art?«
Langes Schweigen. »All diese Rechte fordere ich«, stieß der Wilde endlich hervor.

Jedes Kind ist liebenswert – Leben annehmen statt auswählen

Behinderte Menschen und Behindertenverbände befürchten ... eine Stigmatisierung von behinderten Menschen aufgrund der aus einer Feststellung vorgeburtlicher Schäden erwachsenden Folgen. Das größere Wissen eröffnet nämlich neue Eingriffs- und Handlungsmöglichkeiten ...
Christlicher Glaube macht deutlich, dass nicht die technische Machbarkeit ausschlaggebend sein kann, sondern dass erst Verantwortung und Mitmenschlichkeit, die Bereitschaft zum Mitleiden und die Wahrnehmung von Belastungen und Beeinträchtigungen der Wirklichkeit des Lebens in Glück und Unglück, in Heilung und Leiden gerecht werden.
Gemeinsames Wort der Kirchen zur Woche für das Leben, 1997

- Über die Grundlagen der Gentechnik, ihre Anwendungsfelder und neueste Entwicklungen informiert ihr euch am besten in Zusammenarbeit mit dem Biologie-Unterricht. Vielleicht lässt sich an eurer Schule ein Projekttag zum Thema organisieren.
- Informiert euch auch über gesetzliche Regelungen zur Gentechnik (Gentechnikgesetz, Embryonenschutzgesetz ...).
- Führt eine Debatte über Chancen und Risiken der Gentechnik und ihre ethische Bewertung.
- Spielt die Verhandlung vor dem Weltaufsichtsrat gegen John den Wilden. Baut euer Wissen um neueste technische Möglichkeiten im Kampf gegen das Leid in die Auseinandersetzung ein.

Wo wir mit unseren Kindern hinkommen, werden die Leute fröhlicher

Mit der Gabel in der Hand sitzt die dreijährige Marie erwartungsvoll am Mittagstisch. Es gibt Nudeln mit Hackfleischsoße, dazu Salat. In null Komma nix hat Marie eine rote Schnute, was ihr ansteckendes Lachen noch breiter macht. Die 13 Monate alte Schwester Lily wird derweil vom Vater gefüttert. Auch ihr schmeckt's prima. Alltag, wie ihn Millionen Familien in Deutschland kennen. Nicht ganz. Marie und Lily sind Adoptivkinder. Beide haben das Down-Syndrom, früher diskriminierend Mongolismus genannt.

Zwei behinderte Kinder? Freiwillig? »Manche denken bestimmt: ›Die spinnen doch!‹«, sagt Martina Zilske, die Mutter. »Aber die allermeisten in der Nachbarschaft schauen uns nicht mitleidig an, eher bewundernd.« Ja, die Großeltern seien anfangs entsetzt gewesen. »Jetzt jedoch sind Marie und Lily die besten, tollsten, genialsten Enkelkinder der Welt.«

Die behinderten Mädchen lassen es sogar zu, dass ihre Eltern beide berufstätig sind. Ohne Tagesmutter, nur die Oma oder eine Freundin springen manchmal ein. Klingt wie ein Märchen. Doch Martina (38) und Helmut (49) Zilske sind weder Zauberer noch haben sie eine gute Fee getroffen. Für sie ist ein Leben mit Menschen mit Behinderung einfach nichts Unnormales, nichts Fremdes. Martina Zilske hatte schon als Kind Kontakt zu Altersgenossen mit Behinderung. Der gemeinsame Konfirmandenunterricht war dann entscheidend für ihre Berufswahl. Sie wurde Sonderpädagogin und arbeitet seit 1988 an der Musikschule in Leichlingen, wo sie viele integrative Angebote aufgebaut hat. Zwei ihrer Schüler mit Down-Syndrom, Anna Ring und Julian Göpel, sind Paten von Marie und Lily.

Auf natürlichem Wege konnten die Zilskes, die seit 18 Jahren verheiratet sind, keine Kinder bekommen. Künstliche Befruchtung lehnen sie ab: »Für uns gibt es Grenzen.« Die aktuelle Debatte um die Forschung am menschlichen Erbgut um Embryonen und Präimplantationsdiagnostik (PID) macht ihnen Sorge. Wohin führt der Wahn vom Menschen nach Maß? »Niemand, selbst die Gene nicht, können wissen, wer einmal eine verkrachte Existenz wird«, gibt Martina Zilske zu bedenken.

Sie und ihr Mann, der Lehrer an der Gesamtschule in Solingen ist, gehen sogar noch einen Schritt weiter. Menschen mit Behinderung sind aus ihrer Sicht keine Last für die Gesellschaft, sondern bereichern sie: »Wo wir mit unseren Kindern hinkommen, werden die Leute fröhlicher.« Natürlich, auch die Zilkes erfahren nicht nur Glücksmomente mit ihren Töchtern. Lily hat eine Hypotonie, eine verminderte Muskelspannung, im Bereich des Schultergürtels. Sie muss deshalb dreimal am Tag mit ihrer Mutter Gymnastik machen und braucht beim Essen eine spezielle, 1000 Euro teure Stütze. Marie hat auf dem rechten Auge einen Grauen Star und trägt zusätzlich zur Brille eine künstliche Linse. Beide Mädchen werden nie die Lernfortschritte machen wie gleichaltrige Kinder ohne Behinderungen.

Martina und Helmut Zilske sind Mitglieder der Vereinigung Lebenshilfe, die mit ihren rund 3000 Einrichtungen und Diensten bundesweit Menschen mit geistiger Behinderung und ihre Angehörigen unterstützt. All diese Familien machen mit ihren Kindern Hochs und Tiefs durch. Doch am schlimmsten werden die oft abweisenden Reaktionen der Umwelt empfunden. Würde Martina Zilske eines Tages einer guten Fee begegnen, sie wüsste genau, was sie sich wünschte: »Dass die Gesellschaft Behinderung als normale Form des Seins und nicht als Katastrophe werten soll.« Wäre das nicht märchenhaft?

Peer Brocke

5 Schalom – den Frieden wünschen
Verantwortung der Christen

1 Dimensionen des Unfriedens

Rotes Licht

Es ist in Nordamerika, im Staate Mississippi. Ein Schwarzer wird verhaftet. Die Polizei hat gesehen, wie er bei rotem Licht über die Straße gegangen ist. Er kommt vor Gericht. »Warum hast du nicht gewartet, bis grünes Licht kam?«, fragt der Richter. »Ich sah die weißen Leute bei grünem Licht über die Straße gehen«, antwortete der Schwarze. »Da dachte ich, das rote Licht sei das Zeichen für uns schwarze Leute.« Der Richter spricht ihn frei.

Frederik Hetmann

Riesi

Der italienische Pastor Tullio Vinay erzählt in einem Tagebuch, was er unter den Kindern von Riesi, einer der elendsten Städte Siziliens, erlebte.

Eine unglaubliche Tat: Rosario wartet am Ausgang der Schule auf Mario. Er hat mit ihm eine Rechnung zu begleichen. Vorher war er auf dem Markt in Mazzarino gewesen und hatte sich besorgt, was er brauchte. Um 17.00 Uhr kommen die Kinder herausgerannt und verbreiten sich über den ganzen Schulhof. Rosario, die rechte Hand in der Hosentasche, nähert sich Mario mit sicherem Schritt und dunklem Gesicht. Als er vor ihm steht, reißt er blitzschnell die Hand aus der Tasche und stößt ihm das Messer in die Brust. Rosario rennt weg. Mario nimmt seine Kräfte zusammen, reißt sich das Messer aus der Brust, schleudert es nach dem Fliehenden und trifft ihn an der Schulter. Alles geht sekundenschnell. Der Bruder von Mario will sich auf Rosario werfen. Doch er erreicht ihn nicht, weil er von der Masse daran gehindert wird. Lehrer und Schüler jeden Alters kommen herbeigerannt. Mario wird nach Hause gebracht. Ein Arzt kommt, verbindet ihm die Wunde und bringt ihn sofort mit einem Taxi ins Krankenhaus von Mazzarino, wo zum Glück ein Chirurg vor der Tür des Krankenhauses steht. Mario wird in den Operationssaal gebracht. Die Operation ist lang und schwierig. Marios Herz ist getroffen. Die Operation gelingt. Doch Mario schwebt noch in Lebensgefahr. Rosario wird von einem Polizisten bewacht. Seine Wunde ist von einem Arzt behandelt worden. Nichts Schlimmes. Morgen wird Rosario in die Besserungsanstalt von San Cataldo kommen. Mario und Rosario sind beide zehn Jahre alt.

Tullio Vinay

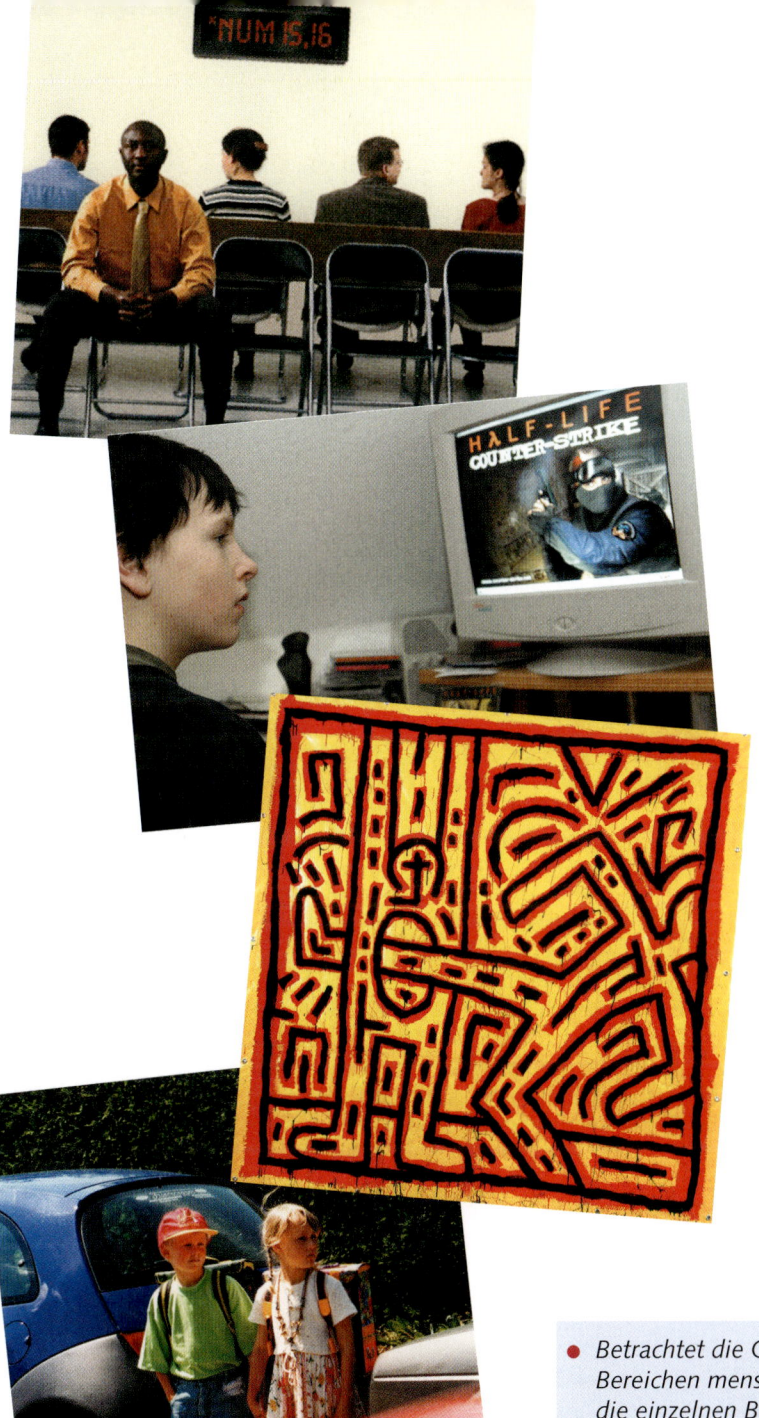

Bitten der Kinder

Die Häuser sollen nicht brennen.
Bomber soll man nicht kennen.
Die Nacht soll für den Schlaf sein.
Leben soll keine Straf sein.
Die Mütter sollen nicht weinen.
Keiner sollt töten einen.
Alle sollen was bauen.
Da kann man allen trauen.
Die Jungen sollen's erreichen.
Die Alten desgleichen.

Bertolt Brecht

Frieden spielen?

Der russische Kinderbuchautor Marschak beobachtete einmal 6- bis 7-jährige Kinder beim Spiel.
»Was spielt ihr?«, fragte er.
Die Antwort: »Wir spielen Krieg.«
Darauf Marschak: »Wie kann man nur Krieg spielen! Ihr wisst doch sicher, wie schlimm Krieg ist. Ihr solltet lieber Frieden spielen.«
»Das ist eine gute Idee«, sagten die Kinder. Dann Schweigen, Beratung, Tuscheln, wieder Schweigen. Da trat ein Kind vor und fragte: »Großväterchen, wie spielt man Frieden?«

- Betrachtet die Collage und sprecht darüber, in welchen Bereichen menschlichen Lebens Unfrieden herrscht! Ergänzt die einzelnen Bereiche durch eigene bzw. aktuelle Beispiele.
- Welche Zusammenhänge könnt ihr zwischen den einzelnen Bereichen erkennen?
- Wo spiegelt sich in den Texten Unfrieden?
- Wie müsste »Frieden spielen« aussehen, wenn ihr dabei an die einzelnen Dimensionen des Unfriedens denkt?
- Überlegt, warum Brecht sein Gedicht als Kindergedicht formuliert hat.

2 Wie Unfrieden entsteht

Frieden für Anna ...

Wir sind durch den Wald gegangen, das Laub hat geraschelt. »Der Sommer ist vorbei, Anna«, habe ich gesagt ... Anna, Schuhgröße 26. Sie geht auf Spitzen über das Laub, so klein und leicht, als könnte sie fliegen. »Sieh, ich kann fliegen, Mama«, sagt sie und hebt die Arme. Anna sieht aus wie ein Vogel, der tanzt. Jetzt habe ich sie zu Bett gebracht. Ich habe ihr die Geschichte vom kleinen Bären erzählt und das Lied von den Blümelein vorgesungen, Annas Lieblingslied, bei dem sie jeden Abend einschläft. Sie liegt auf dem Rücken, Haarfäden über dem Gesicht. Dieses kleine Gesicht, das eigentlich noch keins ist, erst ein Gesicht werden will ... Ich habe Angst um Anna. Ich hatte immer Angst um Anna. Schon als sie in mir war und ich sie mit mir herumtrug Tag und Nacht, hatte ich Angst, Angst, dass man ihr wehtun könnte, irgendetwas, irgendwer. Angst vor Bedrohungen, stärker als mein Schutz, Angst ohne Namen. Und jetzt hat die Angst einen Namen bekommen. Die Angst heißt jetzt Krieg. Das Wort ist wieder da, herausgekrochen aus den Geschichtsbüchern, herangekrochen aus fernen Gegenden, in unsere Straßen, in unsere Häuser, an Annas Bett. Ob es Krieg gibt? Machen sie Krieg? Krieg in unserem Land, das ist Krieg gegen Anna, Hunger für Anna, kein Bett mehr für Anna, Schmerzen für Anna, Tod für Anna. Kein Gesicht mehr für Anna. Ich ertrage es nicht, Annas kleines Schlafgesicht. Ich laufe fort, ins Wohnzimmer, zu Hannes, der vor dem Fernseher sitzt. Bilder blicken von der Wand, auf dem Sessel liegt Annas weißer Hase und daneben die Karte mit den Todespunkten: Raketenstellungen, Atombomberflugplätze, Atomwaffenlager – Köln, Halle, Osnabrück, Merseburg, Ulm, Jena, überall der Tod. Drei Tonnen Sprengstoff für jeden Menschen dieser Erde, habe ich gelesen. »Hannes!«, sage ich und möchte mit ihm reden, meine Angst mit ihm teilen. Aber Hannes sieht fern, Zweites Programm. Der Hunger in Somalia. »Es kommt immer näher«, sage ich. »Jeden Tag, immer näher.« Hannes hört nicht zu. Ich gehe zum Fernseher, drücke auf den Knopf, schalte ab. »Immer näher«, sage ich. »Und wir tun nichts. Wir lassen es immer näher kommen und tun nichts.« »Eigentlich hätte ich das gerne zu Ende gesehen«, sagt Hannes. »Aber wir müssen doch etwas tun!«, sage ich. »Oder wenigstens darüber reden. Es immer wieder sagen. Wenn alle es immer wieder sagen ...!« »Und was nützt es?«, unterbricht mich Hannes. »Die machen ja doch, was sie wollen.« Er steht auf, geht zum Fernseher, stellt ihn wieder an, den Hunger in Somalia und ich sage: »Das sind die Leute, die schuld sind. Die sich festhalten am Hunger in Somalia und nichts tun, zu Hause nichts tun.« »Also gut«, sagt Hannes. »Und was soll ich tun? Vielleicht ein paar Bomben schmeißen? Auf wen bitte? ... Auf die mächtigen Staatslenker? Mit schönen Grüßen von meiner Frau?« »Lass deine blöden Sprüche«, schreie ich und bin außer mir vor Hilflosigkeit und will ihm wehtun. »So war es schon immer bei dir, blöde Sprüche und sonst nichts«, schreie ich und er schreit zurück. »Warum bist du überhaupt noch hier?«, schreit er und wir beide schreien und dazwischen der Hunger in Somalia und dann steht Anna in der Tür ... und weint. »Ich habe solche Angst«, weint sie. Ich nehme sie auf den Arm. Ihr Gesicht ist nass. Hannes kommt und streichelt es und wischt die Tränen ab. Anna soll keine Angst haben, Anna soll nicht weinen. Anna soll lachen. »Wenn ihr euch zankt, habe ich Angst«, weint sie. »Wir zanken uns nicht«, sagt Hannes. »Wir haben nur so laut gesprochen.« »Doch, ihr zankt euch«, weint Anna. »Bloß ein bisschen«, sage ich. »Aber wir haben uns schon wieder vertragen. Wir haben uns doch lieb.« »Wirklich?«, fragt Anna. »Wirklich«, sagt Hannes. Er hält Annas Hand fest und sieht mich an. »Wirklich«, sage ich und weiß nicht, ob es stimmt. Vielleicht wollen wir nur Frieden. Frieden für Anna, Frieden in unserem Haus. Dies bisschen Frieden. Wir bringen Anna in ihr Bett zurück ... »Habt ihr mich auch wirklich lieb?«, fragt sie noch einmal. »Aber ja, Anna«, sagt Hannes. Er greift nach meiner Hand, ich lege den Kopf an seine Schulter ... »Nacht«, sagt Anna und schläft ein. Sie weint nicht mehr. Sie hat keine Angst mehr. Sie schläft ... Im Wohnzimmer ist es hell und warm. »Ich kann doch nichts tun«, sagt Hannes. »Vielleicht etwas gegen den Hunger in Somalia. Aber hier bei uns, was kann ich denn tun?« »Und wenn wir alle ...«, sage ich. »Was?«, fragt er. »Schreien?« »Vielleicht«, sage ich. »Ich weiß nicht.« ... »Vielleicht passiert gar nichts«, sagt Hannes. »So ein Wahnsinn ist doch gar nicht möglich. Vielleicht geht alles gut.« ... Hannes holt mich zu sich heran. »Es ist so schlimm da draußen«, sagt Hannes. »Wir wollen wenigstens hier drinnen Frieden halten.« »Ja«, sage ich. Frieden in unserem Haus. Aber ist das genug für Anna?

Irina Korschunow

- *Sprecht über die Gefühle der einzelnen Personen der Geschichte!*
- *»Frieden in unserem Haus. Aber ist das genug für Anna?« – Diskutiert über eine Antwort!*
- *»Aber wir müssen doch etwas tun!« – »Und was nützt es?« – Sucht Beispiele aus den Nachrichten, Zeitungsberichten usw., die zeigen, dass Menschen etwas gegen den Unfrieden getan haben.*

»Frieden« auf dem Hühnerhof

Setzt man Hühner verschiedener Herkunft zusammen, dann beginnen sie zunächst miteinander zu kämpfen. Die Auseinandersetzungen nehmen jedoch im Laufe einiger Tage an Heftigkeit ab und schließlich lebt die Gruppe friedlich miteinander. Beobachtet man genauer, dann stellt man fest, dass im Verlauf der Auseinandersetzungen eine Rangordnung festgelegt wird. Die Hühner kämpfen reihum und stufen einander nach Sieg und Niederlage ein. Ein Huhn a, das über die Hühner b, c und d siegte, ist diesen künftig überlegen. Es darf zuerst ans Futter, an den bevorzugten Schlafplatz und es darf auch eine untergeordnete Henne hacken, wenn diese ihr den Vortritt am Futterplatz streitig macht.

Irenäus Eibl-Eibesfeldt

Kampf der Meerechsen

Die meiste Zeit des Jahres sind die Echsen durchaus verträglich, zur Fortpflanzungszeit allerdings grenzen die Männchen wenige Quadratmeter Fels als ihr Revier ab. Sie dulden dort einige Weibchen, greifen aber Männchen an, die sich dem Gebiet nähern. Dabei beißen sie einander nicht und das ist wichtig, weil sie sehr scharfe dreispitzige Zähne besitzen, mit denen sie einander leicht verletzen könnten. Das unblutige Turnier wird durch ein Imponiergehabe eröffnet: Der Revierinhaber richtet seinen Nacken- und Rückenkamm auf und zeigt dem Gegner seine Breitseite. Gleichzeitig erhebt er sich und läuft auf gestreckten Beinen, was ihn größer erscheinen lässt. Er reißt das Maul in Beißdrohung auf und nickt mit dem Kopf. Weicht der Rivale nicht, dann stürzt der Revierinhaber auf ihn los. Als ich das zum ersten Mal sah, meinte ich, die Tiere würden sich nun gleich ineinander verbeißen. Aber nichts dergleichen geschah. Bevor die Meerechsen aneinander geraten, senken sie die Köpfe und stoßen Schädeldach gegen Schädeldach aufeinander. Es entwickelt sich nun ein Kampf, in dessen Verlauf jeder den anderen vom Platze zu schieben trachtet. Hornartige Schilder auf dem Schädeldach verhindern ein Abgleiten der Kämpfer. Der Kampf endet, wenn einer vom Platze geschoben wurde.

Irenäus Eibl-Eibesfeldt

- Welche Ursachen des Unfriedens werden genannt?
- Inwieweit lassen sich die Beispiele aus der Tierwelt auf die Gesellschaft übertragen?
- Informiert euch über die Funktion der Aggression in der Natur (Biologieunterricht, Internet, Bücherei ...).

Ricardo Zamorano, o. J.

Die Geschichte vom Honigtropfen

Ein Jägersmann pflegte in der Steppe die wilden Tiere zu jagen und da kam er eines Tages zu einer Höhle im Gebirge und fand in ihr ein Loch voll Bienenhonig. Er schöpfte etwas von jenem Honig in einen Schlauch, den er bei sich trug, legte ihn über die Schulter und trug ihn in die Stadt; ihm folgte sein Jagdhund, ein Tier, das ihm lieb und wert war. Beim Laden eines Ölhändlers blieb der Jäger stehen und bot ihm den Honig zum Kaufe an; da kaufte ihn der Mann im Laden. Dann öffnete er den Schlauch und ließ den Honig auslaufen, um ihn zu besehen. Dabei fiel ein Honigtropfen aus dem Schlauche auf die Erde. Nun sammelten sich die Fliegen um ihn und auf die schoss ein Vogel herab. Der Ölhändler aber hatte eine Katze, die sprang auf den Vogel los; als der Jagdhund die Katze sah, stürzte er sich auf sie und biss sie tot. Da sprang der Ölhändler auf den Jagdhund los und schlug ihn tot; und zuletzt erhob sich der Jäger wider den Ölhändler und erschlug ihn. Nun gehörte der Ölhändler in das eine Dorf, der Jäger aber in ein anderes. Und als die Bewohner der beiden Dörfer die Kunde vernahmen, griffen sie zu Wehr und Waffen und erhoben sich im Zorne wider einander. Die beiden Schlachtreihen prallten zusammen und das Schwert wütete lange unter ihnen, bis dass viel Volks gefallen war, so viele, dass nur Allah, der Erhabene, ihre Zahl kennt.

KRIEG

ich	KRIEGE	eine wildlederjacke
ich	KRIEGE	eine hifi-anlage
ich	KRIEGE	ein mofa
ich	KRIEGE	zu wenig taschengeld
ich	KRIEGE	zu wenig freiheit
ich	KRIEGE	...
ich	KRIEGE	...
ich	KRIEGE	...
lauter	KRIEGE	
ich	KRIEGER	

- Welche Anklagen könnten die im Holzschnitt dargestellten Personen formulieren – damals und heute? Schreibt eine Anklageschrift, in der ihr eure Vorwürfe ausführlich begründet.
- Übertragt die Spirale der Gewalt der »Geschichte vom Honigtropfen« auf eure Erfahrungswelt!
- Ergänzt den Text »Krieg«. Denkt darüber nach, inwieweit »kriegen« im Sinne von Habgier zu Krieg führt.
- Erstellt in Gruppen ein ABC des Unfriedens. Schreibt zu den einzelnen Begriffen, welche möglichen Ursachen es gibt! Sprecht darüber, welche Bereiche für euch besondere Bedeutung haben. Wo seht ihr Möglichkeiten der Veränderung?

Brot und Bomben

Es handelt sich nicht nur darum, den Hunger zu besiegen, die Armut einzudämmen. Der Kampf gegen das Elend, so dringend und notwendig er ist, ist zu wenig. Es geht darum, eine Welt zu bauen, in der jeder Mensch, ohne Unterschied der Rasse, der Religion, der Abstammung, ein volles menschliches Leben führen kann – frei von Versklavung von Seiten der Menschen oder einer Natur, die noch nicht recht gemeistert ist, eine Welt, wo die Freiheit nicht ein leeres Wort ist, wo der arme Lazarus an derselben Tafel mit dem Reichen sitzen kann.

Papst Paul VI., vgl. auch Lk 16,19-31

Verkehrte Welt

Es ist nicht dein Gut, mit dem du dich gegen den Armen großzügig erweist. Du gibst ihm nur zurück, was ihm gehört. Denn du hast dir nur herausgenommen, was zu gemeinsamer Nutzung gegeben ist.
Die Erde ist für alle da, nicht nur für den Reichen.

Ambrosius (um 340-397)

- *Papst Paul VI. sieht Frieden nicht nur als Abwesenheit von Armut, Elend und Gewalt. Für ihn bedeutet Frieden eine für alle Menschen lebenswert gestaltete Welt. Nehmt das Deckblatt einer Tageszeitung und formuliert die Schlagzeilen in der Art um, als ob die Vision des Papstes Wirklichkeit geworden sei.*
- *Denkt darüber nach, welche Veränderungen sich für unser Leben ergäben, wenn unsere Welt den Texten des Papstes und Ambrosius entspräche.*
- *Informiert euch über die Bedingungen des Welthandels, »Eine-Welt-Läden« und die Argumente der Globalisierungskritiker.*

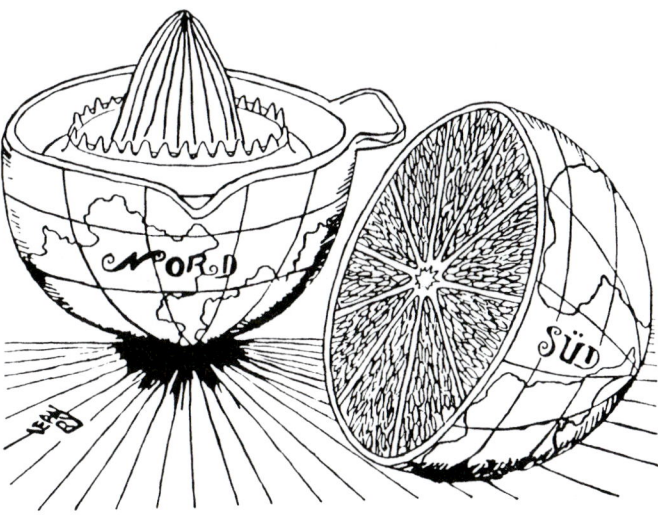

69

Stern der Hoffnung

Ist es vorstellbar?

Ist es vorstellbar, dass Babys und ihre jungen Mütter im Müll der Großstädte ohne Hilfe, ohne Bett am HI-Virus sterben?

Ist es denkbar, dass Millionen von Benachteiligten, die mit dem HI-Virus über Jahre lebten, völlig allein gelassen werden?

In der 18-Millionen-Stadt São Paulo leben ca. 800 000 HIV-Positive, wobei ca. 20 000 im letzten Stadium der Zuwendung und einer umfassenden Pflege bedürfen. Tausende davon leben im absoluten Elend.

Ist es möglich, dass die HIV-Positiven in der Misere der Großstädte und der Hungergebiete von der Welt vergessen werden?

Ist es vorstellbar, Tausenden zu einem Leben oder wenigstens zu einem würdigen Sterben zu verhelfen?
Ist es vorstellbar, den zurückbleibenden Kindern einen Weg ins eigene Dasein zu bahnen? Ist es vorstellbar, dass Menschen über Kontinente hinweg zusammenarbeiten, damit niemand in der tödlichen Erkrankung einsam bleibt und im Sterben allein gelassen wird? Es ist vorstellbar. Der *Stern der Hoffnung e.V.* pflegt täglich über 300 HIV-Positive und an AIDS Sterbende. Er bietet denen, die an ihrer tödlichen Erkrankung im absoluten Elend verzweifeln, eine neue Lebenschance.

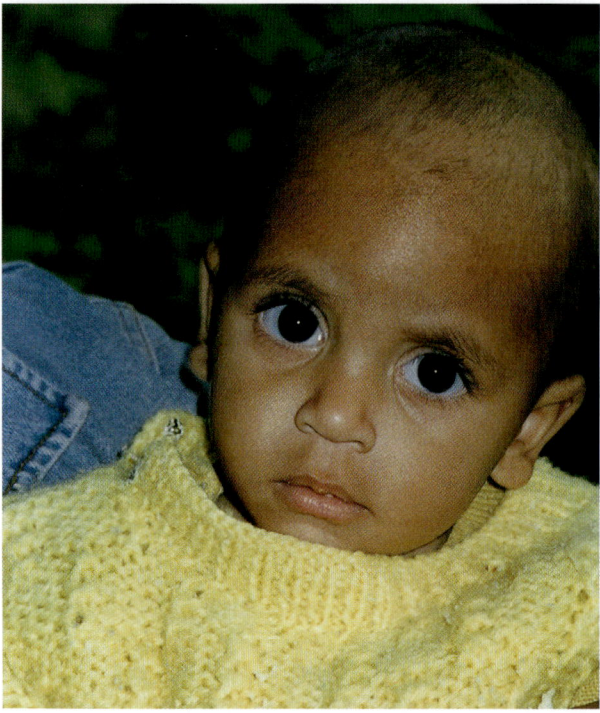

Die Geschichte von Tadeo

Am Anfang sah ich nur zwei Augen: große, dunkle, schwarze Kirschen. Ich lächelte und das unbekannte Gesichtchen blieb ganz ernst. Ich versuchte es noch einmal, doch ohne Erfolg. Die Trauer in diesen kleinen Augen verunsicherte mich. In dem Blick des seltsam ernsten Babys spielte sich eine Tragödie ab. Mir war, als würde sich in den Augen dieses kleinen »Tadeo« alles Elend widerspiegeln, das es auf Erden gibt. Dann sah ich mich um. Tadeo lag in der Ecke eines windschiefen Raumes, in der Bretterbude einer »Favela«. Favelas nennt man die ärmlichen Bretterbuden, wie sie von den Armen in Brasilien zusammengebaut werden. Die Wände dieser schäbigen Behausung waren überzogen von grünem und grauem Schimmel und alles roch nach Müll. In den schmutzigen Winkeln und in den verrotteten Abwasserlöchern hausten die Ratten und beschnupperten die Lumpen, auf denen Tadeo lag. Niemand hatte mehr die Kraft, die angriffslustigen Ratten zu vertreiben.

Elena, die junge Mutter, war schon schwer erkrankt, als sie Tadeo zur Welt brachte. Und der Papa konnte nicht mehr gehen und nicht mehr stehen. Denn als er keine Arbeit mehr fand und aus der kleinen Wohnung vertrieben worden war, war er in die Drogenszene abgerutscht. Und als Elena schwanger geworden war, erkrankte sie auch noch an Tuberkulose und der durchgeführte HIV-Test war positiv. Elena war von ihrem Mann mit dem tödlichen HIV-Virus angesteckt worden. Das Elend wuchs, so wie der kleine Tadeo in ihrem Schoß.

Damals lernten wir die kleine Familie mitten in São Paulo kennen. Wir brachten Nahrung und versprachen Hilfe. Elena schwankte zwischen Hoffen und Bangen und nahm all ihren Mut zusammen um durchzuhalten. Aber das Gefühl mit dem Tod schwanger zu gehen, war mächtiger und verzehrte ihre letzte Lebenskraft. Und doch brachte sie das kleine Wesen zur Welt. Kaum lebensfähig zitterte der kleine Tadeo am ganzen Leib. Denn er hatte vom Drogenkonsum der Mutter her selber schwere Entzugserscheinungen. Kurz nach der Geburt von Tadeo starb sein Vater, Elenas Mann. Und auch sie ging ganz leise aus dem Leben. Tadeo hat bis zum Ende seines zweijährigen Lebens im Kinderhaus unseres Dorfes eine Heimat gefunden. Sein großer Hunger nach etwas Liebe, der aus seinen Augen schaute, wurde von den anderen – zum Teil auch HIV-positiven – Kindern und ihren Müttern gestillt, so gut es ging.

Sterne der Hoffnung – für andere

Streng und liebevoll mustert sie die Kinder: Einatmen – Ausatmen – Einatmen – Ausatmen ... Die Tanzlehrerin weiß, dass Atmen Leben ist. Sie spürt, wie die Kleinen, die ihr anvertraut sind, in sich selber einen Raum schaffen, um Leben in Fülle aufzunehmen, und sie spürt, wie sie sich zusammenpressen, um sich frei zu lösen und zu verströmen.
Bald schon steht die große Aufführung bevor. In der Advents- und Weihnachtszeit werden sie für den *Stern der Hoffnung* eine Aufführung geben. Seltsam, wie das Leben spielt: Jahrelang sind die Kinder von vielen lieben Mitmenschen unterstützt worden. Heute blühen sie selber auf und werden die Sterne der Hoffnung für andere.

Was wurde getan?

Lisette Eicher, Christin, Krankenschwester, fünffache Mutter, traf auf einem Kongress zur Befreiungstheologie den Kardinal von São Paulo, Evaristo Arias. Sie berichtete ihm von den Sozialstationen in Deutschland. – »Das ist es, was wir brauchen!«
1988 richtete sie die häusliche Krankenpflege für AIDS-Kranke in São Paulo ein. Daraus ist das weltweit größte Hilfswerk für verelendete HIV-Positive und AIDS-Kranke entstanden. Der internationale *Stern der Hoffnung e. V.* und die *AIDS-Hilfe São Paulo e. V.* haben im Norden und Osten, im Süden und im Westen der zweitgrößten Stadt der Erde vier Werke mit über 47 Häusern aufgebaut: ein »Land der Verheißung« in den nördlichen Alpes da Cantareira, ein Land für Kinder in der grünen Serra de Mar des Südens, eine Art Kibbuz für Drogenabhängige im Westen und ein Haus der Begegnung in der ärmsten Favela des Ostens. In den zwei Hospizen werden die Sterbenden liebevoll bis zu ihrem Tod begleitet. Andere Häuser dienen der Aufnahme und der Vorbeugung, der häuslichen Krankenpflege, der sozialen Integration und vor allem der Ausbildung der Kinder.

- Setzt euch mit der Lebenssituation der Straßenkinder auseinander und erklärt beispielhaft, inwiefern der Weltfrieden hierdurch gefährdet wird.
- Vollzieht nach, wie aus dem Engagement einer Einzelnen ein internationales Hilfswerk werden konnte. Was war dazu wohl nötig?
- Ihr findet Informationen über den aktuellen Stand des Projektes und internationale Zusammenarbeit unter www.sternderhoffnung.de.
- »Straßenkind für einen Tag« heißt eine Aktionsidee der Kinderorganisation von terre des hommes. Kinder gehen zum Schuheputzen, Abfall- und Wertstoffesammeln, Wiesenblumenverkauf etc. auf die Straße, um auf das Schicksal von 200 Millionen Kindern weltweit aufmerksam zu machen. Diskutiert in der Klasse, was ihr davon haltet.
- In vielen Bereichen der Erde leben Kinder und Erwachsene unter menschenunwürdigen Bedingungen. Informiert euch, ggf. in Kleingruppen, über verschiedene Regionen, und versucht eine Beantwortung der Frage »Und wer stiftet ihnen Frieden?«. Informationen unter www.missio.de, www.misereor.de, www.brot-für-die-welt.de, www.wcc-coe.org.

3 »Es weinen die Völker« – Krieg

Hiroshima – 6. August 1945

Sonderauftrag der US-Army: Vom amerikanischen Luftwaffenstützpunkt Tinian auf den Marianen-Inseln im Pazifik startet der Fernbomber namens Enola Gay vom Typ B 29. Gegen 7.30 Uhr überfliegt die Maschine in großer Höhe die japanische Westküste; der Pilot nimmt Kurs auf Hiroshima. An Bord befindet sich »Little Boy«, nur eine einzige Bombe von etwa 14 000 Tonnen hochexplosiven Sprengstoffes – die Atombombe. Beim Auslösen spaltet sich ein Atom des Urans 235. 8.15 Uhr und 17 Sekunden: »Little Boy« fällt aus dem Bombenschacht der B 29 und explodiert in etwa 570 Metern über der wehrlosen Stadt. Im gleichen Augenblick verschwindet der Himmel hinter dem weiß glühenden Licht eines ungeheueren Feuerballs. Es strömt eine Hitze von einer Million Grad Celsius aus! Ein unbeschreibliches Inferno folgt. Die Erde wird in einem Umkreis von eineinhalb Kilometern um das Explosionszentrum mit Tod bringenden Gammastrahlen und Neutronen bombardiert und mit radioaktiven Spaltprodukten überschüttet. Der Feuerball saugt Millionen Tonnen Staub und pulverisierter Trümmer auf, die sogleich eine riesige Pilzwolke zu bilden beginnen. Ein dunkler Schleier senkt sich über Hiroshima, ein schlammiger Regen beginnt zu fallen ... Der erste Abwurf einer Atombombe war ein perfekt durchgeführtes Unternehmen. In Hiroshima mit seinen 255 000 Einwohnern war augenblicklich die Hälfte der Bevölkerung tot oder verletzt (mindestens 95 000 Tote, verwundet etwa 72 000). Wer dem Tode entkam, erlitt schwere Verbrennungen – Opfer eines Blitzes, der die Welt verändert hat.

Hiroshima

Der den Tod auf Hiroshima warf
ging ins Kloster, läutet dort die Glocken.
Der den Tod auf Hiroshima warf
sprang vom Stuhl in die Schlinge
erwürgte sich.
Der den Tod auf Hiroshima warf
fiel in Wahnsinn, wehrt Gespenster ab
hunderttausend, die ihn angehn nächtlich
Auferstandene aus Staub für ihn.
Nichts von alledem ist wahr.
Erst vor kurzem sah ich ihn
im Garten seines Hauses vor der Stadt.
Die Hecken waren noch jung und die Rosenbüsche
zierlich.
Das wächst nicht so schnell, daß sich einer
verbergen könnte im Wald des Vergessens.
Gut zu sehen war
das nackte Vorstadthaus, die junge Frau
die neben ihm stand im Blumenkleid
das kleine Mädchen an ihrer Hand
der Knabe, der auf seinem Rücken saß
und über seinem Kopf die Peitsche schwang.
Sehr gut erkennbar war er selbst
vierbeinig auf dem Grasplatz,
das Gesicht verzerrt vor Lachen, weil der Photograph
hinter der Hecke stand, das Auge der Welt.

Marie Luise Kaschnitz

Überlebende Kinder aus Hiroshima malten das grausame Geschehen – »Ich sah in einem Wassertank zahlreiche Leichen stehen – glutrot in der Hitze ...«

Über einige Davongekommene

Als der Mensch
unter den Trümmern
seines
bombardierten Hauses
hervorgezogen wurde,
schüttelte er sich und sagte:
Nie wieder.

Jedenfalls nicht gleich.

Günter Kunert

Wann ist denn endlich Frieden
In dieser irren Zeit
Das große Waffenschmieden
Bringt nichts als großes Leid
Es blutet die Erde
Es weinen die Völker
Es hungern die Kinder
Es droht großer Tod
Es sind nicht die Ketten
Es sind nicht die Bomben
Es ist ja der Mensch
Der den Menschen bedroht

Die Welt ist so zerrissen
Und ist im Grund so klein
Wir werden sterben müssen
Dann kann wohl Friede sein
Es blutet die Erde
Es weinen die Völker
Es hungern die Kinder
Es droht großer Tod
Es sind nicht die Ketten
Es sind nicht die Bomben
Es ist ja der Mensch
Der den Menschen bedroht

Wolf Biermann

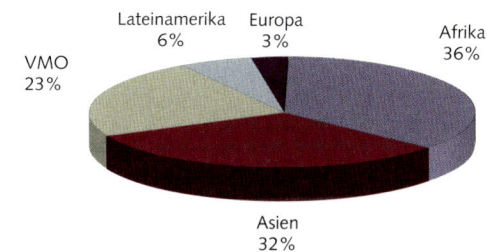

Kriege nach Regionen

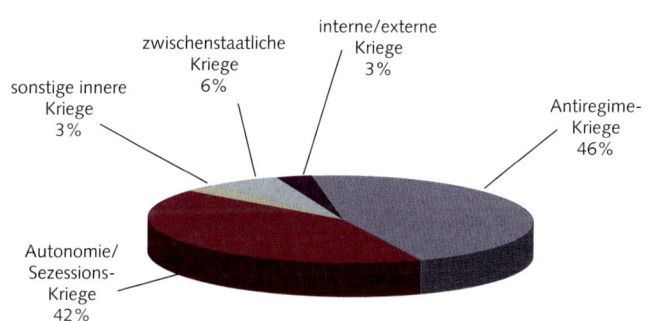

Kriege nach Kriegstypen

Kriege in der Zeit nach 1945 wurden zum überwiegenden Teil in der so genannten »Dritten Welt« geführt. Europa war nur selten, Nordamerika gar nie Schauplatz der Austragung von kriegerischen Konflikten. An der Spitze stand Afrika (südlich der Sahara), gefolgt von Asien und dem Vorderen und Mittleren Orient (VMO, einschließlich Nordafrika). Eine geringe Anzahl von Kriegen verzeichnet Lateinamerika. Den Schluss bildet Europa. Von den 31 Kriegen, die im Jahre 2001 geführt wurden, wurden 28 innerstaatlich ausgetragen. Das Jahr 2001 wurde nicht unwesentlich von den Ereignissen des 11. September geprägt, als erneut sichtbar wurde, dass der Terrorismus als eine Methode der politischen Gewalt ins Kriegsgeschehen Einzug hält.

- Informiert euch über die Auswirkungen des Atombombenabwurfs bis heute und zeigt die Folgen atomarer Verseuchung auf. Welche Staaten verfügen heute über atomare Sprengkörper?
- Setzt euch in Gruppen zusammen und untersucht, in welchen Teilen der Erde kriegerische Auseinandersetzungen herrschen. Welches sind die Ursachen dafür und welche Grundkonflikte werden deutlich?
Benutzt für eure Recherchen die aktuellen Zeitungsmeldungen sowie Informationen aus dem Internet.
- Entwerft eine Plakatwand, mit der ihr eure MitschülerInnen auf die Situation aufmerksam macht. Werbt für den Frieden!

4 Verantwortung für den Frieden

Was ist Friede?

Schalom – Friede

Friede ist im biblischen Sinn oft das, was der Mensch schlechthin wünscht. Über den Frieden hinaus bleibt nichts mehr zu ersehen. In keiner Sprache kann dieses unausdenkbare Gut, das bei uns etwa mit »vollkommenem Glück« gemeint ist, beschrieben werden. Das hebräische Wort *schalom* geht auf eine Wurzel zurück, die Unversehrtheit und Vollständigkeit bezeichnet. Der Hebräer versteht deshalb unter einem Leben in Frieden nicht nur ein Leben in Ruhe ohne Bedrohung durch Feinde, sondern darüber hinaus ein erfülltes, gesundes, reiches und rundes Leben. Die Zeit des Friedens ist nicht nur eine Zeit ohne Krieg, sondern eine Zeit der Freude, des Erfolges, der erfüllten Wünsche für sich selbst und alle Mitmenschen. Friede ersehnt der Mensch in der Bibel nicht nur mit dem Mitmenschen. Auch mit Gott, mit sich selbst und mit der ihn umgebenden Natur möchte er in ungebrochener Eintracht zusammenleben (wörtlich: » ... in Frieden leben, in einer Harmonie des Segens und des fehlerlosen Heiles«). Kein Gut des inneren und äußeren Wohlbefindens ist im Frieden ausgeschlossen. Der Gegensatz von Frieden ist also nicht nur Streit und Krieg, sondern auch das Chaos oder das Ungebändigte der Natur, die Krankheit oder die Armut des Menschen, die Unordnung und Unzufriedenheit seines Herzens, die Verachtung durch andere und vor allem die zerbrochene Gemeinschaft mit Gott. Friede hängt eng zusammen mit Gerechtigkeit. Wer den Willen Jahwes erfüllt, wer nicht dem Eigensinn lebt, sondern nach dem Rechten fragt, nicht seine selbst erfundenen Wege, sondern die von Gott gewiesenen geht, wer mit Gott für die Armen und Niedrigen ist, darf als Segensfrucht den Frieden erwarten: fruchtbares Land, ausreichenden Lebensunterhalt, sicheres Wohnen, Schlaf ohne Angst, Kinder und Enkel, und all dieses ohne fürchten zu müssen es zu verlieren. Friede, wie ihn die Heilige Schrift darstellt, kann mit negativen Formulierungen, etwa, dass in ihm kein Krieg sei, nur unzureichend erfasst werden. Er beansprucht positive Bilder und Worte.

Dieter Emeis

- Welche Friedensvisionen zeigen sich im biblischen Begriff *schalom* (vgl. auch Jes 9-16; 11,1-9; 19,23-25; Micha 4,1-5)?
- Inwieweit stellt der Textauszug der Bergpredigt eine Provokation, eine Erweiterung dar? Vergleicht hierzu S. 56.

Die christliche Provokation

³⁸Ihr habt gehört, dass gesagt worden ist: Auge für Auge und Zahn für Zahn. ³⁹Ich aber sage euch: Leistet dem, der euch etwas Böses antut, keinen Widerstand, sondern wenn dich einer auf die rechte Wange schlägt, dann halt ihm auch die andere hin. ⁴⁰Und wenn dich einer vor Gericht bringen will, um dir das Hemd wegzunehmen, dann lass ihm auch den Mantel. ⁴¹Und wenn dich einer zwingen will, eine Meile mit ihm zu gehen, dann geh zwei mit ihm. ⁴²Wer dich bittet, dem gib, und wer von dir borgen will, den weise nicht ab.
⁴³Ihr habt gehört, dass gesagt worden ist: Du sollst deinen Nächsten lieben und deinen Feind hassen.
⁴⁴Ich aber sage euch: Liebt eure Feinde und betet für die, die euch verfolgen, ⁴⁵damit ihr Söhne eures Vaters im Himmel werdet; denn er lässt seine Sonne aufgehen über Bösen und Guten, und er lässt regnen über Gerechte und Ungerechte. ⁴⁶Wenn ihr nämlich nur die liebt, die euch lieben, welchen Lohn könnt ihr dafür erwarten? Tun das nicht auch die Zöllner? ⁴⁷Und wenn ihr nur eure Brüder grüßt, was tut ihr damit Besonderes? Tun das nicht auch die Heiden?
⁴⁸Ihr sollt also vollkommen sein, wie es auch euer himmlischer Vater ist.

Aus der Bergpredigt, Mt 5,38-48

Der Mörder in uns

Wenn wir unsere Sprache beim Wort nehmen, können wir Entdeckungen machen. Wir sprechen davon, dass wir jemanden erledigen, fertig machen, abschießen, kaltstellen, kaputtmachen ... Wir sagen: »Der ist für mich gestorben.« »Den kann ich auf den Tod nicht leiden.« »Den kannst du vergessen ...« »Den werde ich schon kleinkriegen.« Es gibt Menschen, die »gehen über Leichen ...«

Offenbar, meint unsere Sprache, gibt es eine mörderische Einstellung zum Leben. Offenbar gibt es den Tod nicht nur am Ende des Lebens (Exitus), sondern jetzt schon, mitten im Leben. Und er ist nicht etwa nur eine Macht, die uns von außen überfällt, sondern auch unsere Tat. Wir können ihn uns zufügen, indem wir jemanden totschweigen oder totreden, ihn mundtot machen oder über die Klinge springen lassen, indem wir Rufmord begehen. Schimpfwörter sind wie Mordinstrumente. Man kann damit Menschen wie mit giftigen Pfeilen zusammenschießen. Man kann damit die Atmosphäre vergiften. Man kann Schlagwörter wie Schlag-Waffen gebrauchen und damit auf den anderen einschlagen. »Es gibt viele Arten zu töten. Man kann einem ein Messer in den Bauch stechen, einem das Brot entziehen, einen von einer Krankheit nicht heilen, einen in eine schlechte Wohnung stecken, einen durch Arbeit zu Tode schinden, einen zum Selbstmord treiben, einen in den Krieg führen usw. Nur weniges davon ist in unserem Staat verboten« (Dorothee Sölle).

Jesus redet von dem, was hinter unserer Stirn vor sich geht, er redet von dem Schutt, der in den Hinterhöfen unserer Seele liegt, von den tödlichen Gedanken und verbrecherischen Wünschen, die in uns aufkommen: »Der soll mir nicht mehr im Wege stehen.«, »Wenn ich nur könnte, wie ich wollte!«, »Entweder du oder ich.«, »Ausländer raus!« – Es gibt Gedanken, die man sich verbieten muss, Wünsche, in die man sich nicht einlassen darf, auch und gerade dann, wenn sie in der Luft liegen und das Klima bestimmen. »Sich das Leben nehmen« – so sagen wir in der Umgangssprache sehr genau, sich aktiv das wegnehmen, was unser Dasein ausmacht. Ob man von Freitod oder von Selbstmord spricht, mag dahingestellt bleiben – die Verzweiflung ist dieselbe. Mord meint genau dies, dass wir uns selbst und anderen das Leben nehmen – so als gehörte es uns,

René Magritte, 1963

so als könnten wir damit machen, was wir wollen. Die Versuchung, entweder sich selbst auf Kosten anderer oder anderen zu unseren Gunsten das Leben zu nehmen und also einen Mord zu begehen, ist sehr groß. Es gibt ja unzählig viele Weisen, sich und andere ums Leben zu bringen, nicht nur den »handfesten« blutigen Mord! Es gibt ja nicht nur die großen Weltkriege, sondern auch die alltäglichen Kleinkriege, in denen Menschen sich Nahkämpfe liefern, sich verschanzen und vermauern. Schon die vielen Formen, seiner Wut und Herrschsucht einfach freien Lauf zu lassen und sich nicht mehr versöhnen zu wollen, betreffen unmittelbar den Frieden. Deshalb müssen wir uns mit Papst Johannes Paul II. fragen: »Wollen wir wirklich den Frieden? Dann müssen wir uns sehr tief in unser eigenes Wesen versenken, um jene Schichten zu entdecken, wo wir uns, jenseits aller Spaltungen in uns und zwischen uns, in der Überzeugung bestärken können, dass die grundlegenden Antriebe des Menschen, die Kenntnis seiner wahren Natur, ihn zur Begegnung führen, zur gegenseitigen Achtung, zur Brüderlichkeit und zum Frieden.« Wollen wir Frieden? Denken wir den Frieden statt den Krieg – ohne Hintergedanken? Ersehnen wir ihn? Frieden und Abrüstung sind nicht nur Fragen der Militärs und der großen Politik.

Bischof Franz Kamphaus

- Welche Möglichkeiten seht ihr, Verantwortung für den Frieden zu übernehmen: a) für euch, b) in der Klasse/Gruppe, c) in der Gesellschaft, d) in der Pfarrgemeinde? Besprecht eure Überlegungen in Gruppen, denkt über Pro und Contra der Vorschläge nach und führt eine Diskussion zu dem Thema.

Was kann ich für den Frieden tun?

»Ich bin doch so machtlos …«

Hat denn meine einzelne Stimme überhaupt Gewicht? In einer Fabel wird erzählt: »Sag mir, was wiegt eine Schneeflocke?«, fragte die Tannenmeise die Wildtaube. »Nicht mehr als nichts«, gab sie zur Antwort. »Dann muss ich dir eine wunderbare Geschichte erzählen«, sagte die Meise. »Ich saß auf dem Ast einer Fichte, dicht am Stamm, als es zu schneien anfing; nicht etwa heftig im Sturmgebraus, nein, wie im Traum, lautlos und ohne Schwere. Da nichts Besseres zu tun war, zählte ich die Schneeflocken, die auf die Zweige und auf die Nadeln des Astes fielen und darauf hängen blieben. Genau dreimillionensiebenhunderteinundvierzigtausendneunhundertzweiundfünfzig waren es. Als die dreimillionensiebenhunderteinundvierzigtausendneunhundertdreiundfünfzigste Flocke niederfiel – nicht mehr als nichts –, brach der Ast ab.« Damit flog die Meise davon. Die Taube, seit Noachs Zeiten eine Spezialistin in dieser Frage, sagte zu sich nach kurzem Nachdenken: »Vielleicht fehlt nur eines einzelnen Menschen Stimme zum Frieden der Welt!«

Friedensgruß vor der Kommunion

Dem da
dem andern
dem x-beliebigen
dem wildfremden
der mir wurscht ist
der mich nichts angeht
dem man nicht trauen kann
dem man besser aus dem Weg geht
dem man's schon von weitem ansieht
dem da
dem Spinner
dem Blödmann
dem Besserwisser
dem Speichellecker
der nicht so tun soll
dem's noch Leid tun wird
der mir's noch büßen soll
der noch was erleben kann
der sich nicht unterstehen soll
dem ich's schon noch zeigen werde
dem da
wünsche ich Frieden

Lothar Zenetti

Sich versöhnen

²³Wenn du deine Opfergabe zum Altar bringst und dir dabei einfällt, dass dein Bruder etwas gegen dich hat, ²⁴so lass deine Gabe dort vor dem Altar liegen. Geh und versöhne dich zuerst mit deinem Bruder, dann komm und opfere deine Gabe. ²⁵Schließe ohne Zögern Frieden mit deinem Gegner.

Aus der Bergpredigt, Mt 5,23-25a

Weltgebet für den Frieden

Für Frieden in Ihrem Land
Für die Opfer, die sich für Frieden und Gerechtigkeit einsetzen
Für Kirchen in Konfliktsituationen
Für eine Welt ohne Krieg und Gewalt
Führe mich vom Tod zum Leben, von der Unwahrheit zur Wahrheit
Führe mich von der Verzweiflung zur Hoffnung, von der Furcht zum Vertrauen
Führe mich vom Hass zur Liebe, vom Krieg zum Frieden
Erfülle unsere Herzen, die Welt und das ganze Universum mit Frieden. Amen

Weltgebet für den Frieden, Ökumenischer Rat der Kirchen

- Welche Antworten auf die Frage »Was kann ich für den Frieden tun?« bietet diese Seite? Vgl. auch S. 56.
- Welche weiteren Möglichkeiten gibt es? Bereitet eine Dokumentation zum Thema »Schritte zum Frieden« vor.
- Informiert euch über aktuelle Friedensaktionen auch im Internet. Benutzt dazu eine Suchmaschine.

**Die Anwendung von Gewalt
kommt überhaupt nur als
ultima ratio (letztes Mittel) in Betracht.**

Die deutschen Bischöfe

Wirst du Soldat, nur weil es dir Spaß macht, dann mach dir klar, dass dieses Handwerk mit Spaß fast nichts zu tun hat.
Wirst du Soldat, nur weil du als Verweigerer Nachteile in Kauf nehmen müsstest für deine Ausbildung oder deinen Beruf, dann frage dich, ob Angst ausreicht als Motiv zum Dienst des Soldaten.
Bist du der Überzeugung, dass dein Dienst in der Uniform und mit der Waffe notwendig ist, weil der Friede nicht anders bewahrt werden kann,
dann werde Soldat.
Wenn du ein Christ bist und eine Waffe trägst, dann bitte Gott, dass er dich vor Hass bewahrt, vor Gewalttätigkeit und Ungerechtigkeit.

Willst du den Wehrdienst verweigern, nur weil du keine Lust hast Soldat zu sein, dann werde Soldat.
Willst du den Wehrdienst verweigern, nur weil dir der Trott im Dienst und der Ton auf dem Kasernenhof gegen den Strich gehen? Dann werde Soldat.
Willst du den Wehrdienst verweigern, weil du glaubst, dass Gott dir nicht gestattet einen Menschen zu töten, selbst dann nicht, wenn du andere oder dich verteidigst, dann verweigere den Wehrdienst.
Wenn du den Wehrdienst verweigerst,
dann bitte Gott, dass er dich vor dem Dünkel bewahrt, du seiest damit ein besserer Mensch oder besserer Christ als andere.

Jörg Zink

Dem Frieden dienen

Wir begrüßen die große Akzeptanz, die der Zivildienst in der Bevölkerung gefunden hat; vorbehaltlos erkennen wir die Entscheidung derer an, die den Dienst an der Waffe verweigern. »Sofern die einzelnen Dienste für den Frieden im Ziel übereinstimmen und die weltweite Sicherung und Förderung des Friedens anstreben, kann man sagen, dass sie sich auf ihren unterschiedlichen Wegen zu diesem Ziel gegenseitig bedingen und ergänzen«. Als Zivildienstleistende erbringen junge Männer ihren Beitrag zu einem »sozialen Frieden«. Es geht jedoch nicht an, die Wehrpflicht aufrechtzuerhalten, weil der Zivildienst für das Sozialsystem unentbehrlich sei. Die einzelnen Christen und die Kirche als ganze sind verpflichtet, dem Frieden zu dienen. Solcher Friedensdienst ist schwierig, denn Frieden ist kein Zustand, der sich ein für alle Mal erreichen lässt. Er ist stets von neuem bedroht. Die Kirche, die nicht an Staatsinteressen und Ländergrenzen gebunden ist, hat besondere Chancen, sich für den Frieden einzusetzen. Im Dienst am Frieden bemüht sich die katholische Kirche auch zusammen mit anderen Kirchen. In Konflikten wird sie sich für die gewaltfreie Lösung entscheiden. – Dienst am Frieden ist es, wenn Christen sich dafür einsetzen, dass die Menschenrechte überall geachtet werden und dass die berechtigten Ansprüche der Armen und Unterdrückten Geltung erhalten. – Dienst am Frieden ist es, wenn Menschen sich um Überwindung von Vorurteilen bemühen, wenn sie lernen, Hass, Neid und Misstrauen zu überwinden. Dem Frieden dient es, wenn sie die Fähigkeit zum Protest gegen Unrecht, die mutige Parteinahme für die Benachteiligten und den gewaltlosen Widerstand gegen Unrecht entwickeln. Dem Frieden hilft es, wenn Christen Zeichen der Versöhnung setzen und Zusammenarbeit zwischen verschiedenen Gruppen anstreben. Für den Dienst am Frieden sind auch kleine Schritte wichtig, die von Einzelnen getan werden können. Christen müssen lernen mit Konflikten so umzugehen, dass eine Lösung gelingt, die alle Beteiligten als gut empfinden.

Grundriss des Glaubens 34.6

- *Zivildienst oder Wehrdienst? – Sprecht in Gruppen darüber und tauscht eure Argumente anschließend aus.*
- *Junge Frauen zur Bundeswehr!? – Sammelt Argumente und plant eine Pro-und-Contra-Diskussion.*
- *»Für den Dienst am Frieden sind auch kleine Schritte wichtig« – Welche Schritte könnt ihr gehen?*
- *Erstellt ein ABC des Friedens. Vergleicht es mit dem ABC des Unfriedens (vgl. S. 68) und diskutiert die Schritte, die zur Veränderung nötig sind.*

Das wird ein Fest sein,

wenn sie
Pflugscharen
aus allen Waffen
machen
und
die Hungernden
satt werden
die Waffengeschäfte
und der Stress
auslaufen
die Kinder
den Frieden
lernen
und die
Kasernen
zu Hotels
umgebaut werden

wenn der
Leistungsdruck
der Kriegsmaschinerie
die Völker
nicht mehr foltert
und einer den anderen
achtet und ehrt
wenn die
Schwerindustrie
nicht mehr
die Luft verpestet
und die Wasser
wieder
kristallklar
fließen
der Wein nicht mehr
bitter schmeckt
und die Drogen
nicht mehr die
Angst
verdrängen müssen

wenn es
keine Millionäre
und keine
Verhungernden
mehr gibt
wenn nicht mehr
zurückgeschossen
wird
und sie
miteinander reden
die Versöhnung
wächst
und alte Feindbilder
abgebaut
werden

wenn das Öl
nicht mehr
von der Rüstung
verschlungen wird
und die Mütter
wieder mit Freuden
ihre Kinder gebären.
Dann werden wir
frei sein
und
in Frieden leben
wir werden sein
wie die Träumenden
wenn wir erkannt
haben
was zu unserem
Frieden dient.

Charlotte Schmitthenner

6 Das Lebenshaus
Schöpfung und Lebensstil

Das Gesicht der Erde

Größer, monotoner, künstlicher

In der Vergangenheit haben immer mehr Menschen das Gesicht der Erde immer mehr verändert. Mit unserer Technik können wir heute die Erdoberfläche im großen Maßstab umkrempeln. Und wir tun es auch. Zwei Beispiele: Im Durchschnitt fallen in Deutschland 76 Tonnen Abfall pro Kopf und Jahr an. Täglich verbrennt die Menschheit so viel Kohle, Öl und Gas, wie die Natur in 2000 Jahren eingelagert hat. Solange wir weitermachen, so viel Material und Energie umzusetzen, so lange werden wir fortfahren unsere Lebensräume immer künstlicher zu gestalten.

Immer mehr ziehen sich die Menschen in Deutschland aus der Natur zurück und verlegen ihren Wohnort vom Land in städtische Gebiete. Sie wollen dort natürlich »im Grünen« wohnen und tragen so zur Zersiedelung bei. Unser Land ist heute wesentlich durch Straßen und Autos geprägt. »Platz da!«, rufen die deutschen Straßen. Längst reichen sie – geteerte Feld- und Waldwege ausgenommen – mehr als zwölfmal um die Erde. Und jeden Tag schieben sie sich drei Kilometer weiter vor in die Landschaft. »Platz da!«, rufen die deutschen Autos. Jedes beansprucht 100 Quadratmeter asphaltierte Fläche für sich. Und jede Minute gibt es zwei Autos mehr in Deutschland.

Der Boden ist eine unverzichtbare Grundlage für das Leben. Auf ihm wachsen die Pflanzen. Von den Pflanzen ernähren sich die Tiere und Menschen. Doch was passiert in letzter Zeit in Deutschland? Jeden Tag verschwindet Bodenfläche unter Häusern und Straßen so groß wie 130 Fußballfelder. In den letzten 40 Jahren hat sich auf diese Weise die Fläche, die Häuser und Straßen bedecken, fast verdoppelt. Mittlerweile sind 11,3 Prozent des Bodens versiegelt. Es wird Zeit, dass wir uns ernsthaft fragen: Wie viel Boden brauchen wir? Wie viel Boden wollen wir wofür?

Gerhard Nellessen

Der Turmbau zu Babel

Pierre Brauchli, 1979

¹Alle Menschen hatten die gleiche Sprache und gebrauchten die gleichen Worte. ²Als sie von Osten aufbrachen, fanden sie eine Ebene im Land Schinar und siedelten sich dort an. ³Sie sagten zueinander: Auf, formen wir Lehmziegel und brennen wir sie zu Backsteinen. So dienten ihnen gebrannte Ziegel als Steine und Erdpech als Mörtel. ⁴Dann sagten sie: Auf, bauen wir uns eine Stadt und einen Turm mit einer Spitze bis zum Himmel und machen wir uns damit einen Namen, dann werden wir uns nicht über die ganze Erde zerstreuen.
⁵Da stieg der Herr herab um sich Stadt und Turm anzusehen, die die Menschenkinder bauten. ⁶Er sprach: Seht nur, ein Volk sind sie und eine Sprache haben sie alle. Und das ist erst der Anfang ihres Tuns. Jetzt wird ihnen nichts mehr unerreichbar sein, was sie sich auch vornehmen. ⁷Auf, steigen wir hinab und verwirren wir dort ihre Sprache, sodass keiner mehr die Sprache des anderen versteht.
⁸Der Herr zerstreute sie von dort aus über die ganze Erde und sie hörten auf an der Stadt zu bauen.
⁹Darum nannte man die Stadt Babel (Wirrsal), denn dort hat der Herr die Sprache aller Welt verwirrt und von dort aus hat er die Menschen über die ganze Erde zerstreut.

Gen 11,1-9

Die neue ethische Situation besteht darin, dass der Mensch in Zukunft weniger mit der Natur, sondern mehr mit sich selbst zu kämpfen hat.
Wir können offenbar mehr als wir dürfen und daher dürfen wir nicht mehr alles, was wir können.

R. Sachse

Ökologie: Das griechische Wort bedeutet wörtlich »Lehre vom Haus«. Menschen, Pflanzen und Tiere leben nicht unabhängig voneinander, sondern in einem gemeinsamen »Haus«. Dazu gehört auch die unbelebte Natur: Erde, Wasser, Luft. Zwischen ihnen bestehen Wechselbeziehungen. Verseuchte Erde, verunreinigte Luft gefährden das Leben. Eingriffe der Menschen in die Natur können zur Ausrottung bestimmter Tier- und Pflanzenarten führen. Weil die Menschen nicht außerhalb des »Hauses« leben, können solche Eingriffe in den Haushalt der Natur zur Gefährdung oder gar Zerstörung der Lebensgrundlagen der Menschen führen. Um den Eigenwert und die Bedeutung alles dessen, was zum gemeinsamen Lebenshaus gehört, zu betonen, wird statt von der Umwelt auch von der Mit-Welt der Menschen gesprochen.

- Findet heraus, welche Motive die Menschen in der Geschichte für ihr Tun haben: Was treibt sie an?
- Sucht Erklärungen für das Eingreifen Gottes in der biblischen Geschichte.
- Schreibt ausgehend von der Bildcollage oben rechts eine aktuelle Fassung der Geschichte. Collagiert selbst!
- »Was machbar ist, ist auch erlaubt.« – Schreibt Argumente für und wider diese These auf und führt eine Klassen- oder Podiumsdiskussion dazu.
- Verdeutlicht euch – vielleicht in Zusammenarbeit mit dem Erdkunde-Unterricht – den Zusammenhang von Energieverbrauch und Naturzerstörung. Sucht Beispiele aus eurer Umgebung. Fertigt eine Karte vom Umfeld der Schule an: Wo ist der Boden versiegelt, wo ist der Erdboden frei?

2 Der kleine Gott der Welt

> ²⁶Dann sprach Gott: Lasst uns Menschen machen als unser Abbild, uns ähnlich.
> Sie sollen herrschen über die Fische des Meeres, über die Vögel des Himmels, über das Vieh,
> über die ganze Erde und über alle Kriechtiere auf dem Land.
> ²⁷Gott schuf also den Menschen als sein Abbild; als Abbild Gottes schuf er ihn.
>
> *Gen 1,26 f.*

Rollsiegel, neuassyrisch, 9.-7. Jh. v. Chr.

Dem Ausdruck »*Macht euch die Erde untertan!*« liegt ein Bild zugrunde, wonach jemand seinen Fuß auf einen Gegenstand oder auf ein Lebewesen setzt. Wie altorientalische Bilder zeigen, soll das ein Symbol des Schutzes und der Fürsorge sein. Es ist ähnlich, wenn wir sagen »*über jemand seine Hand halten, auf jemand seine Hand legen*« um auszudrücken, dass wir ihn schützen und sein Leben vor Angriffen bewahren wollen. In Psalm 8,7 heißt es: »*Alles hast du (Gott) ihm (dem Menschen) unter die Füße gelegt*« – nicht um es niederzutrampeln, sondern um es zu schützen.

In ähnlicher Weise ist auch die Formulierung »*herrscht über die Fische, die Vögel ... und über alle Tiere*« zu verstehen. Das hier verwendete Wort für »*herrschen*« bezeichnet das Umherziehen des Hirten und seiner Herde, der seine Herde auf gute Weide führt, der die Tiere gegen alle Gefahren schützt, sie vor Raubtieren verteidigt und die schwachen Tiere seiner Herde gegen die starken schützt und dafür sorgt, dass auch sie genügend Wasser und Nahrung finden.

Ein solcher Hirte war in Israel ein Bild für die Amtsführung eines guten und gerechten Königs, der sich ganz für sein Volk einsetzt, der vor allem die Rechte der Schwachen schützt und allen ein glückliches Leben garantiert. Wenn in der priesterlichen Schöpfungserzählung der Mensch als »*Abbild Gottes*« bezeichnet wird, dann soll damit gesagt werden, dass es die Aufgabe des Menschen ist, das fürsorgliche Verhalten Gottes gegenüber allem, was lebt und existiert, zum Ausdruck zu bringen.

Erich Zenger

- Lest die biblischen Schöpfungserzählungen (Gen 1,1-2,4a und 2,4b-25). Stellt heraus, was sie über das Zusammenleben im »gemeinsamen Haus« der Schöpfung sagen.
- Schreibt kurze Texte zum Thema »Schöpfung als Lebenshaus«.
- Das Wort vom »kleinen Gott der Welt« stammt aus Goethes »Faust«. Wie kann man es nach den Texten und Bildern dieser Doppelseite verstehen?
- Diskutiert die von Hans Kessler vorgestellten umweltethischen Positionen, ihre Reichweite und Folgen.

²Herr, unser Herrscher,
wie gewaltig ist dein Name auf der ganzen Erde;
über den Himmel breitest du deine Hoheit aus.
³Aus dem Mund der Kinder und Säuglinge
schaffst du dir Lob,
deinen Gegnern zum Trotz;
deine Feinde und Widersacher
müssen verstummen.
⁴Seh ich den Himmel, das Werk deiner Finger,
Mond und Sterne, die du befestigt:
⁵Was ist der Mensch, dass du an ihn denkst,
des Menschen Kind, dass du dich seiner annimmst?
⁶Du hast ihn nur wenig geringer gemacht als Gott,
hast ihn mit Herrlichkeit und Ehre gekrönt.
⁷Du hast ihn als Herrscher eingesetzt
über das Werk deiner Hände,
hast ihm alles zu Füßen gelegt:
⁸all die Schafe, Ziegen und Rinder
und auch die wilden Tiere,
⁹die Vögel des Himmels und die Fische im Meer,
alles, was auf den Pfaden der Meere dahinzieht.

¹⁰Herr, unser Herrscher,
wie gewaltig ist dein Name auf der ganzen Erde!

Ps 8,2-10

Umweltethische Orientierungen

Eine erste Orientierung betrachtet die Natur als auf den Menschen hingeordnet. Sie hat ihm zu dienen. Nur um des menschlichen Nutzens willen ist sie schützens- und erhaltenswert. Jede Veränderung oder Ausbeutung, die im Interesse des Menschen liegt, ist gerechtfertigt, auch dann, wenn dadurch immer mehr andere Lebewesen bedroht oder gar ausgelöscht werden.
Ein zweiter Ansatz geht vor allem von der Leidensfähigkeit der Tiere aus. Daraus ergibt sich die Verpflichtung, das Leben der Tiere zu schützen. Sie dürfen nicht aus ihren Lebensbereichen verdrängt werden. Es ist auch nicht erlaubt, sie in einer Weise für menschliche Zwecke zu verwenden, die mit Schmerzen und Qualen verbunden sind.
Eine dritte Orientierung stellt das Leben insgesamt in den Mittelpunkt. Es wird eine umfassende Verantwortung für alles Leben gefordert. Mit dieser Ehrfurcht vor dem Leben (Albert Schweitzer) ist es unvereinbar Lebewesen menschlichen Zwecken zu unterwerfen. Jedes Lebewesen hat seine Zweckbestimmung in sich selbst und somit eine eigene Würde. Schonung, Pflege und Erhaltung der Tier- und Pflanzenarten werden zur Pflicht aller Menschen. Diese Sorge umfasst auch die unbelebte Natur (Erde, Mineralien, Wasser, Luft). Sie stellen die Grundlage allen Lebens dar.
Ein vierter Ansatz geht von der Überlegung aus, dass jeder Teil eine Position und Aufgabe im Ganzen des Lebenshauses der Natur hat. Alles spielt eine je verschiedene Rolle. Die gesamte Natur, auch die mineralische, hat auf unterschiedliche Weise Selbstwert und ist schützenswert. Nur wenn alles zu seinem Recht kommt, bleibt die Ordnung des Lebenshauses gewahrt.

Nach Hans Kessler

3 Zeit zum Leben

> ¹So wurden Himmel und Erde vollendet und ihr ganzes Gefüge.
> ²Am siebten Tag vollendete Gott das Werk, das er geschaffen hatte,
> und er ruhte am siebten Tag, nachdem er sein ganzes Werk vollbracht hatte.
> ³Und Gott segnete den siebten Tag und erklärte ihn für heilig;
> denn an ihm ruhte Gott, nachdem er das ganze Werk der Schöpfung vollendet hatte.
>
> *Gen 2,1-3*
>
> Ich bin Jahwe, dein Gott,
> der dich aus Ägypten geführt hat, aus dem Sklavenhaus:
> Gedenke des Sabbats.
> Halte ihn heilig!
>
> *Ex 20,2.8*

Die Zeit der Freiheit

Die Erinnerung an den Anfang wurde zur Hoffnung auf das, was einmal werden soll im Reich der Himmel. Alle Lebensmühe wird dort vorbei sein, niemand wird mehr Beute des anderen und die Königswürde von allen wird offenbar sein.
Und so trat man am Sabbat aus der Mühsal der Gegenwart. Die Menschen spielten das, was sie einmal sein werden: Freie im Lande der Freiheit, Söhne und Töchter dieses Gottes, der das Reich der Güte errichtet hat. Man arbeitete nicht an diesem Tag, wie es die Knechte tun, denn man fühlte sich schon entronnen. Man aß weißes Brot und trank Wein und man sang Lieder, als ginge das Leben schon. In diesem Vorspiel war die Zeit des wahren Lebens schon angebrochen und kein Leben kommt, das nicht vorgespielt und vorfabuliert wurde.
Der Sabbat wird Königin, Braut und Krone Gottes genannt. Die Menschen ermuntern sich in Liedern einzutreten in das Reich, das noch kommen soll.

Einen Menschen macht nicht nur schön, was er jetzt schon ist und kann. Seine Sehnsucht und seine Wünsche machen ihn schön. Die Freiheit der Menschen beginnt, wo sie von der Freiheit träumen. Diese Träume sind die Feinde der faulen Gegenwart. Sie sprechen ihr das Recht ab sich als die endgültige Welt aufzuspielen. »Eines Tages wird es sein!« – das ist die Sehnsucht und die Drohung der Leute, die mehr brauchen, als die Gegenwart ihnen bietet. Mensch ist man, solange man nach dem Land der Freiheit Ausschau hält und solange man sich nach ihm sehnt.

Fulbert Steffensky

> **Die Liebe zum Sabbat
> ist die Liebe des Menschen für das,
> was er mit Gott gemeinsam hat.**
>
> *Abraham Heschel*

- Informiert euch über die Gestaltung des Sabbats bei den Juden und über die Herkunft des christlichen Sonntags.
- Welche Empfindungen verbindet ihr selbst mit dem Sonntag?
- Sammelt Ideen, wie man den Sinn des Sonntags besser zur Geltung bringen könnte.
- Informiert euch auch über die gesellschaftliche Notwendigkeit von Sonntagsarbeit sowie über Bestrebungen, den Sonntag als grundsätzlich freien Tag für alle abzuschaffen.

» ... und da kommen Sie und wollen den verkaufsoffenen Sonntag einführen!«

Wie der Sabbat die Zeit und alles verzweckende Denken unterbricht, kommt in einem Radiobeitrag von Fritz Pleitgen zum Ausdruck, der am 7.11.1999 im Deutschlandradio Berlin gesendet wurde. Er erzählt von einem (Alb-)Traum des für verkaufsoffene Sonntage zuständigen Ministers. Gott selber erscheint ihm, um mit ihm über sein Schöpfungswerk und dessen Vollendung am siebten Tag zu reden.

»Damals teilte ich mit mächtiger Hand Licht und Finsternis, Land und Meer. Tags darauf hing ich die Sonne, Mond und Sterne ans Firmament. Ein mächtiges Stück Arbeit, wie Sie sich vielleicht denken können. Es funktionierte erst mit den Keplerschen Planetengesetzen.« »Was Sie nicht sagen!«, sagte der Minister. »An den nächsten Tagen experimentierte ich mit Pflanzen, Vögeln und Fischen, strickte DNS-Spiralen, tüftelte Periodensysteme aus, erfand Kongruenzsätze und die Zahl Pi ... – haben Sie eine Ahnung, was es bedeutet die Zahl Pi zu erfinden?« Der Minister war sich nicht ganz sicher. »Und dann kam der sechste Tag«, fuhr der Alte fort. »Das war der Höhepunkt. In einem Anfall von tollkühner Geselligkeit formte ich den Menschen, damit einer sei, der alles entdecke und betrachte. – Und ich sah, dass es gut war. Alles war sehr, sehr gut. – Es funktionierte reibungslos: Zellen und Organe, Sehnen und Gelenke, Fliehkraft und Gravitation, sogar das Ohm'sche Gesetz und das Planck'sche Wirkungsquantum erwiesen sich als brillante Ideen. Ein kosmisches Patentamt hätte seine helle Freude gehabt. Und ganz nebenbei hatte ich die Sechs-Tage-Woche erfunden. Es war einfach toll!«

»Alle Achtung!«, sagte der Minister. Es schien ihm gut, den Fremden bei Laune zu halten. Verstohlen sah er zum Wecker. Es konnte nicht mehr lange dauern. »Und doch.« Theo erhob sich und tat ein paar Schritte. »Alles war gut, aber irgendetwas schien zu fehlen. Alles arbeitete reibungslos und griff perfekt ineinander. Es war glatt und schön und fehlerfrei. Aber es war – wie soll ich sagen – irgendwie langweilig ... Man staunte, aber es blieb einem fremd. Es war perfekt, aber nicht vollkommen ...« Er blieb am Fenster stehen und sah in den Garten. Die Blätter bewegten sich leise im Wind.

»Sophia brachte mich drauf. Frauen haben ein feines Gespür für das Wesentliche.« Er kehrte zum Bett zurück, zog einen Stuhl heran und setzte sich. Er sah dem Minister voll ins Gesicht. »Am nächsten Tag erschuf ich die Ruhe«, sagte er. »Sagten Sie Ruhe?«, fragte der Minister und blickte wie ein Karpfen. »Ja, die Ruhe«, bestätigte Theo und atmete tief, »den Frieden zwischen den Kriegen, die Schwebe zwischen den Atemzügen, den Lidschlag zwischen den Blicken, die Stille zwischen den Worten und das Schweigen in allen Sprachen ... – und ich spürte: groß und mächtig war ich an allen vorherigen Tagen, Gott war ich erst am siebten. An ihm erschuf ich das Geheimnis und die Weisheit aller anderen Tage. – Vorher habe ich erfunden und geplant, geformt und gebaut. Vorher war ich ein Gott nach eurem Ebenbild. Am siebten Tag war ich der ganz Andere, nicht außer mir, sondern ganz bei mir selbst, und gab euch die Chance Mensch zu werden, nach meinem Ebenbild.« Er lächelte und fuhr leise fort: »Seit dem siebten gilt nicht das Erwerben, sondern das Verschenken, nicht das Vernichten, sondern das Bewahren, nicht das Herrschen, sondern das Dienen, nicht das Haben, sondern das Sein, nicht das Ich, sondern das Wir. – Denn jedes Bauen bedeutet Zerstörung. Jedes Handeln greift folgenschwer ein.«

Er schwieg, wohl wissend, dass seine Worte hier nur schwer Eingang fanden. Der da vor ihm lag, war kein Denker. Er war ein Täter, ein Macher ... Doch Theo gab noch nicht auf. »Am siebten Tag erschuf ich ... den Umweg und die Freude am Rätsel und Spiel. Seitdem gilt nicht der Rock, um den jemand bittet, sondern der Mantel, den man dazugibt ... Verstehen Sie, der siebte ist der entscheidende Tag. Er ist das Geheimnis, der Sinn und die Weisheit der anderen sechs. – Und da kommen Sie und wollen den verkaufsoffenen Sonntag einführen!« Vorwurfsvoll blickte er sein Gegenüber an. Der fühlte sich ungewöhnlich eingeschüchtert. »Und die Händler«, fragte er zaghaft, »man muss doch an den Umsatz der Händler denken.« »Das meinen immer nur die Händler«, sagte Theo. »Ich denke lieber an die Menschen.« »Die wollen ihn ja auch!«, sagte der Minister. »Die Kaufhäuser waren voll. Man geht ja auch hin, um mal richtig was zu erleben.« Der Alte schüttelte verwundert den Kopf. »Die ganze Welt habe ich für euch erschaffen – und ihr braucht ein Kaufhaus, um mal richtig was zu erleben?«

Drei Dinge sind ein Vorgeschmack der kommenden Welt: Sabbat, Sonne und Sexualität.

Jüdische Lebensweisheit

Krisenzeit – Entscheidungszeit

Worauf es ankommt

**1. Jetzt ist die Zeit,
jetzt ist die Stunde.
Heute wird getan
oder auch vertan,
worauf es ankommt,
wenn er kommt.
Der Herr wird nicht fragen:
Was hast du gespart,
was hast du alles besessen?
Seine Frage wird lauten:
Was hast du geschenkt,
was hast du geschätzt
um meinetwillen?**

**2. Der Herr wird nicht fragen:
Was hast du gewusst,
was hast du Gescheites gelernt?
Seine Frage wird lauten:
Was hast du bedacht,
wem hast du genützt
um meinetwillen?**

**3. Der Herr wird nicht fragen:
Was hast du beherrscht,
was hast du dir unterworfen?
Seine Frage wird lauten:
Wem hast du gedient,
wen hast du umarmt
um meinetwillen?**

Apocalypse Now?

In Zeiten dramatischer Krisen und Katastrophen wird in den Medien oft der Weltuntergang beschworen. Darin drücken sich ernst zu nehmende Ängste der Menschen aus. Können wir die großen Probleme unserer Welt überhaupt noch bewältigen: Naturzerstörung, Hunger, Ungerechtigkeit, Kriege, Terrorismus ...? Oft taucht dabei das Wort »Apokalypse« auf. Es ist aus der Bibel in unser Denken gekommen.

Apokalypse (von griech. *apokalyptein* = offenbaren, enthüllen) heißt eigentlich »Offenbarung«. Das letzte Buch der Bibel heißt traditionell »Apokalypse des Johannes«. Es ist in einer literarischen Form geschrieben, die in biblischer Zeit häufiger vorkam. Auch damals hatten die Menschen in Krisenzeiten immer wieder das Gefühl, die bedrängenden Probleme ihrer Welt nicht mehr aushalten zu können. Sie fanden Trost in »geheimen Offenbarungen« vom Ende der Welt. Nach den Vorstellungen der apokalyptischen Literatur würde es zunächst eine dramatische Steigerung des Kampfes von guten und bösen Mächten in der Welt geben. Dann würde Gott selbst der alten, vom Satan beherrschten Welt ein Ende setzen. Kosmische und irdische Katastrophen würden diesen Weltuntergang begleiten. Danach würde Gott einen »neuen Himmel und eine neue Erde« errichten, in denen die Mächte des Verderbens keinen Platz mehr hätten – ein Reich des Friedens und der Gerechtigkeit. Es geht dabei nicht um Zukunftsspekulationen oder Vorhersagen, sondern um eine Deutung der gegenwärtigen Krisenzeit aus dem Glauben. Apokalyptische Vorstellungen sind oft missbraucht worden, um Menschen Angst einzujagen, ihnen zu drohen und sie dadurch leichter nach dem eigenen Willen beeinflussen und lenken zu können. Die Offenbarung des Johannes im Neuen Testament aber ist Teil der Frohen Botschaft: Gott ist der Herr der Geschichte, er lässt die Menschen nicht im Stich. Christus kommt in diese Welt, um alles zu vollenden, auch wenn bis zu dieser Vollendung oft schlimme Notlagen durchzustehen sind.

Schon die ersten Sätze der Bibel machen darauf aufmerksam, dass die Schöpfung vom Chaos bedroht ist (vgl. Gen 1,2). Es gibt in ihr Kräfte und Mächte, die wir nicht für immer bändigen können. Sie können in unsere Welt und in unser Leben einbrechen, ohne sich um unser Leben zu kümmern. Deshalb erleben wir sie dann als furchtbar und zerstörerisch. Das Leben ist für uns nicht nur beglückend und schön; es gelingt nicht problemlos oder gar »automatisch«.

- *Die Bibel ist voller Geschichten von Lebenskrisen. Einige Beispiele: Abraham, Sara und Hagar (Gen 16,1-16; 21,9-21); Noomi (Rut 1); Jeremia (Jer 11,18-12,6; 15,10-21; 17,12-18; 18,18-23; 20,7-18); Ijob (vgl. S. 38-41); Jesus (Mk 14,32-42). Findet heraus, welche »Kräfte und Mächte« das Leben der genannten Personen bedrohen und was den Personen in der Krise hilft.*
- *In diesem Buch findet ihr zahlreiche weitere Geschichten über Menschen, die durch eine Lebenskrise hindurchgehen mussten: S. 12-13, S. 31, S. 36, S. 42, S. 44-45, S. 62, S. 66, S. 70, S. 103 (Dietrich Bonhoeffer), S. 132, S. 136-138 (Martin Luther), S. 146 (Willi Graf). Führt im Rollenspiel fiktive Interviews mit diesen Personen. Fragt sie dabei auch, was ihnen Kraft gegeben hat.*

Euch werden zahlreiche Beispiele für heutige persönliche, gesellschaftliche und globale Krisen einfallen. Wie können wir Lebenskrisen durchstehen? Die biblische Antwort lautet: im Glauben. Damit ist gemeint eine Grundhaltung der Menschen, die im bedingungslosen Vertrauen auf Gott besteht. Die Beispiele aus der Bibel und von glaubenden Menschen aus der Geschichte zeigen, dass dieser Glaube nicht selbstverständlich ist, sondern immer wieder neu errungen werden muss, oft unter dramatischen inneren Kämpfen. Er bedeutet auch, gerade in schwierigen Situationen bei dem zu bleiben, was man im Licht der Beziehung zu Gott als richtig für sein Leben erkannt hat.

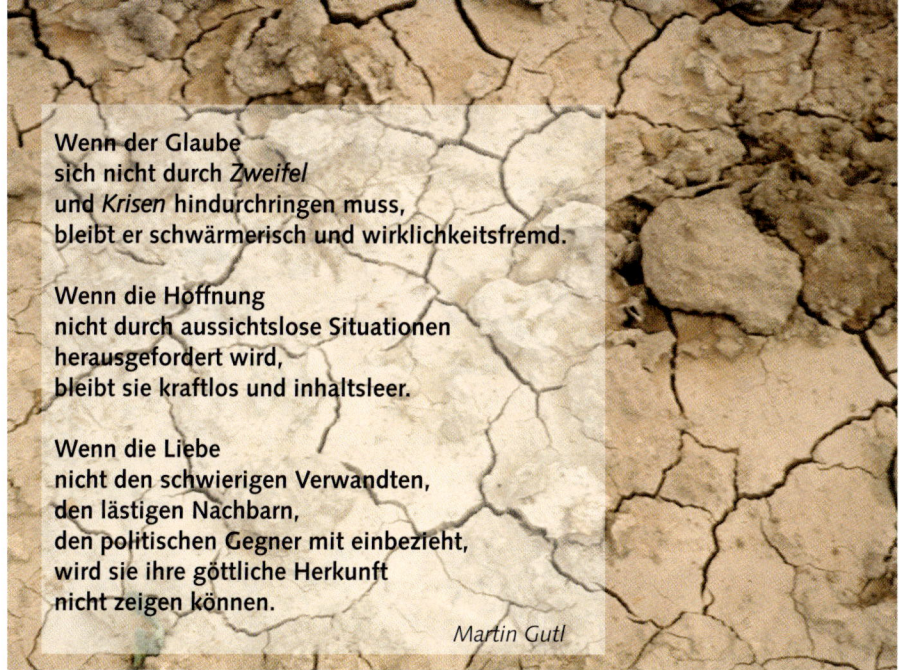

Wenn der Glaube
sich nicht durch *Zweifel*
und *Krisen* hindurchringen muss,
bleibt er schwärmerisch und wirklichkeitsfremd.

Wenn die Hoffnung
nicht durch aussichtslose Situationen
herausgefordert wird,
bleibt sie kraftlos und inhaltsleer.

Wenn die Liebe
nicht den schwierigen Verwandten,
den lästigen Nachbarn,
den politischen Gegner mit einbezieht,
wird sie ihre göttliche Herkunft
nicht zeigen können.

Martin Gutl

4. Der Herr wird nicht fragen:
Was hast du bereist,
was hast du dir leisten können?
Seine Frage wird lauten:
Was hast du gewagt,
wen hast du befreit
um meinetwillen?

5. Der Herr wird nicht fragen:
Was hast du gespeist,
was hast du Gutes getrunken?
Seine Frage wird lauten:
Was hast du geteilt,
wen hast du genährt
um meinetwillen?

6. Der Herr wird nicht fragen:
Was hast du geglänzt,
was hast du Schönes getragen?
Seine Frage wird lauten:
Was hast du bewirkt,
wen hast du gewärmt
um meinetwillen?

7. Der Herr wird nicht fragen:
Was hast du gesagt,
was hast du alles versprochen?
Seine Frage wird lauten:
Was hast du getan,
wen hast du geliebt
um meinetwillen?

Alois Albrecht

5 Das Ziel der Schöpfung

> Die ganze Schöpfung wartet sehnsüchtig auf das Offenbarwerden der Söhne und Töchter Gottes. Die Schöpfung ist der Vergänglichkeit unterworfen, nicht aus eigenem Willen, sondern durch den, der sie unterworfen hat; aber zugleich gab er ihr Hoffnung: Auch die Schöpfung soll von der Sklaverei und Verlorenheit befreit werden zur Freiheit und Herrlichkeit der Kinder Gottes. Denn wir wissen, dass die gesamte Schöpfung bis zum heutigen Tag seufzt und in Geburtswehen liegt.
>
> *Röm 8,19-22*

Viele Jugendliche entdecken heute ihre Berufung zur Mitgestaltung der Erde und sie entdecken, dass gerade die Orientierung an Jesus neue Kräfte und eine neue Kreativität freisetzt, wenn es darum geht, die weltweiten Beziehungen der Menschen untereinander und ihre Beziehung zur Schöpfung zu heilen.

Der Mensch, seinem Wesen nach göttlich

Jeder Mensch ist ein einzigartiger Ausdruck des Universums und hat im Leben eine einmalige Aufgabe. Jeder Mensch beeinflusst jederzeit das Wohl und Weh der Menschheit, der Erde und der ganzen Schöpfung. Niemand ist ohnmächtig. Das bedeutet:
- einander unterstützen in der Entdeckung, Entfaltung und Umsetzung unserer Begabungen;
- sich verantwortlich wissen im Denken, Fühlen, Sprechen und Tun;
- sensibel werden für politische Strukturen und soziale Gerechtigkeit; Zivilcourage entwickeln und fördern.

Aus den Grundsätzen des St. Katharina-Werks, Basel

> **Ist es nicht in jedem Fall unsere Berufung, unseren kleinen Planeten Erde so zu bebauen und zu pflegen, dass er zu einem Zentrum der Liebe und der Erkenntnis wird?**
>
> *Pia Gyger*

Gebet

Jesus Christus, der du uns vorgelebt hast, wie wir Gewalt überwinden und Frieden schaffen können, der du selbst Frieden gestiftet hast in der Hingabe deines Lebens: Sende uns den Geist deines Friedens.
Du willst, dass wir Menschen in deiner Schöpfung das Leben in Fülle haben. Wandle uns in der Tiefe unseres Herzens zu Menschen, die mit schöpferischer Fantasie und mit ausdauerndem Einsatz für eine Welt wirken, die jedem Geschöpf Raum, Leben und Frieden gewährt. Sende deinen Geist auch in die Herzen derer, die gefangen sind im Netz der Gewalt – als Täter oder Opfer, und lass uns nie die Suche aufgeben nach einem Gespräch mit ihnen. Das erbitten wir heute und alle Zeit. Amen.

Anton Rotzetter

- Sammelt aus den Medien Beispiele für apokalyptische Vorstellungen (vgl. dazu S. 86). Stellt fest, wo den Menschen nur Angst gemacht oder wo auch Mut zur Zukunft geweckt wird.
- Sammelt weitere Beispiele für Menschen, die Krisen des Lebens durchgestanden haben (vgl. S. 87). Führt im Rollenspiel fiktive Interviews mit ihnen; fragt sie dabei auch, was ihnen Kraft gegeben hat.
- Der Liedtext von Alois Albrecht (S. 86-87) lässt sich gut mit Mt 25,31-46 vergleichen.
- Der Bibeltext und das Gebet sprechen vom Zusammenhang zwischen der Schöpfung, Jesus Christus und den Menschen, die aus dem Glauben leben. Welche Konsequenzen sollten sich aus dem Glauben an Christus für den Umgang mit der Schöpfung ergeben?
- Vielleicht wollt ihr das Bild von Cordula Hesselbarth auf der nebenstehenden Seite als Anregung zu einer eigenen kreativen Gestaltung der Beziehung Schöpfung – Christus nehmen.
- Nehmt Stellung zu den Konsequenzen, die in den Grundsätzen des St. Katharina-Werks aus der Schöpfungsverantwortung der Christen gezogen werden.

Cordula Hesselbarth, 1997

10 gebote für die probefahrt ins paradies

1. spring über deinen schatten
   und lass die unruhe hinter dir.
2. zieh den alten menschen aus
   und zieh einen neuen menschen an.
3. nimm dir zeit!
   lass dir die zeit nicht stehlen!
4. habe keine angst
   vor deiner einsamkeit!
   die einsamkeit spricht ...
5. übe schweigen
   dass du neu sprechen lernst!
6. öffne deine augen und lass
   aus dem wechselnden vielerlei der welt
   das zu dir herein
   was dir zum manna wird.
7. probiere die luft
   probiere das wasser
   koste den tag
   koste die nacht aus!
   lass alles dir unter die haut gehen.
8. riskiere die freiheit etwas mehr als sonst!
9. probiere die anonymität der fremde
   als große chance
   das zu sein was du bist!
10. nimm dir zeit!
    schenke zeit!
    probiere zuzuhören
    probiere hinzusehen
    probiere mitzuspielen
    probier keine rolle zu spielen!

Wilhelm Willms

7 Himmel auf Erden?
Das Reich Gottes – Hoffnung auf eine bessere Welt

1 Vorstellungen von einer besseren Welt

Ein Narrenparadies

Irgendwo und irgendwann, da lebte ein reicher Mann mit Namen Kadisch. Er hatte nur einen Sohn und der hieß Atzel. In Kadischs Haus wohnte noch eine entfernte Verwandte, das Waisenmädchen Aksah. Sie waren beide etwa gleich alt. Als Kinder aßen sie zusammen, lernten sie zusammen und spielten sie zusammen. Es galt als ausgemachte Sache: Wenn sie groß waren, wollten sie heiraten.

Aber als sie groß waren, da wurde Atzel plötzlich krank. Es war eine Krankheit, von der niemand jemals zuvor gehört hatte: Atzel glaubte, er sei tot. Wie konnte er sich das nur einbilden? Es schien von den Paradiesgeschichten zu kommen, die ihm seine alte Kinderfrau stets erzählt hatte. Sie hatte ihm gesagt, dass man im Paradies nicht arbeiten oder lernen oder sich sonst irgendwie anstrengen müsste. Im Paradies aß man Fleisch von wilden Ochsen und Walfischfleisch. Man trank Wein. Man konnte weit in den Tag hinein schlafen und man hatte keine Pflichten.

Atzel war von Natur aus faul. Früh aufstehen und lernen, das konnte er gar nicht leiden.

Seit Atzel von seiner Kinderfrau erfahren hatte, dass es nur einen Weg gab um ins Paradies zu kommen – nämlich zu sterben –, so hatte er beschlossen, gerade das so schnell wie möglich zu tun. Er dachte so angestrengt darüber nach, dass er sich bald einbildete wirklich tot zu sein.

In seiner Verzweiflung befragte Kadisch einen großen Spezialisten. Sein Name war Doktor Joetz. Nachdem er sich die Beschreibung von Atzels Krankheit angehört hatte, sagte er zu Kadisch: »Ich verspreche, euren Sohn in acht Tagen zu heilen, unter einer Bedingung: Ihr müsst alles tun, was immer ich euch sage, und wenn es euch noch so seltsam vorkommt.« Kadisch stimmte zu.

Als Doktor Joetz kam, wurde er in Atzels Zimmer geführt. Mit einem kurzen Blick sah der Doktor Atzel an und rief: »Warum behaltet ihr denn einen toten Jungen im Haus? Warum bestellt ihr nicht die Beerdigung?«

Der Doktor verlangte dann, dass ein Zimmer wie das Paradies hergerichtet werden sollte. Die Wände wurden mit weißer Seide behängt und kostbare Teppiche bedeckten den Boden. Die Fensterläden wurden geschlossen und die Vorhänge zugezogen. Kerzen und Ölfunzeln brannten Tag und Nacht. Die Dienstboten wurden in weiße Tücher gekleidet, mit Flügeln auf den Rücken. Sie hatten die Engel zu spielen. Atzel legte man in einen offenen Sarg und die Begräbnisfeierlichkeiten wurden abgehalten. Er war so erschöpft vor lauter Glückseligkeit, dass er die Zeremonie verschlief. Als er erwachte, fand er sich in einem Zimmer wieder, das er nicht erkannte.

»Wo bin ich?«, fragte er. »Im Paradies, mein Herr«, gab ein geflügelter Diener zur Antwort.

»Ich habe furchtbaren Hunger«, sagte Atzel. »Ich hätte gerne Walfischfleisch und Wein.«

»Sogleich, mein Herr.«

Der Oberdiener klatschte in die Hände. Die Türe öffnete sich und herein kamen Diener und Dienerinnen. Sie brachten goldene Schalen, beladen mit Fleisch, Fisch, Granatäpfeln und Dattelpflaumen, Ananas und Pfirsichen.

Als er zu Ende gegessen hatte, erklärte Atzel, dass er ruhen wollte.

Zwei Engel kleideten ihn aus und badeten ihn.

Sie legten ihn in ein Bett mit seidenen Tüchern und einem Baldachin mit purpurnem Samt darüber. Sogleich fiel Atzel in tiefen und glücklichen Schlaf.

Als er erwachte, war es Morgen. Aber es hätte genauso gut Nacht sein können. Die Fensterläden waren geschlossen und die Kerzen und Ölfunzeln brannten. Kaum sahen die Diener, dass Atzel erwacht war, so brachten sie ihm das gleiche Mahl wie am Tage zuvor.

»Warum bekomme ich dasselbe zu essen wie gestern?«, fragte Atzel.

»Im Paradies gibt es immer das gleiche Essen«, antwortete der Diener.

»Ist es schon Tag oder ist es noch Nacht?«, fragte Atzel.

»Im Paradies ist weder Tag noch Nacht.«

Atzel aß wieder Fisch, Fleisch, Früchte und trank Wein, aber sein Appetit war nicht so gut wie zuvor.

Als er gegessen hatte, fragte er: »Wieviel Uhr ist es?«

»Im Paradies gibt es keine Uhrzeit«, antwortete der Diener.

»Was soll ich jetzt tun?«, wollte Atzel wissen.

»Im Paradies, mein Herr, tut man überhaupt nichts.«

»Wo sind die anderen Heiligen?«, erkundigte sich Atzel. »Ich möchte sie kennen lernen.«

Im Paradies ist jede Familie für sich allein.«

»Wann wird meine Familie kommen?«, fragte Atzel.

»Euer Vater hat noch zwanzig Jahre zu leben und Eure Mutter noch dreißig. Und solange sie leben, können sie nicht hierher kommen.«

»Und wie ist es mit Aksah?«
»Sie hat noch mehr als fünfzig Jahre zu leben.«
»Muss ich die ganze Zeit alleine bleiben?«
»Ja, mein Herr.«
Atzel stand auf und fing an, hin und her zu gehen. Der lange Schlaf und das gute Essen hatten seine Lebensgeister wieder geweckt. Zum ersten Mal wollte der faule Atzel irgendetwas tun.
Aber in seinem Paradies gab es nichts zu tun.
Acht Tage blieb Atzel in seinem falschen Himmel und wurde immer trauriger. Er vermisste seinen Vater, er verlangte nach seiner Mutter und er sehnte sich nach Aksah. Nichtstun schien ihm nicht mehr so begehrenswert wie früher. Jetzt hätte er gerne irgendetwas gelernt. Er wollte auf seinem Pferd reiten, sich mit seinen Freunden unterhalten.
Es kam die Zeit, da er seine Traurigkeit nicht mehr verbergen konnte. Er sagte zu einem der Diener:
»Ich sehe es nun ein, leben ist nicht so schlecht, wie ich dachte.«
»Leben, mein Herr, ist schwer. Man muss lernen, arbeiten, Geschäfte machen. Hier ist alles leicht.«
»Ich würde lieber Holz hacken und Steine schleppen als so herumzusitzen. Wie lange soll das hier noch dauern?«
»Ewig.«
»Immer und ewig hier bleiben?« Atzel begann sich vor Kummer das Haar zu raufen. »Ich würde mich lieber umbringen.«
»Ein toter Mensch kann sich nicht töten.«
Am achten Tag kam einer der Diener zu ihm und sagte:
»Mein Herr, ein Irrtum ist geschehen. Ihr seid nicht tot. Ihr müsst das Paradies verlassen.«
»Ich bin am Leben?«
»Ja, Ihr seid lebendig, ich will Euch zurück zur Erde bringen.«

Atzel war außer sich vor Freude. Der Diener verband ihm die Augen und nachdem er ihn durch die langen Gänge des Hauses hin und her geführt hatte, brachte er ihn in das Zimmer, wo die Familie auf ihn wartete, und nahm ihm die Binde von den Augen.
Es war heller Tag und die Sonne schien durch die offenen Fenster. Frischer Duft wehte von den umliegenden Feldern und Obstgärten herein. Draußen im Garten sangen die Vögel und summend flogen die Bienen von Blume zu Blume. In den Ställen konnte Atzel die Kühe muhen und die Pferde wiehern hören. Voller Freude umarmte er seine Eltern und Aksah.
»Ich wusste nicht, wie gut es ist, lebendig zu sein«, rief er aus. Und zu Aksah sagte er: »Hast du auch nicht einen anderen jungen Mann kennen gelernt, während ich weg war? Hast du mich noch lieb?«
»Ja, Atzel, ich konnte dich nicht vergessen.«
»Wenn das so ist, wird es höchste Zeit, dass wir heiraten.«
Nicht lange danach wurde Hochzeit gefeiert.
Es war eine der fröhlichsten Hochzeiten, an die sich die alten Leute je erinnern konnten. Atzel und Aksah waren überglücklich und sie lebten zusammen bis ins hohe Alter. Atzel lag nicht länger auf der faulen Haut. Er wurde einer der fleißigsten Kaufleute in der ganzen Gegend. Seine Handelskarawanen zogen bis Bagdad und nach Indien.
Erst nach der Hochzeit erfuhr Atzel, dass Doktor Joetz ihn geheilt hatte und dass er in einem Narrenparadies gewesen war. In den folgenden Jahren sprach er mit Aksah oft darüber. Später erzählten sie ihren Kindern und Kindeskindern die Geschichte von der wundersamen Heilung durch Doktor Joetz. Und jedes Mal schlossen sie mit den Worten: »Aber wie es im Paradies wirklich ist, das weiß man natürlich nicht.«

Isaak Bashevis Singer

Den Garten des Paradieses betritt man nicht mit den Füßen, sondern mit dem Herzen.

Bernhard von Clairvaux

- Atzels »Leben« im Paradies macht ihn nicht glücklich. Sprecht über die Gründe. Vergleicht eure Meinungen mit den Anschauungen, die ihr auf S. 6 findet (Leben – aber wie?).
- Sprecht darüber, warum Vorstellungen vom Paradies notwendig sind.

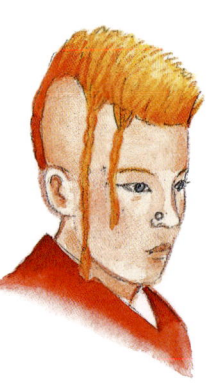

"Meine Welt wird besser, wenn ich einen Ausbildungsplatz und anschließend einen Arbeitsplatz finde."

"Ich wäre glücklich, wenn ich auf einer einsamen Insel den ganzen Tag mit meinem Freund in der Sonne liegen könnte."

"In einer besseren Welt gibt es niemanden, der andere Menschen – vor allem Kinder – ausbeutet und missbraucht."

"Eine Welt ohne Kriege und genügend Nahrung für alle."

"In einer besseren Welt brauche ich mir um nichts mehr Sorgen zu machen."

"Für mich ist es wichtig zu wissen, dass ich die Welt verändern kann. Nur so hat mein Leben Sinn."

"Ein schönes Auto, genug Geld und eine klasse Frau reichen mir!"

- Sprecht über die Aussagen der Jugendlichen und nehmt Stellung.
- Denkt über eure Vorstellungen vom Paradies nach. Sucht Bilder und Texte, mit denen ihr eine Collage gestalten könnt. Malt eigene Bilder und versucht eigene Texte oder Lieder zu erstellen.
- Bildet Gruppen und informiert euch über die unterschiedlichen Vorstellungen vom Paradies in den einzelnen Religionen. Was haben sie gemeinsam? Wo finden sich Unterschiede? Nutzt ausführliche Lexika in der Bibliothek oder die Möglichkeiten des Internets (vgl. auch Kapitel 5 »Schalom – den Frieden wünschen« und Kapitel 1 »Das Leben gestalten«). Präsentiert eure Ergebnisse in Form einer Wandzeitung.
- Welche Vorstellungen vom Paradies zeigen sich in der Werbung? Nehmt kritisch dazu Stellung.

Wo Himmel und Erde sich berühren

Es waren einmal zwei Mönche, die lasen miteinander in einem alten Buch, am Ende der Welt gäbe es einen Ort, an dem Himmel und Erde sich berührten und das Reich Gottes beginne. Sie beschlossen, ihn zu suchen und nicht umzukehren, ehe sie ihn gefunden hätten. Sie durchwanderten die Welt, bestanden unzählige Gefahren, erlitten alle Entbehrungen, die eine Wanderung durch die ganze Welt fordert, und alle Versuchungen, die einen Menschen von seinem Ziel abbringen können. Eine Tür sei dort, so hatten sie gelesen. Man brauchte nur anzuklopfen und befinde sich im Reiche Gottes. – Schließlich fanden sie, was sie suchten. Sie klopften an die Tür, bebenden Herzens sahen sie, wie sie sich öffnete. Und als sie eintraten, standen sie zu Hause in ihrer Klosterzelle und sahen sich gegenseitig an. Da begriffen sie: Der Ort, an dem das Reich Gottes beginnt, befindet sich auf der Erde, an der Stelle, die Gott uns zugewiesen hat.

Nur Samen

Ein junger Mann betrat einen Laden. Hinter der Ladentheke sah er einen Engel. Hastig fragte er ihn:
»Was verkaufen Sie, mein Herr?«
Der Engel gab ihm freundlich Antwort:
»Alles, was Sie wollen.«
Der junge Mann sagte: »Dann hätte ich gerne das Ende der Kriege in aller Welt; immer mehr Bereitschaft, um miteinander zu reden; Beseitigung der Elendsviertel in Lateinamerika; Ausbildungsplätze für Jugendliche; mehr Zeit der Eltern, um mit ihren Kindern zu spielen; und und …«
Da fiel ihm der Engel ins Wort und sagte:
»Entschuldigen Sie, junger Mann, Sie haben mich falsch verstanden. Wir verkaufen keine Früchte hier, wir verkaufen nur den Samen.«

- *Denkt darüber nach, wo in eurem Leben das Reich Gottes beginnt.*
- *Wie könnt ihr Samen sein?*

2 »Dein Reich komme!«

»Suchen, was verloren ist«

Schafe, Gerechte und Selbstgerechte

Stellen Sie sich vor, sagt Jesus zu den Pharisäern,
einer von Ihnen hat hundert Schafe. ...
Stellt euch vor, einer von uns hat hundert Schafe.
Aber wer von uns hat schon hundert Schafe?
Sei's drum,
stellen wir uns einmal vor,
einer von uns hat hundert Kinder zu versorgen
oder hundert alte Menschen zu betreuen
oder hundert Schüler zu unterrichten
oder hundert Studenten zu lehren
oder hundert Arbeitern Arbeit zu besorgen
oder hundert Arbeitslose vor seinem Büro stehen
oder hundert Ehepaare zu beraten
oder hundert Kollegen etwas zu sagen
oder hundert Gäste zu bewirten
oder auch hundert Soldaten zu kommandieren
oder hundert Gefangene zu bewachen
oder hundert Gerechte und Selbstgerechte
oder hundert Ängstliche ... oder hundert ... oder ...
Kann ja sein. Und eins von den Schafen verläuft sich,
sagt Jesus.
Was werden Sie machen ... ? Stellt euch vor,
einer von uns verliert eins von den hundert Schafen
oder von den hundert Kindern
oder von den hundert alten Menschen
oder von den hundert Schülern
oder von den hundert Studenten
oder von den hundert Arbeitern und Angestellten
oder von den hundert Arbeitslosen
oder von den hundert Ehepaaren
oder von den hundert Kollegen
oder von den hundert Gästen
oder auch von den hundert Soldaten
oder von den hundert Gefangenen
oder von den hundert Gerechten und Selbstgerechten
oder von den hundert Angsterfüllten
oder von den hundert ... oder ...
und einer verläuft sich nach irgendwo,
in seine Wüste vielleicht,
in seine Einsamkeit ...
Kann ja sein.

Was werden Sie machen?, fragt Jesus.
Sie werden bestimmt die neunundneunzig allein lassen
und werden das verlorene Schaf so lange suchen,
bis Sie es finden ... Was wird der von uns tun,
er, der einen von hundert verloren hat?
Wird er neunundneunzig zurücklassen können,
auch wenn er wollte? Wird er den Mut dazu haben,
wird er die Rechnung umkehren können,
wird er in die Wüste des einen gehen können
oder ihn in seine Einsamkeit begleiten können
oder in seine Hoffnungslosigkeit
oder in seine Ausweglosigkeit
oder in seine Gerechtigkeit
oder in seine Selbstgerechtigkeit
oder in seine Angst?
Wird er einen auf seinem Weg suchen,
wird er einen zurückbringen oder einen begleiten,
einen, und die neunundneunzig zurücklassen?
Kann das sein?
Wenn Sie dann das Schaf entdeckt haben,
sagt Jesus, werden Sie sich freuen
und werden es auf der Schulter nach
Hause tragen.
Und Sie werden die Freunde und Nachbarn
zusammenrufen.
Das werden Sie tun, ich weiß es.

Und Sie werden ihnen sagen:
»Freut euch alle mit mir.
Ich habe mein Schaf wiedergefunden,
das ich verloren hatte.«
»Ich sage Ihnen, meine Herren Pharisäer,
bei Gott wird mehr Freude sein
über einen Sünder
oder sagen wir
über einen Selbstgerechten,
der sein Leben verändert,
als über neunundneunzig Gerechte,
die das nicht fertig bringen. Stellt euch vor,
einer von uns findet tatsächlich einen in seiner Wüste
oder in seiner Einsamkeit
oder in seiner Hoffnungslosigkeit
oder in seiner Ausweglosigkeit
oder in seiner Gerechtigkeit
oder in seiner Selbstgerechtigkeit
oder in seiner Angst.
Wird das die Welt verändern?
Werden sich dann Gottes Engel freuen?
Könnte ja sein.

Und allerlei Leute,
die nicht gerade einen guten Ruf hatten,
waren von weither gekommen und hatten
Jesus zugehört.
Die Pharisäer und Gesetzeslehrer und
die Gerechten und die Selbstgerechten
ärgerten sich darüber sehr und sagten:
»Er lässt sich mit dem Gesindel ein
und isst sogar mit denen.«
Und das tat er auch.

Kurt Wolff

Jean-François Millet, 1857

Die Gleichnisse vom Schatz und von der Perle

⁴⁴Mit dem Himmelreich ist es wie mit einem Schatz, der in einem Acker vergraben war. Ein Mann entdeckte ihn, grub ihn aber wieder ein. Und in seiner Freude verkaufte er alles, was er besaß, und kaufte den Acker.
⁴⁵Auch ist es mit dem Himmelreich wie mit einem Kaufmann, der schöne Perlen suchte.
⁴⁶Als er eine besonders wertvolle Perle fand, verkaufte er alles, was er besaß, und kaufte sie.

Mt 13,44-46

- »Wird das die Welt verändern?« Sprecht darüber, ob sich die Welt verändern wird, wenn menschliches Handeln so ausschaut wie in dem Text »Schafe, Gerechte, Selbstgerechte«. Sucht vergangene oder aktuelle Beispiele dazu.
- »Suchen, was verloren ist« – Findet Beispiele dafür. Was ist verloren gegangen? Wie kann es gesucht werden? Was erfordert dies vom Suchenden? Welche Impulse gibt dazu das Bild »Die Ährenleserinnen«?
- Jesus hat das Himmelreich in Gleichnissen beschrieben. Lest Mt 13,1-53 und bildet Gruppen zu den einzelnen Gleichnissen. Beschreibt, welcher Vergleich für das Himmelreich angeführt wird, und erläutert ihn. Welche Eigenschaften haben jeweils die Handelnden? Vergleicht eure Ergebnisse und tragt zusammen, wie Jesus die Menschen beschreibt, die das »Himmelreich« suchen.

»Heilen, was verwundet ist«

³¹Jesus verließ das Gebiet von Tyrus wieder und kam über Sidon an den See von Galiläa, mitten in das Gebiet der Dekapolis. ³²Da brachte man einen Taubstummen zu Jesus und bat ihn, er möge ihn berühren. ³³Er nahm ihn beiseite, von der Menge weg, legte ihm die Finger in die Ohren und berührte dann die Zunge des Mannes mit Speichel; ³⁴danach blickte er zum Himmel auf, seufzte und sagte zu dem Taubstummen: Effata!, das heißt: Öffne dich! ³⁵Sogleich öffneten sich seine Ohren, seine Zunge wurde von ihrer Fessel befreit und er konnte richtig reden. ³⁶Jesus verbot ihnen, jemand davon zu erzählen. Doch je mehr er es ihnen verbot, desto mehr machten sie es bekannt. ³⁷Außer sich vor Staunen sagten sie: Er hat alles gut gemacht; er macht, dass die Tauben hören und die Stummen sprechen.

Mk 7,31-37

Das Wunderbare am Wunder

Zumeist sind wir Taubstummen stumm, weil wir taub sind. Das Manko des einen Organs bedingt das Manko des anderen. Wir hören nicht, wie sollen wir sagen? Wir sehen nicht, wie sollen wir glauben? Christus unternimmt etwas. Gegen alle Vernunft und Erfahrung. Findet sich nicht so leicht ab. Tut etwas mit seinen Händen. Redet mit den Leuten, obwohl er weiß, dass sie taub sind. Liebt sie. Legt seine Finger direkt auf die Wunden ... Das Wunderbare am Wunder ist nicht seine Unerklärbarkeit, sondern die Durchsichtigkeit der Formulierungen, die es als geschehen umschreiben. Und dann geschieht es.

Jürgen Rennen

Mein Leben im Kinderdorf

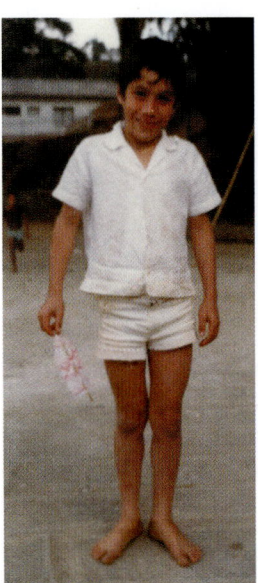

Ich kam im Alter von zwei Jahren mit meinen Brüdern Marcelo und Reginaldo ins Kinderdorf. Als ich schon fast 14 Jahre alt war, entschloss ich mich in der Schreinerei des Kinderdorfes Centenario zu arbeiten. Wir waren zehn Mädchen und Jungen, die in der Schreinerei arbeiteten. Leider war es für viele nur Spielerei, nur wenige wollten tatsächlich etwas lernen. Ich blieb dabei und half unserem Schreiner, dem Senhor Elias. Auch ich lernte allerdings nur mit sehr viel Mühe, denn ich war ein starker Dickkopf. Es vergingen zwei Jahre, bis ich wusste, wie man eine Tür schreinert und zusammensetzt. Von diesem Tage an machte mir das Lernen viel Freude.

Antonio Carlos Knupp (Nero)

Als jesus den stummen heilte
ja ... was da?!
da ist er ganz nahe herangegangen
an diesen stummen menschen
hat ihn umarmt
hat sich nicht distanziert verhalten
ist nicht wie ein psychotherapeut
nicht wie ein medizinmann
nicht wie ein seelsorger
mit vollmacht vom amt aufgetreten
wie ein mensch
ist er ganz nahe herangegangen
und hat mit dem finger
speichel aus seinem mund genommen
und den speichel
dem stummen auf die zunge gestrichen
ganz konkret
furchtbar konkret
bah ... speichel!
wo bleibt da die hygiene
das gesundheitsamt muss einschreiten
aber
was ist bei verliebten »bah ...« und diese ungeheure
menschliche nähe
diese nicht gespielte zuneigung
löste und erlöste den stummen
das ist erlösung!
wenn einer so kommt – da tat der stumme seinen mund auf
das alles vorher war vielleicht
wortlos zugegangen
wie liebesspiele wortlos vor sich gehen
und jetzt spricht auch jesus mit ihm
dem nicht mehr stummen
und sie verstehn sich
und von da an wagte der stumme
wieder mit menschen zu sprechen
weil er einem menschen begegnet war
denn sprechen ist ein wagnis
wenn es nicht bloßes plappern sein soll
nichtssagendes plappern
wirkliches sprechen
ist ein wagnis
dieser stumme
wagte wieder den mund aufzutun
weil er einen menschen gegenüber hatte
dem er sich öffnen konnte
ohne gedemütigt zu werden
deshalb wagte er wieder
den mund aufzutun

Wilhelm Willms

»Dienen, nicht herrschen«

Jacopo Tintoretto, 1567-1588

³⁵Da traten Jakobus und Johannes, die Söhne des Zebedäus, zu ihm und sagten: Meister, wir möchten, dass du uns eine Bitte erfüllst. ³⁶Er antwortete: Was soll ich für euch tun? ³⁷Sie sagten zu ihm: Lass in deinem Reich einen von uns rechts und den andern links neben dir sitzen. ³⁸Jesus erwiderte: Ihr wisst nicht, um was ihr bittet. ⁴⁰Doch den Platz zu meiner Rechten und zu meiner Linken habe nicht ich zu vergeben; dort werden die sitzen, für die diese Plätze bestimmt sind. ⁴¹Als die zehn anderen Jünger das hörten, wurden sie sehr ärgerlich über Jakobus und Johannes. ⁴²Da rief Jesus sie zu sich und sagte: Ihr wisst, dass die, die als Herrscher gelten, ihre Völker unterdrücken und die Mächtigen ihre Macht über die Menschen missbrauchen. ⁴³Bei euch aber soll es nicht so sein, sondern wer bei euch groß sein will, der soll euer Diener sein, ⁴⁴und wer bei euch der Erste sein will, soll der Sklave aller sein.

Mk 10,35-38.40-44

- »Heilen, was verwundet ist« – Sucht Beispiele, in denen Menschen oder Lebensumstände im übertragenen Sinn »verwundet« sind. Wo seht ihr Möglichkeiten der Veränderung, der »Heilung«?
- *Im Gedicht von W. Willms könnt ihr zwei Ebenen unterscheiden, die des menschlich Verständlichen (»dieser stumme wagte wieder den mund aufzutun«) und die des Wunderbaren.*
- Tragt zusammen, aus welchen Bereichen ihr Sitzpläne kennt. Nach welchen Gesichtspunkten werden sie entworfen und wozu dienen sie? Denkt darüber nach, warum Jesus den »Sitzplan« der Jünger so scharf verwirft. Warum wurden die anderen Jünger sehr ärgerlich?
- Lest Joh 13,1-20 und sprecht über die Bedeutung der Fußwaschung. Früher wuschen die Sklaven ihren Herren die Füße. Welche Einstellung Jesu wird hier deutlich?
- Sucht Beispiele dafür, wo im heutigen Leben »Fußwaschung« stattfindet.
  Überlegt, welche Aktion »Fußwaschung« ihr durchführen könnt, damit »Dein Reich komme«.

»An Seinem Mahl teilnehmen«

Die Frau, die der großen Einladung folgte

Stellt euch vor, ich bin beim Fest gewesen! Stellt euch vor, mich haben sie hereingeholt, mich haben sie genötigt zu kommen, mich haben sie eingeladen! Ihr sagt, das kann nicht sein? Ihr fragt, seit wann würden denn Frauen zu einem Fest eingeladen? Ihr sagt, da sind die Männer doch stets unter sich. Ja, ihr habt Recht, ich weiß, aber gerade darum will ich es euch ja erzählen: Ich war beim Fest!

Ihr wisst, welches Fest ich meine: das Fest bei Jochanan, von dem schließlich alle reden. Denn ein solches Fest wird es wohl so schnell nicht noch einmal geben. Ihr habt ja gehört, dass Jochanan eingeladen hatte zu Ehren seines Sohnes, der volljährig geworden war. Ein großes Fest, ein rauschendes Fest sollte es werden.

...

Ich spreche nicht gern darüber, aber jetzt muss es wohl sein, damit ihr begreift: Ich war meinem Mann von Kindheit an versprochen, die Eltern hatten alles arrangiert; von Liebe war nie die Rede gewesen. Mein Mann mochte mich nicht, vom ersten Tag an. Und dann blieb ich kinderlos und das brauchte er nicht auf sich sitzen zu lassen. Er war gerade dabei, den Scheidebrief auszustellen, als ich schwanger wurde. Aber als dann unser Sohn zu früh geboren wurde und schon bald darauf starb und ich schwer krank wurde und wohl nie wieder ein Kind würde tragen können, da entließ er mich, ich musste gehen. Ich taugte nicht zu dem, wozu ich gehalten war. Was sollte ich da noch in seinem Haus? In seinen Augen war das ganz logisch, aber ich, ich hatte keine Zukunft mehr.

Dass ich nie wieder einen Mann bekommen würde, war klar, denn wer will schon eine unfruchtbare Frau? Allein leben durfte ich nicht; ihr wisst, das verbietet die Ordnung. Meine Eltern waren schon tot, also blieb nur noch mein ältester Bruder, der mich mehr als widerwillig in sein Haus aufnahm. Meine Anwesenheit war das Letzte, das er sich gewünscht hatte, wir waren einander sehr fremd geworden. So war ich bemüht, ihm möglichst selten unter die Augen zu kommen, und habe mich viel draußen auf der Straße aufgehalten. Ich weiß, ehrbare Frauen tun das nicht, aber ich war nicht etwa so eine, wie manche denken ...

Aber was dann geschah, hätte ich mir nicht träumen lassen! Jochanans Festsaal war anscheinend noch immer nicht voll und so hatte er noch einmal seine Diener ausgesandt. Und die hatten nun den Auftrag, jeden, aber auch wirklich jeden zum Fest zu holen, ja geradezu hereinzunötigen. Und da kamen sie nun auch auf mich zu! Sie sollen alle, aber auch wirklich alle holen, habe ihr Herr gesagt, darum solle ich mitkommen.

Gerade jetzt, da ich doch zu den Letzten der Letzten gehörte, gerade jetzt war ich beim Fest willkommen! Ich bekam gute Speisen vorgesetzt, wie ich sie mein Lebtag nicht gekostet habe, und dazu noch ein großzügiges Gastgeschenk. Aber das war noch nicht einmal so wichtig; viel wichtiger war: Ich war willkommen, ich wurde sogar gebraucht, weil Jochanan sich nicht allein freuen wollte.

Ich glaube, ich war noch nie so glücklich in meinem Leben wie bei diesem Fest. Es ist so schön, die Freude eines Menschen feiern zu helfen.

Wenn ich ehrlich bin: Ich bin froh, dass die zuerst Geladenen nicht zum Fest erschienen sind. Denn ohne ihre Ablehnung wäre ich nie zu einer Einladung gekommen. Wo wäre auch je eine Frau zum Fest eingeladen worden, sagt?! Aber diesmal war ich eingeladen! Wisst ihr, wenn einer keine Lust hat, auf ein Fest zu kommen, dann soll er doch getrost zu Hause bleiben. Denn vielleicht macht er auf diese Weise Platz für jemanden wie mich, die ich sonst nie auf der Gästeliste gestanden hätte. Ja, wirklich, wer keine Lust zu feiern hat, der soll lieber zu Hause bleiben.

Christine Friebe-Baron

- Lest Lk 14, 15-25 und stellt eine Verbindung zu dem Text von Christine Friebe-Baron und dem Bild von Willy Fries her.
- »An Seinem Mahl teilnehmen« – Wer säße heute an diesem Tisch? Nehmt Illustrierte und anderes Bildmaterial und sucht Teilnehmer/innen des Mahles. Gestaltet eine Collage dazu. Wie sieht die Sitzordnung aus?
- Ihr könnt auch eine Szene darstellen: Setzt euch um einen Tisch und begründet, warum ihr eingeladen seid »an Seinem Mahl« teilzunehmen. Wie ist die Reaktion der anderen, der, die mit am Tisch sitzen; und der, die nicht dabei sind?
- Welche Veränderung in der Welt geschieht, wenn eure Collagen oder euer Rollenspiel Wirklichkeit werden?
- Die Seiten 96-101 stehen unter der Überschrift »Dein Reich komme«. Ihr könnt unter diesem Titel weitere aktuelle Texte und Bilder zusammenstellen.

Willy Fries, 1965

3 Menschen verändern die Welt

Der Mann mit den Bäumen

Kurz vor dem Ersten Weltkrieg machte ich eine Fußwanderung durch einen einsamen Höhenzug der Alpen. Es war eine richtige Einöde, nirgends gab es eine Quelle, nur einige verlassene, zerfallene Dörfer, aus denen alles Leben entwichen war. Selbst die Kapelle war zerfallen. Als mein Wasser zur Neige gegangen war, traf ich auf einen Hirten. Er gab mir zu trinken und führte mich zu seinem Steinhaus. Er holte kostbares Wasser aus einer Zisterne. Dieser Mann sprach wenig, lud mich aber ein, bei ihm zu nächtigen. Als er seine Suppe mit mir geteilt und auch der Hund etwas bekommen hatte, saßen wir am Abend beieinander. Er holte einen kleinen Sack und schüttete einen Haufen Eicheln auf den Tisch. Jede einzelne Eichel wurde aufmerksam untersucht: Die kleinen und die mit Rissen legte er weg, nur die guten, großen legte er in Gruppen von zehn sorgfältig auf den Tisch. Als er endlich hundert vollkommene Eicheln vor sich hatte, hörte er auf und wir gingen schlafen.

Am anderen Morgen tränkte der Hirte den Sack mit den guten Eicheln in einem Eimer Wasser. Dann trieb er die Herde aus dem Stall und führte sie auf die Weide. Anstelle eines Hirtenstabes nahm er dabei eine lange Eisenstange mit, so dick wie ein Daumen. Weil ich keine Eile hatte, fragte ich den Alten, ob ich diesen Tag noch bei ihm ausruhen dürfe. Er fand das ganz natürlich und ich ging mit ihm auf die Weide, die in einer kleinen Senke lag.

Als er den Hund angewiesen hatte aufzupassen, ging er weiter bergan. Als er hoch genug gestiegen war, begann er seinen Eisenstab in die Erde zu stoßen und je Loch eine Eichel hineinzulegen. Dann machte er das Loch zu. Er pflanzte Eichen. Auf meine Frage, ob ihm denn das Land gehöre oder ob er wisse, wem es gehöre, verneinte er. Dann erzählte er mir, dass er bereits 100 000 Eicheln gepflanzt hatte. Davon hätten etwa 20 000 getrieben; davon, so rechne er, werde er noch die Hälfte verlieren durch die Nagetiere oder aus anderen Gründen. Es blieben also noch 10 000, die hervorsprossen, da, wo es vorher nichts gegeben hatte.

Und nun fragte ich mich, welches Alter dieser Mann wohl habe. Er war 55 Jahre und hieß Elzéard Bouffier. Er hatte einen Bauernhof besessen, verlor dann aber seinen einzigen Sohn und seine Frau. Deshalb zog er sich in diese Einsamkeit zurück. Er hatte sich überlegt, dass diese Gegend absterben werde aus Mangel an Bäumen. Und weil er nichts Wichtiges zu tun hätte, habe er beschlossen, hier Abhilfe zu schaffen. Alles Leben stecke in diesen kleinen Eicheln und wenn Gott ihm ein langes Leben geben werde, dann werde er noch so viel pflanzen, dass diese 10 000 wie ein Tropfen im Meer sein würden. Neben seinem Haus hatte er auch schon begonnen, mit Bucheckern eine Pflanzschule anzulegen: Buchen sollten dort wachsen und Birken.

Dann kam der Krieg. Nach mehr als fünf Jahren zog es mich wieder in die Gegend, gespannt, was sich in dieser Zeit verändert hatte. Ich traf den Hirten an. Er hatte nur noch vier Schafe, aber dafür hundert Bienenstöcke. Er hatte die Schafe abgegeben, weil sie die Baumplantagen gefährdeten. Um den Krieg hatte er sich so wenig wie um seine Eichen gekümmert und diese waren nun schon zehn Jahre alt und höher als er und ich. Buchen und Birken standen fünfjährig. Sein Wald maß in drei Abteilungen elf Kilometer in der Länge und drei Kilometer in der Breite. Es war ein wundervoller Anblick. Und als ich in die Dörfer hinunterkam, sah ich Wasser die Bachbetten durchfließen, die seit Menschengedenken trocken gewesen waren. Gras wuchs überall, Weiden und Blumen. Es war die großartigste Kettenreaktion, die ich je gesehen hatte.

Von 1920 an habe ich ihn mindestens einmal im Jahr besucht. Er war immer der Gleiche, nie gebeugt oder zweifelnd. Vielleicht hatte ihn Gott selbst dazu gedrängt, die Bäume zu pflanzen. Auch vom Zweiten Weltkrieg merkte er nichts. Während die Welt sich zerstörte, pflanzte er beharrlich weiter. Zum letzten Mal sah ich ihn im Juni 1945. Da war er 87 Jahre alt und sein Wald inzwischen auf gut 30 Kilometer Länge angewachsen. Alles hatte sich inzwischen verändert. Es gab eine Busverbindung in die ehemals verlassenen Dörfer, die nun auch wieder von jungen Familien bewohnt waren. Neue Häuser waren gebaut worden, die Kapelle restauriert. Wiesen, Bäche, Brunnen, Bäume – und alles war in diesen kleinen Eicheln angelegt, die Elzéard Bouffier in die Erde gesteckt hatte. Es hatte genügt um aus einer Wüste ein »Gelobtes Land« entstehen zu lassen und es erfüllt mich eine unbegrenzte Hochachtung vor diesem alten Bauern, der dieses Werk zu schaffen wusste, das Gott würdig ist.

Nach Jean Giono

Mutter Teresa

Agnes Gonxha Bojaxhiu wurde 1910 als Tochter eines Geschäftsmannes der albanischen Bevölkerungsgruppe geboren. Im Alter von 18 Jahren schloss sie sich den »Schwestern der Jungfrau von Loreto« an und erhielt ihre Ausbildung als Missionarin. Sie nahm den Ordensnamen Teresa an. Anfang 1929 kam sie über Colombo, Madras und Calcutta nach Darjeeling am Fuß des Himalaya-Gebirges, wo sie in den Orden aufgenommen wurde. In Calcutta wurde sie zur Lehrerin ausgebildet, im Mai 1937 legte sie das Ordensgelübde ab und wurde Leiterin einer höheren Schule in Calcutta. Direkt neben der Schule lag ein großes Armenviertel. Am 10. September 1937 zog Teresa sich nach Darjeeling zurück, wo sie sich entschloss, ihr Leben in Zukunft den Ärmsten der Armen zu widmen; als »wichtigsten Tag ihres Lebens« bezeichnete sie deshalb diesen Tag. Dennoch dauerte es bis 1948, bis sie die Erlaubnis erhielt den Orden zu verlassen und unter den Ärmsten im Slum zu leben und zu arbeiten. 1950 genehmigte der Papst die Gründung der »Gemeinschaft der Missionarinnen der Nächstenliebe«, die damals 12 Schwestern umfasste und deren Leiterin Teresa wurde. Die Gemeinschaft wuchs und wurde weltweit bekannt, besonders, nachdem Teresa 1979 mit dem Friedens-Nobelpreis ausgezeichnet wurde. 1997 starb Teresa, der »Engel der Armen«. Bereits 1999 wurde der Selig- und Heiligsprechungsprozess für Teresa eröffnet – mit besonderer Erlaubnis des Papstes, weil dieser Prozess normalerweise frühestens fünf Jahre nach dem Tod eingeleitet werden kann. 2003 wurde »Mutter Teresa« selig gesprochen.

Dietrich Bonhoeffer

Dietrich Bonhoeffer wuchs in Breslau, dann in Berlin auf. 1923 begann er in Tübingen mit dem Studium der Theologie. Von August 1931 bis Sommer 1933 lehrte er als Privatdozent an der Berliner Universität. Neben der Lehrtätigkeit an der Universität erteilte er Konfirmanden-Unterricht in einer Berliner Gemeinde. Im Sommer 1933 gab Bonhoeffer seine Lehrtätigkeit auf um sich ganz der Arbeit als Pfarrer in einer Gemeinde zu widmen. Von Oktober 1933 bis April 1935 war er in der deutschen Gemeinde in London tätig; von hier aus pflegte er ökumenische Kontakte und informierte über die Vorgänge in Deutschland nach der Machtübernahme der Nazis. 1935 übernahm er die Leitung des Predigerseminars der Evangelischen Kirche von Berlin-Brandenburg in Finkenwalde. Gleichzeitig bemühte er sich um den Abbruch der Beziehungen zu der von den Nazis gelenkten »Reichskirche«. Anfang 1938 wurde Bonhoeffer aus Berlin ausgewiesen. Während einer Amerikareise im Frühsommer 1939 lehnte Bonhoeffer es ab dort zu bleiben und kehrte nach Berlin zurück. Er beteiligte sich nun aktiv am Widerstand, wurde Verbindungsmann der militärischen Abwehr unter Admiral Canaris. Im Januar 1943 verlobte sich Bonhoeffer, im April wurde er verhaftet und ins Wehrmachtsgefängnis Berlin-Tegel eingeliefert. Ein Fluchtversuch scheiterte 1944, nach dem gescheiterten Attentat auf Hitler vom 20. Juli 1944 sank auch Bonhoeffers Hoffnung auf eine Wende. Im Oktober 1944 wurde er in den Gestapo-Bunker in Berlin verlegt, im Februar 1945 ins KZ Buchenwald bei Weimar. Hitler persönlich erließ am 5. April 1945 den Befehl zu seiner Ermordung, am 9. April wurde er zusammen mit anderen Widerstandskämpfern im KZ Flossenbürg hingerichtet.

4 Reich Gottes – schon und noch nicht

Dein Reich komme

Wir beten um das Reich des Vaters mit Jesus, seinem Sohn und unserem Bruder. Er hat das Kommen des Reiches Gottes bezeugt in seinem Leben und in seiner Liebe, in seiner Zuwendung zu den Menschen, in seinem Leiden und Kreuz. Staunend erfahren wir, wie viel wir Gott wert sind, du und ich, jeder und jede. Wenn Jesus uns so zu beten lehrt, dann ist es zugleich seine Verheißung, dass dieses Beten nicht ins Leere läuft. Dann dürfen wir uns staunend in dieser Verheißung bergen.
Noch weinen wir, weil immer wieder Vertrauen zwischen den Menschen zerstört wird und Bindungen zerreißen. Gott aber wird unsere Tränen abwischen.
Noch trauern wir, weil unser Leben von Krankheit und Tod, von Unrecht, Hass und Gewalt bedroht ist. Gott aber hat dem Tod die Macht genommen, die Trauer wird der Freude weichen.
Noch leben wir oft so, als wollten wir Gott los sein.
Noch entdecken wir wenig von seinem Reich, das in Jesus angebrochen ist. Gott aber will bei uns Wohnung nehmen und bei uns bleiben.
Noch denken wir nur an sein Reich für uns selbst, doch wenn wir beten: Dein Reich komme, dann nehmen wir schon alle anderen mit auf diesen Weg.

Noch klammern wir uns an das, was vor Augen ist. Eine neue, andere Welt können wir uns nur schwer vorstellen. Gott aber sagt: Was einmal war, ist vorbei. Siehe, ich mache alles neu. So können auch wir anfangen neue Menschen zu werden, die wirklich beten, mit Jesus und miteinander: Dein Reich komme.

Ferdinand Kerstiens

- Denkt über den Begriff »Reich« nach. Jedes politisches Reich hat eine Verfassung. Wie sähe die Verfassung des Gottesreiches aus? Setzt euch in Gruppen zusammen und schreibt zehn Artikel (vgl. GG), in denen deutlich wird, was für das »Schon Jetzt« des Gottesreiches gilt.
Sucht in Gesangbüchern ein Lied, das ihr als »Hymne« wählt.

jesus
in dieser welt
voller berechnung
wo jeder
vor jedem
nur immer der erste
sein will
ist
jeder erfolg
der misserfolg
eines andern

blase
meinen ehrgeiz
in alle wolken
lass mich
der letzte sein
lächelnd leicht dinge tun
unberechenbar
kindisch
zum kopfschütteln

wenn jeden tag
dein reich kommt

jesus
knete den sauerteig
in meinem verstand
lass ihn aufgehen
fantastisch und närrisch
lehre mich
die andern rechnungen
ich verschenke und
werde reich
ich halte nichts fest und
erhalte die fülle
weil ich schwach bin
weil ich die andere backe
hinhalte
trifft mich keiner
weil ich ja sage
weil ich mitleide
weil ich mich mitfreue
gewinne ich das leben

Ernst Eggimann

8 Lebenswege eines Buches
Entstehung und Auslegung der Bibel

1 Ein Buch für Leute von heute?!

Der Gottprotz führt ein geregeltes Leben und verliert keine Zeit. Wenn die Welt um ihn einstürzt, er hat keine Zweifel. Der sie eingerichtet hat, wird sie im allerletzten Augenblick vor dem Untergang erretten; und wenn sie sich nicht erretten lässt, wird er sie nach der Zerstörung wieder aufbauen, damit sein Wort bestehen bleibt und Recht behält. Die meisten gehen zugrunde, weil sie auf sein Wort nicht hören. Die aber auf sein Wort hören, gehen nicht wirklich zugrunde. Aus jeder Gefahr ist der Gottprotz noch errettet worden. (Um ihn sind Tausende gefallen. Aber er ist da, ihm ist nie etwas geschehen, soll das nichts zu bedeuten haben?)
Wenn der Gottprotz zornig wird, bedroht er sie, nicht mit seinen Worten. Es gibt bessere Worte, die Menschen zu peitschen. Dann stellt er sich mit geblähtem Stimmsack auf, als stünde er persönlich am Sinai oben und donnert und droht und speit und blitzt und erschüttert das Gesindel zu Tränen. Warum haben sie wieder nicht auf ihn gehört, wann werden sie endlich auf ihn hören?
Der Gottprotz war ein schöner Mann, mit Stimme und Mähne.
Der Gottprotz muss sich nie fragen, was richtig ist, er schlägt nach im Buch der Bücher. Da findet er alles, was er braucht. Da hat er eine Rückenstütze. Da lehnt er sich beflissen und kräftig an. Was immer er unternehmen will, Gott unterschreibt es.
Er findet Sätze, die er braucht, er fände sie im Schlafe. Um Widersprüche braucht er sich nicht zu bekümmern, sie kommen ihm zustatten. Er überschlägt, was ihm nicht von Nutzen ist, und bleibt an einem unbestreitbaren Satz hängen. Den nimmt er für ewige Zeiten in sich auf, bis er mit seiner Hilfe erreicht hat, was er wollte. Doch dann, wenn das Leben weitergeht, findet er einen anderen.
Der Gottprotz traut der Vorvergangenheit und holt sie zu Hilfe. Die Finessen der Neuzeit sind überflüssig, man kommt viel besser ohne sie aus, sie machen nur alles komplizierter. Der Mensch will eine klare Antwort wissen und eine, die sich gleich bleibt. Eine schwankende Antwort ist nicht zu gebrauchen. Für verschiedene Fragen gibt es verschiedene Sätze. Es soll ihm einer eine Frage sagen, auf die er keine passende Antwort fände.

Elias Canetti

Es geschah während der ersten Zusammenkunft des Bibelkurses. Etwa fünfundzwanzig Leute waren da. An der Wand stand der Satz: »Gott ist die Liebe.«
Der Pfarrer fragte: »Wer hat das geschrieben?«
»Das war ich«, sagte Maria. »Und warum haben Sie es geschrieben?« »Ich fand die Wand etwas leer.«
»Und warum haben Sie diesen Satz aufgeschrieben?«
»Ich fand ihn schön.« »Wo haben Sie ihn gefunden?«
»Ich habe ihn selbst erfunden. Ich dachte, es ist genau das, was wir als Christen leben sollen!«
Darauf sagte der Pfarrer: »Wir wollen die Bibel aufschlagen, im ersten Johannesbrief, Kapitel 4, Vers 8.« Es dauerte eine Weile, bis alle den Text gefunden hatten. Er bat Maria, den Vers vorzulesen. Sie las: »Wer Gott nicht liebt, hat Gott nicht erkannt; denn Gott ist die Liebe.« Es war das erste Mal in ihrem Leben, dass Maria die Bibel aufgeschlagen hatte. Sie erschrak. Sie hatte nicht erwartet, darin den Satz von der Wand zu finden. Sie entdeckte, dass das Wort Gottes, ohne dass sie es wusste, schon in ihrem Leben vorkam. Eine solche Befriedigung und Freude empfand sie, dass sie in dieser Nacht kaum schlief. Am Tag darauf steckte ihre Bibel voller Zettelchen, die die Seiten markierten. In der Nacht hatte sie andere bekannte Sätze gefunden.

Carlos Mesters

**Es gibt
schlafende Sätze
in der Bibel,**
so stelle ich es mir vor, die sich dort ausruhen
und Kraft sammeln und
**die, wenn ich alt bin,
zu mir kommen werden**
um mir etwas zu sagen.
Andere haben mich längst wieder verlassen und sind
zurückgekehrt und nur noch im Buch und gar nicht
mehr mit mir unterwegs.
Einige Sätze sind schon wach und schauen mich an,
Wörter blinzeln mir zu
und ich weiß nicht, warum; ich weiß nicht, was sie
wollen von mir oder mit mir.
Irgendwann werden sie geschehen, sich losreißen und
mir ins Herz dringen.
Ich weiß nicht, wie viele Sätze in der Bibel auf mich
warten.
Ich weiß nicht, welche Bibelwörter für Sie, die Sie dies
lesen, in ihr liegen und warten, um in unser Leben
einzugreifen. Doch eines weiß und glaube ich:
Die Bibel brodelt.
Dauernd sind Wörter unterwegs
uns aufzurütteln oder sanft zu trösten.
**Und manche Wörter schlafen,
bis ihre Zeit gekommen ist.**

Maria Jepsen

Mark Tansey, Reader, 1990, Öl auf Leinwand, 195,6 x 126,4 cm

- *Welche Einstellung hat der Gottprotz gegenüber anderen Menschen, welche gegenüber dem »Buch der Bücher«?*
- *Schreibe dem Gottprotz einen Brief, in dem du zu seinem Verhalten Stellung nimmst.*
- *Setze das Erlebnis der Maria in Beziehung zur Erzählung vom Gottprotz!*
- *Wo und wie ist die Bibel in deinem Leben bisher vorgekommen?*
- *Gibt es Worte oder Sätze der Bibel, die du auswendig weißt? Was bedeuten sie (dir)?*
- *Vielleicht macht ihr in eurem Bekanntenkreis eine Umfrage zu Erfahrungen mit der Bibel?*

Vom Lesen und Verstehen

»Was geschieht, wenn wir lesen? Das Auge folgt schwarzen Buchstaben auf weißem Papier von links nach rechts, wieder und wieder. Und Geschöpfe, Natur oder Gedanken, die ein anderer gedacht hat, kürzlich oder vor tausend Jahren, steigen in unserer Einbildung auf. Das ist ein Wunder, größer als das Keimen der Samenkörner aus den Gräbern der Pharaonen. Und es geschieht jeden Augenblick ... Wenn es aber geschieht, dann sind mindestens zwei kreativ geworden: Der Autor schreibt nur das halbe Buch. Die andere Hälfte müssen wir übernehmen, die wir es lesen.«

Nach Olof Lagercrantz

Wenn wir lesen, geschieht – größtenteils unbewusst – eine ganze Menge. Da werden zunächst einmal Buchstaben entziffert, zu Wörtern und Wortfolgen zusammengesetzt, in ihnen ganze Sätze erkannt. Und ganz unwillkürlich geben wir den Wörtern dabei eine Bedeutung. Welche Bedeutung allerdings, das kann sehr von uns abhängen: unserer Lebenserfahrung, unserer momentanen Aufmerksamkeit oder Stimmung. Das Wort »Neuschnee« liest sich in der Vorfreude auf den nächsten Winterurlaub ganz anders als in der Erinnerung an den gerade erlebten Verkehrsunfall. Dabei hängt die Vielfalt der möglichen Bedeutungen sehr von der Art des Textes ab: Eine Bedienungsanleitung für einen Reisewecker ist »eindeutig«, ein literarischer Text jedoch – Kunstwerken vergleichbar – für verschiedene Deutungen offen. Der Autor, der diesen Text in seiner Zeit, in seiner Sprache, in seiner Erfahrungswelt und mit seiner Zielsetzung geschrieben hat, hat den Text aus der Hand gegeben. Wir lesen ihn in unserer Lebenswirklichkeit. Da sich unsere Erfahrungswelt mit unserem Lebensalter ändert, kann es zudem sein, dass wir einen Text, den wir vor Jahren schon einmal gelesen oder gehört haben, plötzlich völlig neu und anders verstehen.

Wie aber verstehen wir einen Text richtig?

Ein erster Schritt ist das Wissen um die Bedingungen meines Verstehens. Das ist schon eine Wissenschaft für sich, die nach dem Götterboten Hermes *Hermeneutik* genannt wird.

Hier mag ein wenig Aufmerksamkeit für folgende, vielleicht überraschende Fragen genügen:

1. Wer bin ich? Je nachdem, wie ich erzogen wurde, welcher Religion ich angehöre, wie arm oder reich ich bin, ja, je nachdem, ob ich Mann oder Frau bin, lese ich einen Text möglicherweise anders.

2. Was will ich? Ich kann einen Text – wiederum wie ein Kunstwerk – einfach auf mich wirken lassen, ihn ganz für mich genießen oder mich auch an ihm reiben. Davon zu unterscheiden ist ein weiter gehendes Nachfragen

nach dem Text, wenn ich Unverstandenes verstehen und mich mit anderen darüber austauschen will. Hier hat die Wissenschaft eine Reihe von Methoden entwickelt um einen Text auszulegen. Ein solches Sich-Verständigen über einen Text ist dann besonders wichtig, wenn dieser Text nicht nur von mir allein gelesen wird, sondern Basistext einer Glaubensgemeinschaft ist. So helfen die wissenschaftlichen Methoden der Bibelauslegung (*Exegese*) ein willkürliches Heruminterpretieren an Bibeltexten (Hineinlesen von Dingen, die vom Text her nicht gerechtfertigt sind = *Eisegese*) zu vermeiden.

Wissenschaftliche Texterklärung kann viel zum Verständnis eines Textes beitragen. Verstehen meint jedoch nicht nur Nachvollziehen-Können. Es gibt ein Lesen, bei dem ich auf einmal wach werde, etwas von mir selbst – ein Gefühl, eine Frage, eine Sehnsucht – wieder- oder neu entdecke. Ein Wort, ein Satz, der mich irgendwie trifft. Der mich irritiert, ärgert, tröstet oder anrührt. Und plötzlich bin ich mittendrin ...

- Halte in einer Skizze die wichtigsten Personen, Dinge und Umstände fest, die beim Lesen und Verstehen eines Textes von Bedeutung sind.
- Zeige anhand der Skizze auf, welche Besonderheiten der Bibel für uns heute zu Verstehensschwierigkeiten führen können. Was wäre jeweils nötig um diese zu überwinden?
- Suche aus deiner Erinnerung eine Bibelstelle, die ein Reicher bzw. ein Armer, ein Mann bzw. eine Frau, ein/e ... bzw. ein/e ... möglicherweise unterschiedlich versteht.
Hier sind einige Beispiele zum Überlegen: Ex 3,7-12; Jdt 16,1-17; Lk 6,20-26; Lk 10,23 – 11,7; Joh 4,1-30.

3 Schlüsselwissen: Zugänge und Methoden

Wenn Widersprüche verstehen helfen

⁵JHWH sah, dass auf der Erde die Schlechtigkeit des Menschen zunahm und dass alles Sinnen und Trachten seines Herzens immer nur böse war. ⁶Da reute es JHWH, auf der Erde den Menschen gemacht zu haben, und es tat seinem Herzen weh. ⁷JHWH sagte: Ich will den Menschen, den ich erschaffen habe, vom Erdboden vertilgen, mit ihm auch das Vieh, die Kriechtiere und die Vögel des Himmels, denn es reut mich, sie gemacht zu haben. ⁸Nur Noach fand Gnade in den Augen JHWHs. ... ¹³Da sprach Gott zu Noach: Ich sehe, das Ende aller Wesen aus Fleisch ist da; denn durch sie ist die Erde voller Gewalttat. Nun will ich sie zugleich mit der Erde verderben. ¹⁴Mach dir eine Arche aus Zypressenholz! Statte sie mit Kammern aus und dichte sie innen und außen mit Pech ab! ... ¹⁷Ich will nämlich die Flut über die Erde bringen um alle Wesen aus Fleisch unter dem Himmel, alles, was Lebensgeist in sich hat, zu verderben. Alles auf Erden soll verenden. ¹⁸Mit dir aber schließe ich meinen Bund. Geh in die Arche, du, deine Söhne, deine Frau und die Frauen deiner Söhne! ¹⁹Von allem, was lebt, von allen Wesen aus Fleisch, führe je zwei in die Arche, damit sie mit dir am Leben bleiben; je ein Männchen und ein Weibchen sollen es sein. ²⁰Von allen Arten der Vögel, von allen Arten des Viehs, von allen Arten der Kriechtiere auf dem Erdboden sollen je zwei zu dir kommen, damit sie am Leben bleiben. ²¹Nimm dir von allem Essbaren mit und leg dir einen Vorrat an! Dir und ihnen soll es zur Nahrung dienen. ²²Noach tat alles genau so, wie ihm Gott aufgetragen hatte. 7,¹Darauf sprach JHWH zu Noach: Geh in die Arche, du und dein ganzes Haus, denn ich habe gesehen, dass du unter deinen Zeitgenossen vor mir gerecht bist. ²Von allen reinen Tieren nimm dir je sieben Paare mit und von allen unreinen Tieren je ein Paar, ³auch von den Vögeln des Himmels je sieben Männchen und Weibchen um Nachwuchs auf der ganzen Erde am Leben zu erhalten. ⁴Denn noch sieben Tage dauert es, dann lasse ich es vierzig Tage und vierzig Nächte lang auf die Erde regnen und tilge vom Erdboden alle Wesen, die ich gemacht habe. ⁵Noach tat alles, was ihm JHWH aufgetragen hatte. ⁶ Noach war sechshundert Jahre alt, als die Flut über die Erde kam. ⁷Noach ging also mit seinen Söhnen, seiner Frau und den Frauen seiner Söhne in die Arche, bevor das Wasser der Flut kam. ⁸Von den reinen und unreinen Tieren, von den Vögeln und allem, was sich auf dem Erdboden regt, ⁹kamen immer zwei zu Noach in die Arche, Männchen und Weibchen, wie Gott dem Noach aufgetragen hatte. ¹⁰Als die sieben Tage vorbei waren, kam das Wasser der Flut über die Erde, ¹¹im sechshunderten Lebensjahr Noachs, am siebzehnten Tag des zweiten Monats. An diesem Tag brachen alle Quellen der gewaltigen Urflut auf und die Schleusen des Himmels öffneten sich. ¹²Der Regen ergoss sich vierzig Tage und vierzig Nächte lang auf die Erde.

Gen 6,5 – 7,12 (leicht gekürzt)

- *Stellt euch das Geschehen der Sintfluterzählung Schritt für Schritt vor eurem inneren Auge vor. Sprecht über die Schwierigkeiten, auf die ihr dabei möglicherweise stoßt!*
- *Ihr könnt – für einen vollständigen Überblick – auch die ganze Sintfluterzählung (Gen 6,1 – 9,17) in eurer Bibelausgabe nachlesen und dann versuchen, die einzelnen Etappen des Geschehens festzuhalten.*
- *Welche Beobachtungen macht ihr bei einem Vergleich mit dem Gilgamesch-Epos und wie interpretiert ihr diese?*

Bei den Methoden der Bibelauslegung kann man verschiedene Herangehensweisen unterscheiden: Zwei Beispiele: Einige Methoden konzentrieren sich auf den uns heute vorliegenden Bibeltext und versuchen diese »Endfassung« möglichst genau zu beschreiben und zu verstehen (so genannte »*synchrone*« Zugangsweise). Andere Methoden fragen eher nach der Entstehungsgeschichte des Textes (*diachrone*, d. h. durch die Zeiten gehende Zugangsweise): Ist der Text, so wie er heute vorliegt, als ganzer von einem einzigen Autor geschrieben worden? Oder sind in ihm (unterschiedliche) ältere Texte zusammengefügt oder überarbeitet worden? Aus welcher Zeit stammen diese? Gedankensprünge, Wiederholungen, inhaltliche Widersprüche oder eine auffällige Wortwahl sind häufig Hinweise auf solch eine kompliziertere Entstehungsgeschichte des Textes.
Die Sintfluterzählung zählt zu den ersten Bibeltexten, bei denen Bibelforscher im 18. Jh. derartige Beobachtungen machten und derentwegen sie anfingen, die Entstehungsgeschichte der Bibel, insbesondere des Pentateuch (= der 5 Bücher Mose), zu rekonstruieren. In der Geschichte von der Sintflut, so stellte man fest, sind *zwei* ursprünglich unabhängige Erzählungen mit viel Behutsamkeit zu *einem* Erzählzusammenhang zusammengesetzt worden. Noch heute bemerkt man die »Klebestellen«. Offensichtlich ging es nicht darum, der Nachwelt eine durchgängig glatte Geschichte mit scheinbar eindeutigen Angaben zu überlassen.
Ende des 19. Jh. wurde das Gilgamesch-Epos gefunden. Unter den Christen, die in der Bibel Wort für Wort die Offenbarung Gottes aufgeschrieben sahen, machte sich eine große Verunsicherung breit. Doch nicht nur im Alten Orient, sondern in den unterschiedlichsten Kulturkreisen wurden Sintflut-Geschichten entdeckt. Ein weiterer Augenöffner für das Verständnis der Bibel, begann man doch, die Sprachform dieser Erzählung besser zu verstehen, ja, neu darüber nachzudenken, was es heißt, in der Bibel Gottes Wort zu begegnen …

Alt war die Stadt, in der die Götter wohnten.
Eine Sintflut anzurichten
trieb die großen Götter ihr Herz.

Als die Götter diese planten,
saß bei ihnen Ea, der klar blickende Gott.
(Der ging zur Erde und sprach heimlich zu einem
Menschen, der in einer Hütte saß aus Schilfrohr.)

Er sprach durch das Rohrgeflecht:
Vernimm, o Rohrhaus,
vernimm, du Wand aus Schilf,
du Mann aus Schurippak:
Reiß ab das Haus und baue ein Schiff!
Lass fahren den Besitz, rette dein Leben.
Gib hin dein Gut und rette dein Leben.
Ins Schiff nimm alle Arten Tiere.

Und wenn du das Schiff baust,
wohl abgemessen seien seine Maße!
An Breite und Länge soll es gleich sein,
das Dach mach breit wie das Urmeer.

…
Am Neujahrsfest, als alle feierten,
nahm ich Öl und salbte meine Hände.
Das Schiff war fertig, als die Sonne sank.

…
Ich sah mich um, wie's um das Wetter stand.
Der Himmel war entsetzlich anzusehen.
Da trat ich in das Schiff
und schloss das Tor.

*Aus dem Gilgamesch-Epos,
entstanden ca. im 19.-18. Jh. v. Chr. in Babylon*

Wege zum Text: Interview mit einem Bibelwissenschaftler

In der Klasse 10a waren alle ungewöhnlich wach und beteiligt. Man diskutierte über die Möglichkeit, einen Bibeltext zu interpretieren, seine Bedeutung zu erklären. »Na ja«, meinte eine Schülerin skeptisch, »was in der Bibel steht, legt sich doch eh jeder so aus, wie es ihm passt. Hier und da ein wenig herauminterpretiert, der eine behauptet dies, der andere das, und Genaues kann doch dazu sowieso keiner mehr sagen ...« Die Klasse war gespalten. Schließlich beschloss man, einen Bibelwissenschaftler einzuladen um mehr zu erfahren darüber, nach welchen Regeln Exegese, die Auslegung von Bibeltexten, eigentlich betrieben wird.

10a: Herr Professor, zunächst unsere Ausgangsfrage: Ist die Auslegung der Bibel eigentlich eine Wissenschaft? Oder legt da nicht vielmehr jeder für sich die Texte so aus, wie er meint?

Exeget: Zunächst einmal muss ich unterschiedliche Arten des Bibellesens unterscheiden. Die Bibel ist ja zuallererst einmal ein Gebrauchstext, das heißt, sie wird privat, in der Schule, im Gottesdienst etc. gelesen, meditiert, diskutiert usw. Wenn ich mich wissenschaftlich mit einem Bibeltext beschäftige, heißt das, dass ich wie in jeder anderen Wissenschaft auch bestimmten Kriterien und Regeln folgen muss. Dazu gehört zum Beispiel offen zu legen, was genau ich untersuchen will (meine Frage bzw. der Forschungsgegenstand) und wie ich das tue (Forschungsmethoden), nachprüfbare Argumente für meine Theorien zu liefern, eine Fachsprache zu gebrauchen, die möglichst genau ist, und so fort.

10a: Die Bibel hat eine lange Geschichte – ist da nicht schon eigentlich alles erforscht?

Exeget: Wie könnte es, da wir ständig neue Erkenntnisse gewinnen über das Verstehen von Texten, über die Besonderheiten alter Sprachen und Kulturen, um nur ein paar Beispiele zu nennen – und da wir vor allem auch (die Zeiten ändern sich!) immer wieder mit neuen Fragen die Bibel lesen ...?

10a: Das heißt also, dass sich auch die Art, wie Bibelauslegung betrieben wird, verändert?

Exeget: Auch das. Ein Beispiel: Die vorherrschende und in ihren Anfängen bis in die Zeit der Aufklärung reichende Interpretationsrichtung nennt man »Historisch-Kritische Exegese«. Sie geht davon aus, dass biblische Texte wie andere Schriftdokumente auch eine Geschichte haben, die man erforschen kann. Dazu hat sie immer genauere Methoden entwickelt. Man hat jedoch in den letzten Jahren zunehmend gemerkt, dass es nicht ausreicht, alte Quellen zu rekonstruieren und danach zu fragen, was ein Text in seiner Entstehungszeit einmal bedeutet *hat*. Deshalb sind zur Historisch-Kritischen Exegese weitere Methoden hinzugetreten, die z. B. stärker in den Blick nehmen, wie der Text in seiner heutigen Endfassung gestaltet ist.

10a: Und was bedeutet das nun genau: Historisch-Kritische Exegese?

Exeget: Dahinter verbirgt sich eine bestimmte Anzahl an Methoden, die mit je eigenen Fragen an einen Bibeltext herangehen. Die *Textkritik* z. B. untersucht, wie die erste, ursprüngliche Fassung des Textes wohl gelautet hat. Sie sieht sich die alten Handschriften des (ursprünglich ja meist hebräischen oder griechischen) Bibeltextes an, vergleicht, forscht nach Abschreibefehlern oder anderen späteren Textveränderungen. Manchmal kann das schon helfen, ein Wort, das so gar nicht in den Zusammenhang eines Bibeltextes passen will, zu erklären.

10a: Sie sprachen von mehreren Methoden – welche gehören denn noch dazu?

Exeget: Die *Literarkritik* untersucht einen Bibeltext nach Widersprüchen, Wiederholungen, Brüchen oder sprachlichen Auffälligkeiten. All das können Hinweise dafür sein, dass ein Text nicht von einem einzigen Autor geschrieben, sondern ergänzt, bearbeitet oder weitergeschrieben wurde. Ebenfalls nach der Entstehung des Textes fragen *Überlieferungs-* und *Redaktionskritik*: Kann man etwa annehmen, dass Teile des Textes (z. B. einzelne Aussagen Jesu) anfangs erst nur mündlich weitererzählt worden sind? Kann man nachvollziehen, wie (wann, warum ...) der Text ergänzt oder verändert worden ist? Die *Form- und Gattungskritik* wiederum untersucht die Art des Textes. Denn ob es sich dabei um eine Sage, ein Gebet, ein Gleichnis, einen Gesetzestext, einen Brief, eine Wundererzählung oder noch eine andere Textform handelt, kann für die Interpretation bedeutend sein.

10a: Und was ist dazu in den letzten Jahren an Methoden oder Zugangsweisen hinzugekommen?

Exeget: Man begann zum Beispiel neben der Geschichte eines Textes seine jetzige Form und Bedeutung zu untersuchen.
Zum Beispiel fragt ein neuerer Ansatz, die *linguistische Auslegung,* nach Erzählperspektive, vorkommenden Personen, Erzählaufbau, Spannungsbogen, Wortwiederholungen – daraus lässt sich eine ganze Menge für das Verständnis des Textes ableiten.

10a: Das erinnert irgendwie an den Deutschunterricht ...

Exeget: Gar nicht so abwegig, denn als Text funktioniert ein Bibeltext in vielem gar nicht so anders als andere Texte ...
Auch nicht vernachlässigt werden dürfen jene anderen Zugangsweisen zur Bibel, die in den letzten Jahren so einige blinde Flecken der früheren Bibelauslegung aufgedeckt haben: etwa die *feministische Auslegung*, die fragt, wie und warum Frauen in Bibeltexten vorkommen oder warum auch nicht; die aufdecken, wie manche Bibeltexte sogar zur Unterdrückung von Frauen benutzt wurden.
Oder die *tiefenpsychologische Auslegung,* die untersucht, welche psychischen Vorgänge oder menschlichen Grunderfahrungen in manchen Bibeltexten zum Ausdruck kommen.

Johannes Itten, 1916

10a: Ganz schön verwirrend, diese Vielzahl an Methoden. Würden nicht ein paar weniger auch genügen?

Exeget: Die einzelnen Methoden und Zugangsweisen zur Bibel haben jeweils ihre Grenzen. Aber sie bringen auch unterschiedliche Fragen und Blickwinkel mit und überprüfen sich gegenseitig. Und im Zusammenspiel kann sich dann ein sehr scharfes, farbiges Bild eines Bibeltextes ergeben ...

4 Abschreiben erlaubt? – Zur Entstehung der Evangelien

Spurensuche bei Markus

»Anfang ...

Eigentlich ein ziemlich platter Einstieg, dachte ich. Klar geht es mit dem ersten Wort los! Dann aber fiel mir ein anderer Bucheinstieg ein: »Im Anfang schuf Gott Himmel und Erde«, ja, und: »Im Anfang war das Wort.« Vielleicht meinte »Anfang« doch mehr als einfach nur »Start«. Einige Neuanfänge hatte ich selbst schon erlebt (den Umzug, die neue Beziehung ...), manchmal schwierig, manchmal hoffnungsvoll.

... des Evangeliums ...

Erst hatte ich meine Schwierigkeiten mit diesem Begriff. Und wahrscheinlich nicht nur ich. Man sollte nur einmal eine kurze Umfrage starten: »Was geht dir beim Begriff ›Evangelium‹ durch den Kopf?« Neben der ehrlichen Antwort »Nichts!« könnte man vielleicht noch hören »Es gibt vier davon«; »Das Wort heißt ›Frohe Botschaft‹« und so weiter. Diese (ach so korrekten) Antworten meine ich nicht. Was bedeutet das MIR: »Frohe Botschaft«? Damals muss dieser Begriff einen ganz eigenen Klang gehabt haben. Wenn es stimmt, was man aus verschiedenen Textstellen zu erkennen glaubt, könnte das Evangelium um das Jahr 70 n. Chr. entstanden sein. In der Geschichte Jerusalems war dies das Datum einer furchtbaren Katastrophe: Die Römer unter ihrem Feldherrn Titus eroberten die Stadt, unzählige Menschen starben als (vermeintliche) Aufrührer am Kreuz, überall Brände und Plünderungen, der Tempel in Trümmern.

In einer solchen Krisenzeit mit ungewissem Ausgang erzählt der Evangelist seinen Adressaten von der »guten Botschaft«, die Jesus Christus für sie sein kann. Wer diese Adressaten genau waren und wo sie lebten, wissen wir nicht. Sehr wahrscheinlich ist jedoch, dass sie verfolgt wurden. Da ist es schon etwas anderes, wenn man jenseits bloßer Glaubensformeln hört, dass auch Jesus (s)einen Weg gegangen ist, durch die Krise hindurch ...

... von Jesus Christus ...

Eigentlich hätte man an dieser Stelle den Namen des Autors erwarten können. Doch der macht sehr schnell deutlich, um wen und was es wirklich geht. Genauso wie »Evangelium« nicht nur eine Textgattung, sondern vielmehr noch Programm ist, ist nicht der »Autor«, sondern der Inhalt der Verkündigung entscheidend. Wer aber war er nun eigentlich, der Mensch »hinter dem Text« und wie habe ich mir seine Arbeit vorzustellen? Da in der Antike eine Schrift nicht selten unter dem Namen einer bekannten Autorität veröffentlicht wurde, besagt der Name »Markus« nur wenig. Und so wissen wir letztlich so gut wie gar nichts über ihn. Man kann jedoch aus verschiedenen Textstellen sehr wahrscheinlich machen, dass er Jesus nicht persönlich gekannt hat. Wie ein Redakteur hat er Erinnerungen an Jesus, einzelne Überlieferungen, gesammelt, in eine sinnvolle Reihenfolge gebracht und durch sparsame Überleitungen miteinander verknüpft.

... dem Sohn Gottes:

Zeit- und Ortsangaben (»erster Tag der Woche«; Galiläa, Jerusalem; »Berg«, »Wüste« usw.) bekommen in dieser redaktionellen Arbeit eine theologische Bedeutung (der Berg ist z. B. ein Ort der Gottesnähe). Auch die Darstellung Jesu ist nicht von biografischen Einzelheiten bestimmt, sondern von der Frage, wer er ist. (Im Übrigen eine spannende Sache, wie der Evangelist immer wieder auf diese Frage kommt: »Für wen aber haltet ihr mich?«) Geschichte wird nach antikem Verständnis so nicht gefälscht, sondern es wird gefragt, was sie für Gegenwart und Zukunft bedeutet. Und: »Markus« hat gleichwohl einiges bewahrt vom »historischen« Jesus im heutigen Sinne. Wir wissen mehr über Jesus als über die meisten anderen Menschen der Antike!

Es begann, wie es bei dem Propheten Jesaja steht: ...«

Nochmals der »Anfang«. Hier aber zeigt Markus, dass Jesus nur im Rahmen einer größeren Geschichte verstanden werden kann. Einer Geschichte, die schon viel früher beginnt und die in der Bibel Israels bewahrt ist. Und es ist sicherlich kein Zufall, dass Markus sein Evangelium mit einem eigentümlich offenen Schluss enden lässt ...

> ¹Schon viele haben es unternommen, einen Bericht über all das abzufassen, was sich unter uns ereignet und erfüllt hat. ²Dabei hielten sie sich an die Überlieferung derer, die von Anfang an Augenzeugen und Diener des Wortes waren. ³Nun habe auch ich mich entschlossen, allem von Grund auf sorgfältig nachzugehen um es für dich, hochverehrter Theophilus, der Reihe nach aufzuschreiben. ⁴So kannst du dich von der Zuverlässigkeit der Lehre überzeugen, in der du unterwiesen wurdest.
>
> Lk 1,1-4

Rogier van der Weyden, Der Evangelist Lukas malt die Madonna, um 1435

Weder von Jesus selbst noch von irgendeinem Augenzeugen sind uns unmittelbare schriftliche Zeugnisse überliefert. Der älteste Text des Neuen Testaments, der 1. Brief an die Thessalonicher, dürfte um das Jahr 50, also gut 20 Jahre nach dem Tod Jesu, geschrieben worden sein. Gleichwohl sind sowohl in den Briefen des NT wie auch in den Evangelien alte, anfangs nur mündlich überlieferte Gebete, Bekenntnisse und »Merksätze« aufbewahrt.

Lange Zeit herrschte Unklarheit darüber, welches der vier Evangelien als das älteste zu gelten habe. Als man entdeckte, dass die ersten drei Evangelien einander sehr ähnlich sind, schrieb man die jeweiligen Parallelstellen zum Vergleich in einer Tabelle nebeneinander. Nach dieser Art der »Zusammenschau« (griech.: *synopsis*) werden diese drei Evangelien die »Synoptiker« genannt. Über einen genauen Vergleich der Texte kam man zur so genannten »Zweiquellentheorie«: Von den 661 Versen des kürzesten, des Markusevangeliums, finden sich bei Mt 600, bei Lk etwa 350 Verse wieder. Daher nimmt man an, dass sowohl Matthäus als auch Lukas das Markusevangelium als Quelle vorliegen hatten. Beide stimmen aber außerdem in ca. 240 weiteren Versen überein, die nicht bei Markus stehen. Diese werden von den Forschern auf eine zweite Quelle (Quelle Q oder Logienquelle, d. h.: Spruchquelle) zurückgeführt. Jedem Synoptiker lag zudem noch eine gewisse Anzahl von Versen an Überlieferungsgut vor (Mk: 35, Mt: 350 und Lk: 548), die die anderen nicht kannten (das so genannte Sondergut).

- Stellt in einer kleinen Skizze dar, auf welche Quellen Matthäus und Lukas zurückgreifen.
- Ein Verlag möchte die vier Evangelien als einzeln gebundene Bände herausgeben. Entwerft einen Schutzumschlag für das Evangelium nach Markus (mit Klappentexten zu Autor und Besonderheiten des Werkes, ansprechender grafischer Gestaltung sowie ggf. einem Titelbild). Ihr könnt mithilfe zusätzlicher Informationen (bibl. Einführungswerke, Internet ...) auch die anderen drei Evangelien entsprechend »bearbeiten«.
- Vielleicht wird sogar ein klassenübergreifendes Projekt daraus, indem ihr aus vielen handschriftlichen Beiträgen eine richtige Ausgabe eines Evangeliums erstellt – für Schulgottesdienste oder zur Versteigerung während eines Schulfestes.

5 Message im Miteinander: Bibel-Teilen

Der Speisemeister kostete das Wasser, das zu Wein geworden war. Er wusste nicht, woher der Wein kam; die Diener aber, die das Wasser geschöpft hatten, wussten es.

Joh 2,9

Oscar: Ich glaube, der Wein bedeutet Freude, ein Fest, lustig sein. Auch Liebe. Jesus wollte uns zeigen, dass er die Freude bringt, das große Fest.
Olivia: Ja, die Freude. Und auch Gemeinsamkeit. Der Wein bringt Menschen einander näher. Er brachte die Brüderlichkeit unter die Menschen. Es gibt aber auch einen Wein, der die Menschen zerstreitet, der Zankereien heraufbeschwört, Messerstiche ...
Angel: Der Wein, den die Reichen auf ihren egoistischen Festen trinken, vereint auch nicht. Da gibt es keine Brüderlichkeit – wenigstens nicht mit den Armen, die von diesen Festen ausgeschlossen werden ...
Ich sagte: Im Alten Testament wird das messianische Zeitalter oft als eine Zeit beschrieben, in der großer Überfluss an Wein ist. Jesaja hat zudem den Messias als einen verkündigt, der »nicht traurig« ist. Mit diesem Wunder zeigt Christus also auch, dass er dieser angekündigte Messias ist.
Marcelino: Wir sehen also, dass er die Gleichheit und Brüderlichkeit unter die Menschen brachte. Das ist in Wirklichkeit dieser Wein. Ein Geburtstag oder Namenstag ist kein fröhliches Fest, wenn Uneinigkeit zwischen den verschiedenen Gruppen herrscht.
Andrea: Oder wenn die Messerstechereien anfangen.
Marcelino fährt fort: So kann eine uneinige Gesellschaft, eine Gesellschaft mit verschiedenen sozialen Klassen, auch kein wirkliches Festmahl zusammen halten, kein wirkliches Fest miteinander feiern.
William: Das Fest wird das Reich Gottes sein, diese neue Gesellschaft, auf die wir warten.
Felipe: Ich glaube, Jesus trank gerne. Sein erstes Wunder als Messias tat er mit dem Wein. Mit dem Wein setzte er auch seine Eucharistie ein. Man beschuldigte ihn, mit den Sündern zu trinken. Er sagte, in dem neuen Reich würde er sich mit uns zusammen betrinken (oder Wein mit uns trinken, was praktisch dasselbe ist). Eins aber wollte er nicht: allein trinken oder nur mit ein paar Freunden, wie es die Reichen tun, während ein großer Teil der Menschheit leidet. Nein, er wollte mit allen trinken, selbst mit den Ärmsten der Armen, und darum wird er mit uns allen im Himmelreich trinken. Dort wird es Wein im Überfluss geben, und nicht nur Wein, denn es gibt Länder, in denen etwas anderes getrunken wird: Bier, Rum, Chicha, Guaro oder Cuzuza. Und dort wird es nie an etwas zu trinken fehlen, weil er bei uns sein wird.
Marcelino: Ich glaube, die Freude der Brüderlichkeit, die Gott für die Menschen bereitet, ist das große Fest. Aber der beste Wein dieses Festes wird der sein, den wir zuletzt zu trinken bekommen: das ewige Leben.

Aus dem Evangelium der Bauern von Solentiname

In den letzten Jahrzehnten hat man vor allem in lateinamerikanischen und afrikanischen Gemeinden begonnen, die Bibel neu zu lesen (*Relectura* = Neu-Lesen). Das Neue ist dabei weniger eine spezielle Methode als vielmehr Ort und Ziel der Beschäftigung mit der Bibel. Am Anfang steht nicht eine distanzierte Auseinandersetzung mit dem Text, sondern die eigene Lebenspraxis, die in den betroffenen Gemeinden von (rechtlicher, politischer, wirtschaftlicher ...) Unterdrückung und Ausbeutung gekennzeichnet ist. Die Menschen, die in diesen Gemeinden zusammenkommen, erleben tagtäglich, wie sie ihrer Würde und jeder Lebensgrundlage beraubt werden. Sie finden zusammen in ihrer Sehnsucht nach Befreiung und erfahren, dass in den Geschichten des Alten und Neuen Testaments gerade den Armen und Unterdrückten Gottes Zuwendung gilt. Deshalb können sie aus ihrer Situation heraus die biblischen Texte und ausgehend von den biblischen Texten ihre Situation besser verstehen. Deutlich sichtbar wird diese Verknüpfung von Lebenspraxis und Bibeltext zum Beispiel im Evangelium der Bäuerinnen und Bauern von Solentiname.

Es ist problematisch, wenn Christen und Christinnen der Ersten Welt diese Neu-Lektüre einfach *nachmachen* wollen. Wir leben meist nicht in einer vergleichbaren Situation der Unterdrückung, sondern tragen durch unseren Wohlstand häufig noch zur Verfestigung ungerechter Strukturen bei. Der Blick darauf sollte nicht verstellt werden, selbst wenn auch wir etwa im privaten Bereich manchmal schlimme Notsituationen durchleiden. Die Neu-Lektüre der Bibel wie in den Basisgemeinden kann uns jedoch wichtige Impulse geben:
– Ist die Beschäftigung mit der Bibel bei uns weltfremd oder berücksichtigt sie die gesellschaftlichen und politischen Verhältnisse, in denen wir leben?
– Gibt es einen lebhaften Erfahrungsaustausch oder eine vorgefertigte Wahrheit?
– Werden die Lebenserfahrungen der »Lesenden«, wissenschaftliche Erkenntnisse zur Bibel und die Überlieferungen der Glaubensgemeinschaft gleichermaßen wahrgenommen?

Die Lebendigkeit des Erfahrungsaustausches suchen und erleben vielerorts bereits etwa Gruppen, die sich zum Bibel-Teilen zusammenfinden.

Möglicher Ablauf des Bibel-Teilens *(7-Schritt-Methode)*

Schritt 1 Wir laden Gott zu uns ein – mit einem Lied oder einfachen Gebet.
Schritt 2 Wir lesen den Bibeltext – jede/r sollte eine Kopie des Textes vor sich haben.
Schritt 3 Wir verweilen beim Text – einzelne Worte oder Sätze werden wiederholt, ohne Kommentar oder Erklärung, dazwischen ist Stille.
Schritt 4 Wir schweigen und lassen das Gelesene wirken.
Schritt 5 Wir teilen einander mit, was uns berührt hat – Empfindungen, Erfahrungen, Erwartungen in der Ichform.
Schritt 6 Wir besprechen, welche Aufgabe, welche Priorität sich für uns aus dem Bibeltext ergibt.
Schritt 7 Wir beten gemeinsam – die Gebete der Einzelnen münden in ein gemeinsames Lied oder Gebet.

- *Versucht jene biblische Begebenheit nachzuerzählen, die im Mittelpunkt des Gespräches der Bäuerinnen und Bauern von Solentiname steht, oder lest sie gegebenenfalls nach.*
- *Welche Hinweise auf die Lebenssituation der am Gespräch Beteiligten findet ihr?*
- *Unter welchen Rahmenbedingungen (Teilnehmer/innen, Raum, Zeit, Atmosphäre, benötigtes Material ...) ist ein Bibel-Teilen, wie es oben beschrieben wird, eurer Meinung nach möglich und sinnvoll?*
- *Überlegt, ob ihr eine (möglicherweise veränderte!) Form des Bibel-Teilens in eurer Klasse oder in Teilgruppen eurer Klasse versuchen mögt.*

Bibelprojekt

»›Richtet nicht, damit ihr nicht gerichtet werdet!‹ – Diese Textstelle (vgl. Mt 7,1-5) hat mich angesprochen, weil sie in gewissem Maße etwas Alltägliches sagt. Jeder ›richtet‹ jeden Tag über viele Menschen. Man ordnet sie in verschiedene Kategorien ein (›Der trägt die Sachen, hört die Musik ...‹). Von den Eigenschaften eines anderen Menschen nimmt man häufig nur das wahr, was nicht gut ist. Das aber sind meist genau jene Punkte, an denen man selbst Probleme hat ... Und dann das wörtliche »Richten«. Richter müssen richten um andere Menschen vor Gefahren zu schützen. Was aber, wenn sie Unschuldige verurteilen?«

Christian, 10. Klasse

»›Denn wo dein Schatz ist, da ist auch dein Herz!‹ (vgl. Mt 6,19-22) – Für mich persönlich sagt diese Textstelle viel über unsere Gesellschaft und unser Leben aus. Es geht nicht um die materiellen Werte, die jemand besitzt, seien es Autos, Häuser, viel Geld oder anderes, sondern um die inneren Werte. Innere Werte, wie z. B. Zufriedenheit, Hilfsbereitschaft, Freundlichkeit etc. zählen. Doch wird dies von den Menschen oft leider erst spät beachtet. Die wichtigsten und wertvollsten Schätze haben wir in unseren Herzen!«

Natalie, 10. Klasse

- Startet doch selbst einmal ein Projekt unter dem Motto »Bibel heute«!
- Wählt eine Texteinheit der Bibel als Grundlage aus (denkbar sind z. B. die Urgeschichte Gen 1,1-11,9 oder die Bergpredigt Mt 5,1-7,29, vielleicht aber auch gerade ein weniger bekannter Textabschnitt).
- Sucht einzeln oder in Gruppen daraus einen Abschnitt oder einen Vers aus, der euch persönlich besonders anspricht, und erarbeitet dazu eine Präsentation (Essay, Umfrage, Streitgespräch, Collage, Predigt ...). Versucht zusätzliche Informationen hinzuzuziehen!
- Stellt die Ergebnisse – mit einem persönlichen Kommentar – in der Gruppe zur Diskussion.

9 Vom Tod zum Leben
Kreuz und Auferstehung Jesu Christi

1 »Ans Kreuz mit ihm!« (Mt 27,23)

¹Als er ein andermal in eine Synagoge ging, saß dort ein Mann, dessen Hand verdorrt war. ²Und sie gaben Acht, ob Jesus ihn am Sabbat heilen werde; sie suchten nämlich einen Grund zur Anklage gegen ihn.
³Da sagte er zu dem Mann mit der verdorrten Hand: Steh auf und stell dich in die Mitte!
⁴Und zu den anderen sagte er: Was ist am Sabbat erlaubt: Gutes zu tun oder Böses, ein Leben zu retten oder es zu vernichten? Sie aber schwiegen. ⁵Und er sah sie der Reihe nach an, voll Zorn und Trauer über ihr verstocktes Herz, und sagte zu dem Mann: Streck deine Hand aus! Er streckte sie aus und seine Hand war wieder gesund.
⁶Da gingen die Pharisäer hinaus und fassten zusammen mit den Anhängern des Herodes den Beschluss Jesus umzubringen.

Mk 3,1-6

Ein Mord wird beschlossen im Namen Gottes

Unruhe war ausgebrochen in der Stadt.
Da spielten einige das Spiel nicht mehr mit
zu gehorchen, sich zu bücken und sich zu verkriechen.
Sie verließen ihre Elendshütten,
ihre Kellerlöcher, Lager und Heime.
Sie kamen zu Jesus und lebten frei,
ließen sich nicht mehr einschüchtern und schelten.
Sie wagten sich wieder unter Menschen,
an die Öffentlichkeit.

Sie ließen sich nicht zurückdrängen,
sondern erhoben ihre Häupter
in aufrechtem Gang –
nicht mehr Knechte und Mägde der Menschen,
sondern Gotteskinder.

Da versammelten sich die Verantwortlichen –
schnell, denn ihre Sessel wackelten.
Und so hielten sie Rat,
wie sie oben blieben,
wie ihre Ruhe und Ordnung
weiterhin bewahrt blieben
durch Religion ...

Und sie wussten, wie:
Der Staat in Gefahr –
das glaubhaft gemacht,
rechtfertigt alles,
auch ein Todesurteil.

So hält man einen Rat:
Jesus muss weg –
samt seiner Predigt
der Gottesliebe und der Gottesherrschaft.
Sie drängt zu sehr in unsere Politik
und stärkt nur die Kritik
an dem System, in dem wir leben.
Weg muss jemand, der Vergebung
zum höchsten Maßstab seines Verhaltens macht,
denn er unterschätzt die Macht des Bösen.

Weg muss Jesus –
und mit ihm alle Spielverderber seiner Art
und die Störenfriede,
die immer von den Opfern reden
der blutigen Gewalt
und der cleveren Geschäftemacher.

Weg müssen sie, die den Leuten
nur den Kopf verdrehen
und den Sinn vernebeln,
dass sie harte Tatsachen nicht mehr sehen.

Jesus muss weg –
und mit ihm alle Rebellen der Gottesliebe,
die nur unsere Macht beschneiden.

Manfred Fischer

Im Leben Jesu zeigt sich das Leben selbst in seiner gesamten Widersprüchlichkeit. Jesus war kein Mensch, der ständig jammerte, der dauernd über das Böse in der Welt klagte: Hätte Gott keine bessere Welt erschaffen können? Warum reagiert er nicht auf die vielen Sünden und auf die Bosheit zwischen den Menschen? Nichts von alldem findet sich bei Jesus. Er nahm das Leben, so wie es sich darbot. Er hatte keine Angst vor den Opfern, die jedes wirklich engagiert gelebte Leben notwendigerweise mit sich bringt: Einsamkeit, Verfolgung, Unverständnis, Verleumdung usw. Er lebte das Leben als ein Geschenk des Menschen an die anderen Menschen: Ich bin in eurer Mitte um zu dienen (Mk 10,45).
In seiner Grundeinstellung des »Seins für die anderen« kennt er kein Zaudern und keine Rückzüge. Wenn man aber sein Leben als ein Geschenk leben will, bedeutet dies Opfer, Zermürbung und Hingabe für die anderen.
Der Tod Jesu war an erster Stelle der Tod eines Menschen. Mit anderen Worten: Dieser Tod steht in dem Zusammenhang eines ganzen Lebens. Und hier im Leben Jesu hat er ganz konkret mit einem Konflikt zu tun, der schließlich zu diesem Tod führte: einem Tod, dessen Ursachen nicht außerhalb der Geschichte etwa in einem göttlichen Ratschluss zu finden sind, sondern für den ganz bestimmte Menschen verantwortlich sind. Es ist ein Tod, der in der Geschichte seinen Platz hat, der zu den vielen Todesfällen in der Geschichte gerechnet wird. Jesus starb aus demselben Grund, aus dem die Propheten zu allen Zeiten sterben: Er stellte die von ihm verkündigten Werte über das eigene Leben. Er zog es vor frei zu sterben als auf die Wahrheit, die Gerechtigkeit, das Recht, das Ideal einer universellen Geschwisterlichkeit, die Wahrheit der uneingeschränkten Güte Gottes zu verzichten.

Leonardo Boff

Honoré Daumier, 1849-1852

²⁹Pilatus fragte: Welche Anklage erhebt ihr gegen diesen Menschen? ³⁰Sie antworteten: Wenn er kein Übeltäter wäre, hätten wir ihn dir nicht ausgeliefert.

Joh 18,29-30

- Versucht aus der Erinnerung Gründe zusammenzutragen, warum Jesus auf Ablehnung gestoßen ist und bei welchen Menschen.
- Vergleicht eure Ergebnisse mit folgenden Bibelstellen: Mk 2,13-17; Lk 4,14-30; Mk 11,15-19, Joh 8,1-11; Lk 23,1-5.
- Nennt aus der Sicht der jüdischen (Hoher Rat) und der römischen Obrigkeit (Pilatus) Anklagepunkte gegen Jesus.
- Wie ist der Glaube an Gottes »uneingeschränkte Güte« mit dem Leiden unschuldiger Menschen zu vereinbaren? Auf diese Frage geht Kap. 3 ein, v. a. S. 38-41.

2 Gekreuzigt, gestorben und begraben

Folgendes dürfte sich tatsächlich ereignet haben: Jesus wurde an einem Freitag der jüdischen Passah-Woche (wahrscheinlich am 7. April 30 n. Chr.) vom römischen Statthalter Pontius Pilatus zum Tode verurteilt und am Kreuzespfahl hingerichtet. Die jüdische Obrigkeit hatte ihn vor dem römischen Gericht angeklagt, er habe sich als Messiasanwärter ausgegeben und wolle die römische Staatsmacht in Palästina untergraben. Gegen Rebellen ging die römische Besatzungsmacht mit aller Härte vor. An solchen »Verbrechern« vollstreckten die Römer die schändlichste Todesstrafe, die man kannte: die Hinrichtung am Kreuz. Mit der Aufschrift »König der Juden« rechtfertigten sie ihr Vorgehen.

1 Nagel, 11,5 cm lang
2 Rost- und Kalkablagerung
3 Holzreste
4 Kalkreste
5 Rechtes Fersenbein
6 Linke Spitze des Fersenbeins
7 Linkes Fersenbein
8 Reste von Olivenholz

Am Kreuz sterben

Sonne brennt auf den nackten Körper. Der Schmerz der Nagelwunden hält unvermindert an. Die Dehnung der Muskeln führt zu einem Muskelkrampf. Dieser breitet sich schleichend über den ganzen Körper aus. Er beginnt in den Armen und wandert zur Körpermitte. Irgendwann erreicht er die Atemmuskulatur. Der Hängende leidet unter Atemnot. Der Druck des Blutes fällt. Sein Sauerstoffspiegel nimmt ab, der Kohlensäuregehalt steigt. Der Durst wird zur Qual. Das Herz schlägt schneller. Schweiß rinnt über den Körper. Die Körpertemperatur erhöht sich.

Solange seine Kraft reicht, kann der Gekreuzigte sich trotz aller Schmerzen nach oben stemmen und die Muskelanspannung in den Armen für kurze Zeit vermindern. Dann atmet er etwas leichter. Doch dieses Aufbäumen kostet Kraft. Schließlich versagen die Beine den Dienst. Die Atemnot wird drückender. Der Sterbende fühlt würgende Enge. Angst ergreift ihn. Die Durchblutung von Kopf und Herz wird immer schwächer. Der Körper erhält kaum mehr Sauerstoff. Der Schlag des Herzens setzt aus. Der Kopf neigt sich vornüber auf die Brust.

Kurt A. Speidel

Im Jahr 1968 haben Archäologen in der Nähe von Jerusalem die Knochenreste eines Gekreuzigten aus dem 1. Jahrhundert n. Chr. gefunden. Auf einem Ossuar (Knochenkasten), in dem die Gebeine beigesetzt waren, ist der Name Jehochanan Ben Hagkol zu lesen. Aus dem Knochenfund lässt sich die Art der Hinrichtung rekonstruieren (s. links). Es handelt sich um eine mögliche Variante der Kreuzigung Jesu. Man muss aber wissen, dass die römischen Soldaten nach Lust und Laune auch andere Formen wählen konnten um ihren Sadismus zu befriedigen.

PASSION UNSERES HERRN JESUS CHRISTUS

hINRIchtung
INRIchtung
auferstehung

Wilhelm Willms

³³Als die sechste Stunde kam, brach über das ganze Land eine Finsternis herein. Sie dauerte bis zur neunten Stunde. ³⁴Und in der neunten Stunde rief Jesus mit lauter Stimme: Eloi, Eloi, lema sabachtani?, das heißt übersetzt: Mein Gott, mein Gott, warum hast du mich verlassen? ³⁵Einige von denen, die dabeistanden und es hörten, sagten: Hört, er ruft nach Elija! ³⁶Einer lief hin, tauchte einen Schwamm in Essig, steckte ihn auf einen Stock und gab Jesus zu trinken. Dabei sagte er: Lasst uns doch sehen, ob Elija kommt und ihn herabnimmt. ³⁷Jesus aber schrie laut auf. Dann hauchte er den Geist aus.
³⁸Da riss der Vorhang im Tempel von oben bis unten entzwei.
³⁹Als der Hauptmann, der Jesus gegenüberstand, ihn auf diese Weise sterben sah, sagte er: Wahrhaftig, dieser Mensch war Gottes Sohn.

Mk 15,33-39

⁴⁴Es war etwa um die sechste Stunde, als eine Finsternis über das ganze Land hereinbrach. Sie dauerte bis zur neunten Stunde. ⁴⁵Die Sonne verdunkelte sich. Der Vorhang im Tempel riss mitten entzwei ⁴⁶und Jesus rief laut: Vater, in deine Hände lege ich meinen Geist. Nach diesen Worten hauchte er den Geist aus.
⁴⁷Als der Hauptmann sah, was geschehen war, pries er Gott und sagte: Das war wirklich ein gerechter Mensch.
⁴⁸Und alle, die zu diesem Schauspiel herbeigeströmt waren und sahen, was sich ereignet hatte, schlugen sich an die Brust und gingen betroffen weg.
⁴⁹Alle seine Bekannten aber standen in einiger Entfernung (vom Kreuz), auch die Frauen, die ihm seit der Zeit in Galiläa nachgefolgt waren und die alles mit ansahen.

Lk 23,44-49

- Lest die Passionsgeschichte nach dem Markusevangelium (Kap. 14 und 15) mit verteilten Rollen. Schreibe den Satz auf, der dich besonders berührt hat.
- Schreibe aus der Sicht einer der beteiligten Personen (Petrus, Judas, Pilatus, Maria aus Magdala, Maria, die Mutter des Joses, der Hauptmann …) einen Brief über die Ereignisse oder einen Tagebucheintrag.
- Lest in arbeitsteiligen Gruppen die Szene von der Gefangennahme Jesu in den vier Evangelien (Mk 14,43-52; Mt 26,47-56; Lk 22,47-53; Joh 18,3-12). Arbeitet heraus, wie Jesus sich verhält. Vielleicht könnt ihr ein Standbild dazu gestalten und mit einer Digitalkamera fotografieren.
- Die Evangelisten haben bei der Schilderung des Todes Jesu unterschiedliche Schwerpunkte gesetzt. In der Gegenüberstellung (Synopse) unten könnt ihr diese Unterschiede herausarbeiten.
- Vergleicht die biblischen Texte mit den Sachinformationen auf S. 122. Welche unterschiedlichen Anliegen haben die Verfasser jeweils?
- Der Tod Jesu wird in der Bibel unterschiedlich gedeutet. Lest dazu Mk 10,45; Mk 14,35 f.; Lk 24,19-21; 1 Kor 1,23-24; Phil 2,7-8. Versetzt euch in den Verfasser und versucht zu ergänzen: »Ich will damit über Jesus sagen …«.
- Dasselbe könnt ihr mit den Bildern und Gedichten dieses Kapitels tun.

der sich
ganz auf gott
verließ

hängt am holz
von gott
verlassen

der
die gnade ist
schreit im Schmerz der
gnaden-los

der
für liebe stritt

stirbt
von hass
durchbohrt

Kurt Marti

Das Wort

Keins seiner Worte
glaubte ich, hätte er nicht
geschrien: Gott, warum
hast du mich verlassen.

Das ist mein Wort, das Wort
des untersten Menschen.

Und weil er selber
so weit unten war, ein
Mensch, der »Warum« schreit und
schreit »Verlassen«, deshalb könnte
man
auch die andern Worte,
die von weiter oben,
vielleicht
ihm glauben.

Rudolf Otto Wiemer

⁴²Da es Rüsttag war, der Tag vor dem Sabbat, und es schon Abend wurde, ⁴³ging Josef von Arimathäa, ein vornehmer Ratsherr, der auch auf das Reich Gottes wartete, zu Pilatus und wagte es um den Leichnam Jesu zu bitten. ⁴⁴Pilatus war überrascht, als er hörte, dass Jesus schon tot sei. Er ließ den Hauptmann kommen und fragte ihn, ob Jesus bereits gestorben sei. ⁴⁵Als der Hauptmann ihm das bestätigte, überließ er Josef den Leichnam. ⁴⁶Josef kaufte ein Leinentuch, nahm Jesus vom Kreuz, wickelte ihn in das Tuch und legte ihn in ein Grab, das in einen Felsen gehauen war. Dann wälzte er einen Stein vor den Eingang des Grabes. ⁴⁷Maria aus Magdala aber und Maria, die Mutter des Joses, beobachteten, wohin der Leichnam gelegt wurde.

Mk 15,42-47

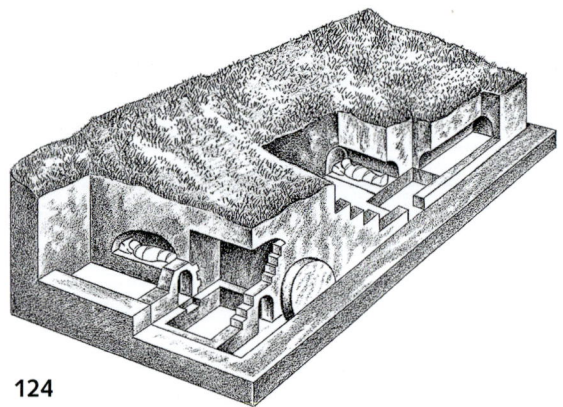

Jesus wurde entweder in einem Bankgrab (links) oder in einem Schiebestollengrab (rechts) bestattet. Viele Gräber haben eine Vorkammer (s. linke Grabanlage). Der enge und niedrige Eingang wird zum Schutz gegen Tiere oft mit einem Rollstein verschlossen, der sich in einer Rille bewegen lässt. Nach jüdischer Sitte wurde der Tote zuerst gewaschen und mit Öl gesalbt, dem Spezereien wie Myrre (vgl. dazu Mt 2,11) und Aloë beigegeben waren, um den Leichengeruch zu überdecken. Meist bekleidete man den Toten mit einem schlichten Linnengewand oder wickelte ihn in ein Leichentuch.

Ich kenne einen

der ließ sich von uns die Suppe versalzen
der ließ sich von uns die Chancen vermasseln
der ließ sich von uns das Handwerk legen
der ließ sich von uns für dumm verkaufen
der ließ sich einen Strick drehen
der ließ sich an der Nase herumführen
der ließ sich übers Ohr hauen
der ließ sich von uns kleinkriegen
der ließ sich von uns aufs Kreuz legen
der ließ sich von uns Nägel mit Köpfen machen
der ließ sich zeigen was ein Hammer ist
der ließ sich von uns festnageln auf sein Wort
der ließ sich seine Sache was kosten
der ließ sich sehen am dritten Tag

der konnte sich sehen lassen

Lothar Zenetti

Roland Peter Litzenburger, 1971

**Deinen Tod, o Herr,
verkünden wir
und deine Auferstehung
preisen wir,
bis du kommst in Herrlichkeit.**

Aus dem Hochgebet der hl. Messe

Der Tod ist das Endereignis eines Menschenlebens. Im Tod kann endgültig zum Vorschein kommen, was es mit dem Leben eines Menschen auf sich hat (vgl. S. 35-50). Das Leben Jesu ist geprägt von einer Hingabe an Gott und die Menschen, die keine Einschränkungen kennt. Sein Lebensprinzip ist das »Prinzip Liebe«.
Wir anderen Menschen neigen dazu, bei Schwierigkeiten und Widerständen von dem abzuweichen, was wir »theoretisch« für richtig halten. Jesus ist es gelungen sich selber treu zu bleiben bis in den Tod hinein. Er hat sein Lebensprinzip bewahrt in einer Welt von Interessen, Egoismus, Rivalität, Aggression und Hass – auch als es ihm selbst »an den Kragen« ging.
Mit der Auferweckung Jesu vom Tod hat Gott bestätigt, dass der Weg Jesu, das »Prinzip Liebe«, der richtige Weg ist. Daher ist das Kreuz zum Erkennungszeichen der Christen geworden. Es ist das Erkennungszeichen der Menschen, die diesen Weg für richtig halten.

3 Das eine Kreuz und die vielen Kreuze

Am Kreuz hängt nicht nur einer,
am Kreuz hängen viele.
Von Freunden vergessen,
von den Zeitungen verschwiegen,
von Krankheit geplagt,
von Sorgen gequält,
von Langeweile ausgehöhlt,
von Ansprüchen erdrückt,
von Angst erpresst,
von Hass vergiftet.
Am Kreuz hängt nicht nur einer,
am Kreuz hängen viele.
Sollen wir nur von dem einen reden?

Glücklich sein – das geht doch nicht

»Alle wollen glücklich sein«, so heißt die Überschrift im Buch. »Das ist ja wohl klar«, meint Fred, »ich bin sowieso glücklich.« »Meine Schwester ist glücklich, ich nur manchmal«, sagt Peter. »Und du?«, wende ich mich an die schweigsame Dragana. »Ich? Glücklich sein? Das geht doch nicht.« Das klingt so dunkel, so endgültig, dass mir jede aufmunternde Bemerkung schal erschiene. Das Klassengespräch geht weiter. Dann teile ich Blätter aus, sie sollen aufschreiben, was für sie wichtig ist. »Kann man auch malen?«, fragt Dragana. »Ja. Du kannst auch malen. Willst du Buntstifte?« »Brauch keine. Schwarz reicht.« Alle sind beschäftigt. Das war eine gute Idee mit dem Malen. Da braucht sie sich nicht mit der deutschen Sprache und der schwierigen Rechtschreibung zu plagen.
Dragana ist vor zwei oder drei Jahren mit ihrer Mutter aus Kroatien gekommen. Sie leben in einer winzigen Anderthalb-Zimmerwohnung an einer lauten Straße. Sie ist ein schönes Mädchen, aber wie in sich selbst verkrümmt, gebückt unter einer dunklen Last.
Ich sammle die Blätter ein. Die Kinder gehen in die Pause. Draganas Blatt liegt obenauf. Sie ist in der Tür, als ich sie noch mal zurückrufe. »Magst du mir etwas zu deinem Bild sagen?« Sie zuckt die Achseln. »Ein großes Haus. Ich wünschte mir, wir hätten ein großes Haus mit einem Garten drumrum.« »Ja. Dein Haus ist prächtig, die vielen Fenster, der vornehme Eingang. Aber es sieht aus, als wohne niemand darin.« »Wohnt auch niemand. Die Erwachsenen sind alle im Krieg.« »Aber im Garten sind viele Kinder.« »Stimmt. Alle Kinder spielen im Garten.« »Und was spielen die?« »Krieg, natürlich.« »Warum spielen die Krieg?« »Weil, links, das sind die Kinder von Serben, das sind mehr, und auf der anderen Seite sind unsere Kinder. Wir sind weniger und haben nicht so viel Waffen wie die Tschetniks.« »Du nennst sie Tschetniks?« »Früher nicht, als wir noch richtig gespielt haben. Da hatten wir immer ihre Namen gesagt. Aber dann haben sie uns Ustascha geschimpft. Darum.« »Und du? Bist du auch auf dem Bild?« »Ja. Nein. Man kann mich nicht sehen. Weil – ich hab mich im Keller versteckt.« »Im Keller?« Sie nickt. »Weil ich immer Angst habe.« »Und im Keller fühlst du dich sicher?« »Nein. Das Haus geht sowieso auch kaputt.« Sie zeigt auf die Raketen, die über dem Haus ihre Bomben abwerfen. Eine hat das Dach durchschlagen. »Und die schwarzen Blitze und die vielen dünnen Fäden, die überall hinreichen, auch bis zu den Kindern?« »Das sind gefährliche Strahlen.« »Gefährliche Strahlen? Was ist denn das?« »Weiß nicht genau. Halt, dass es gefährlich ist. Wegen Krieg und Angst – und alle hassen sich.« »Sprichst du manchmal mit deiner Mutter darüber?« »Nein. Dann weint sie nur. Sowieso wegen Papa. Vielleicht ist er schon tot. Sie hört immer kroatische Nachrichten.« »Und was tut sie sonst?« »Nichts. Vor sich hinglotzen. Immer an eine Stelle. Sie spricht nicht. Fast nichts. Sie will nach Hause. Egal, wenn Krieg ist.« »Und du? Willst du auch zurück?« »Ich hab Angst.« »Du hast die ganze Zeit Angst?« »Nicht immer. Wenn ich in der Schule bin, habe ich keine Angst. Darum mag ich am liebsten hier in der Schule sein.«

Inger Hermann

Die Botschaft Jesu wendet sich immer auch gegen uns selbst, die wir hoffnungsvoll auf sein Kreuz blicken. Sie lässt es nicht zu, dass wir über seinem Kreuz die vielen Kreuze in der Welt übersehen, neben seiner Passion die vielen Qualen verschweigen, die ungezählten namenlosen Untergänge, das sprachlos erstickte Leiden, die Verfolgung zahlloser Menschen, die wegen ihres Glaubens, ihrer Rasse oder ihrer politischen Einstellung in unserem Jahrhundert zu Tode gequält werden, die verfolgten Kinder seit den Zeiten des Herodes bis Auschwitz und bis in die jüngste Zeit. Sind wir Christen diesem Leiden gegenüber nicht oft in einer erschreckenden Weise fühllos und gleichgültig gewesen? »Herr, wann hätten wir dich je leidend gesehen?«
»... Wahrlich, ich sage euch, was ihr einem dieser Geringsten nicht getan habt, habt ihr mir nicht getan« (Mt 25,45).
Nur wo wir Christen uns diesem Leiden hilfreich zuwenden, bekennen wir die hoffnungsvolle Botschaft von Jesu Leiden.

Gemeinsame Synode: Unsere Hoffnung, 1975

Josef Hegenbarth

- Redet über das »Kreuz«, das Dragana zu tragen hat. Könnt ihr Gemeinsamkeiten mit der Leidensgeschichte Jesu entdecken? Welche Menschen wirken an der »Kreuzigung« Draganas mit?
  Informiert euch über den Balkankrieg – wie ist die Situation dort heute? – oder über ein aktuelles Kriegsgebiet.
- Sucht auch andere Beispiele für »Kreuzigungen« aus unserer Zeit.
- Sucht Wegkreuze in eurer Umgebung. Oft stehen auch hinter ihnen menschliche Schicksale. Vielleicht könnt ihr etwas darüber herausfinden.
- Sammelt Kreuzesdarstellungen. Ihr könnt daraus eine Bildwand zusammenstellen und herausarbeiten, wie die Menschen ihr eigenes »Kreuz« darin eingezeichnet haben.
- Seht euch den Kreuzweg in einer katholischen Kirche an. Gestaltet selbst Kreuzwegstationen – vielleicht mit aktuellen Bezügen. Sprecht mit einer Gemeinde, ob ihr eure Arbeiten in der Kirche ausstellen könnt. Versucht mit den Gemeindemitgliedern darüber ins Gespräch zu kommen.

4 Der Tod hat nicht das letzte Wort

Die Jünger Jesu haben bei seiner Hinrichtung nicht gerade eine heldenhafte Figur abgegeben. Sein Tod am Kreuz war für sie eine unglaubliche Katastrophe, der Zusammenbruch aller ihrer Hoffnungen. Alle Evangelisten erzählen, wie die Jünger bei seiner Verhaftung in alle Himmelsrichtungen zerstoben sind. Vieles spricht dafür, dass sie nach Galiläa zurückgekehrt sind zu ihrer früheren Arbeit. Ihre hoch gesteckten Hoffnungen hatten sich anscheinend als trügerisch erwiesen. In Joh 21,1-14 oder Lk 24,13-35 ist ihre Stimmung von Lähmung und Trostlosigkeit meisterhaft eingefangen.

Der Tod Jesu am Kreuz schien alles in Frage zu stellen, was Jesus, in seinen Gleichnissen etwa, von Gott erzählt hatte. Er hatte von einem Gott erzählt, der Menschen mit einer schier unglaublichen Geduld durch ihr Leben begleitet, der wie ein Vater ist, der den verlorenen Sohn nach langen Irrwegen voller Freude wieder aufnimmt. Er hatte von einem Gott erzählt, der Menschen nicht einengen, sondern in die Freiheit führen will; man denke an das berühmte Wort in Mk 2,27: »Der Sabbat ist um des Menschen willen da, nicht der Mensch um des Sabbat willen.« Sein Sterben am Kreuz stellte unglaublich quälende Fragen: Hatte Gott ihn nicht im Stich gelassen? Konnte man seine Kreuzigung nicht sogar als Gottesurteil auffassen über seinen gotteslästerlichen Anspruch in Gottes Autorität, an Gottes Stelle zu reden und zu handeln? Schien nicht alles widerlegt, was er gepredigt hatte?

Und dieselben Leute, die durch seinen Tod völlig aus der Bahn geworfen waren, die all ihren Glauben verloren hatten, denen sich das Antlitz Gottes verdunkelt hatte, die feige weggelaufen waren, sie fangen auf einmal an, von diesem Jesus und seiner Auferstehung zu sprechen, öffentlich, mit einer Unerschrockenheit ohnegleichen. Sie setzen ihr Leben dafür aufs Spiel. Sie fangen an die Gottesbotschaft Jesu weiterzusagen. Was ist mit ihnen vorgegangen? Was hat diesen Umschwung bewirkt? Dazwischen muss ja etwas geschehen sein, zwischen der Lähmung des Karfreitags und der Predigt von Ostern, etwas, das diesen Umschwung verständlich macht. Alle neutestamentlichen Zeugnisse, gerade auch die ältesten, sagen völlig übereinstimmend: Der gekreuzigte Jesus ist den Seinen als der Lebendige erschienen. Sie haben ihn als den Gegenwärtigen, Lebenden erfahren. Man kann den Texten noch anmerken, dass sie alles andere als das erwartet hatten, wie sehr sie diese Erfahrungen umgeworfen, überrascht, ja überwältigt haben. Darin stimmen alle überein. Aber wenn sie dann anfangen davon zu erzählen, fangen sie an zu stammeln, greifen sie nach Bildern. Und das kann ja auch gar nicht anders sein. Sie versuchen Unsagbares zu sagen, sie versuchen die erschütternde Erfahrung in Worte zu fassen, dass hier Gott selbst in unser todverfallenes Leben eingegriffen hat, rettend, den Tod überwindend. Und ich nehme ihnen das ab. Weil sie ihr Zeugnis mit dem Tod besiegelt haben, fast alle. Ich glaube es ihnen nicht zuletzt deswegen, weil diese Botschaft einer Frage antwortet, die tief in mir drinsitzt: Was wird mit mir im Tod, was wird mit uns im Tod? Ich glaube es, weil es einer Hoffnung entspricht, die sich zäh in mir eingenistet hat, es möge nicht eines Tages alles einfach endgültig zu Ende sein, nicht mit mir, nicht mit den anderen.

Franz-Josef Ortkemper

Das älteste Osterzeugnis:

> Christus ist für unsere Sünden gestorben, gemäß der Schrift, und ist begraben worden.
> Er ist am dritten Tag auferweckt worden, gemäß der Schrift, und erschien dem Kephas, dann den Zwölf.
>
> 1 Kor 15,3-5

Arcabas, 1994

[19] Am Abend dieses ersten Tages der Woche, als die Jünger aus Furcht vor den Juden die Türen verschlossen hatten, kam Jesus, trat in ihre Mitte und sagte zu ihnen: Friede sei mit euch! [20] Nach diesen Worten zeigte er ihnen seine Hände und seine Seite. Da freuten sich die Jünger, dass sie den Herrn sahen. [21] Jesus sagte noch einmal zu ihnen: Friede sei mit euch! Wie mich der Vater gesandt hat, so sende ich euch. [22] Nachdem er das gesagt hatte, hauchte er sie an und sprach zu ihnen: Empfangt den Heiligen Geist!
[24] Thomas, genannt Didymus (Zwilling), einer der Zwölf, war nicht bei ihnen, als Jesus kam. [25] Die anderen Jünger sagten zu ihm: Wir haben den Herrn gesehen. Er entgegnete ihnen: Wenn ich nicht die Male der Nägel an seinen Händen sehe und wenn ich meinen Finger nicht in die Male der Nägel und meine Hand nicht in seine Seite lege, glaube ich nicht. [26] Acht Tage darauf waren seine Jünger wieder versammelt und Thomas war dabei.
Die Türen waren verschlossen. Da kam Jesus, trat in ihre Mitte und sagte: Friede sei mit euch! [27] Dann sagte er zu Thomas: Streck deine Hand aus und leg sie in meine Seite und sei nicht ungläubig, sondern gläubig! [28] Thomas antwortete ihm: Mein Herr und mein Gott! [29] Jesus sagte zu ihm: Weil du mich gesehen hast, glaubst du. Selig sind, die nicht sehen und doch glauben.

Joh 20,19-29

- Schreibt den Brief eines Jüngers oder einer Jüngerin, der oder die nach der Kreuzigung Jesu enttäuscht nach Galiläa zurückgekehrt ist.
- Betrachtet den Holzschnitt von Karl Schmidt-Rottluff und hört dazu die Geschichte von den Emmaus-Jüngern (Lk 24,13-35). Ihr könnt auch den Weg der Jünger in eurem Klassenraum gestalten. Sucht euch passende Zeichen, die die Gefühle und Stimmungen der beiden ausdrücken können.
- Sammelt Osterbilder und findet heraus, was sie über das Ostergeschehen ausdrücken wollen. Vergleicht sie mit den Ostergeschichten aus dem Neuen Testament.

5 An die Auferstehung glauben

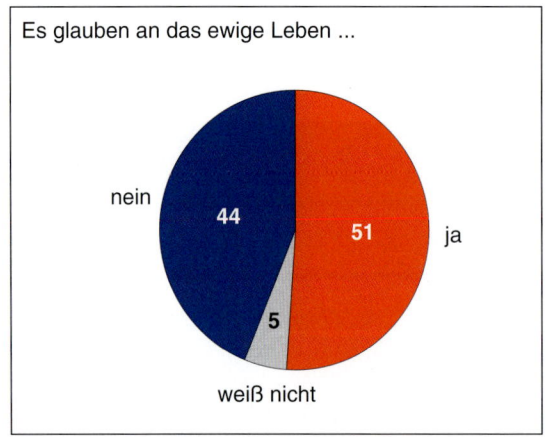

Es glauben an das ewige Leben ...
- nein: 44
- ja: 51
- weiß nicht: 5

Es glauben persönlich, dass Jesus Christus zu Ostern ...
- weder gekreuzigt worden noch auferstanden ist: 1
- weiß nicht: 13
- auferstanden ist: 12
- gekreuzigt worden ist: 20
- gekreuzigt worden und auferstanden ist: 54

> ¹²Wenn aber verkündigt wird, dass Christus von den Toten auferweckt worden ist, wie können dann einige von euch sagen: Eine Auferstehung der Toten gibt es nicht? ¹³Wenn es keine Auferstehung der Toten gibt, ist auch Christus nicht auferweckt worden. ¹⁴Ist aber Christus nicht auferweckt worden, dann ist unsere Verkündigung leer und euer Glaube sinnlos. ¹⁵Wir werden dann auch als falsche Zeugen Gottes entlarvt, weil wir im Widerspruch zu Gott das Zeugnis abgelegt haben: Er hat Christus auferweckt. Er hat ihn eben nicht auferweckt, wenn Tote nicht auferweckt werden. ¹⁶Denn wenn Tote nicht auferweckt werden, ist auch Christus nicht auferweckt worden. ¹⁷Wenn aber Christus nicht auferweckt worden ist, dann ist euer Glaube nutzlos und ihr seid immer noch in euren Sünden; ¹⁸und auch die in Christus Entschlafenen sind dann verloren. ¹⁹Wenn wir unsere Hoffnung nur in diesem Leben auf Christus gesetzt haben, sind wir erbärmlicher daran als alle anderen Menschen.
>
> *1 Kor 15,12-19*

Christus lebt auch nach seinem Tode und gerade durch dessen Überzeugungskraft in allen Menschen, die seinen Lebensvorschlag verwirklichen. Ihn geben sie immer wieder an andere Menschen weiter.
Wenn Jesus nicht wirklich in unserem Leben auferweckt wird, ist in der Tat all unser Reden von seiner Auferstehung sinnlos. Dann wäre unser Glaube ja nicht gelebt, sondern nur ein Gerede. Dann wären wir auch falsche Zeugen: Wir behaupteten, Jesus sei auferstanden, ohne diese Behauptung Wahrheit werden zu lassen. Dann vegetierten wir immer noch, statt zu »leben«. Ebenso stünde es mit den bereits Verstorbenen, die nur von Christus geredet, aber nicht die praktischen Konsequenzen daraus gezogen hatten. Auch ihr Leben wäre dann verfehlt.

Rudolf Kautzky

- Klärt miteinander den Zusammenhang des Glaubens an die Auferstehung Jesu mit dem Glauben an die Auferstehung aller Menschen. Vielleicht könnt ihr zu dem Thema ein Interview mit Paulus entwerfen. Was würde er wohl zu den Statistiken sagen?
- Die Texte auf dieser Doppelseite weisen darauf hin, dass der Glaube an die Auferstehung Konsequenzen haben muss. Was könnte es bedeuten, wenn Christ/innen aus diesem Glauben leben?
- Seht euch das »Halterner Kreuz« rechts genau an. Findet heraus, wie es den Glauben an die Auferstehung sichtbar machen will. Hilfen zur Deutung findet ihr (neben einer Legende über die Auffindung des Kreuzes) unter www.st-sixtus.de/Pfarrgemeinde/Rundgang.

Christen: Protestleute gegen den Tod

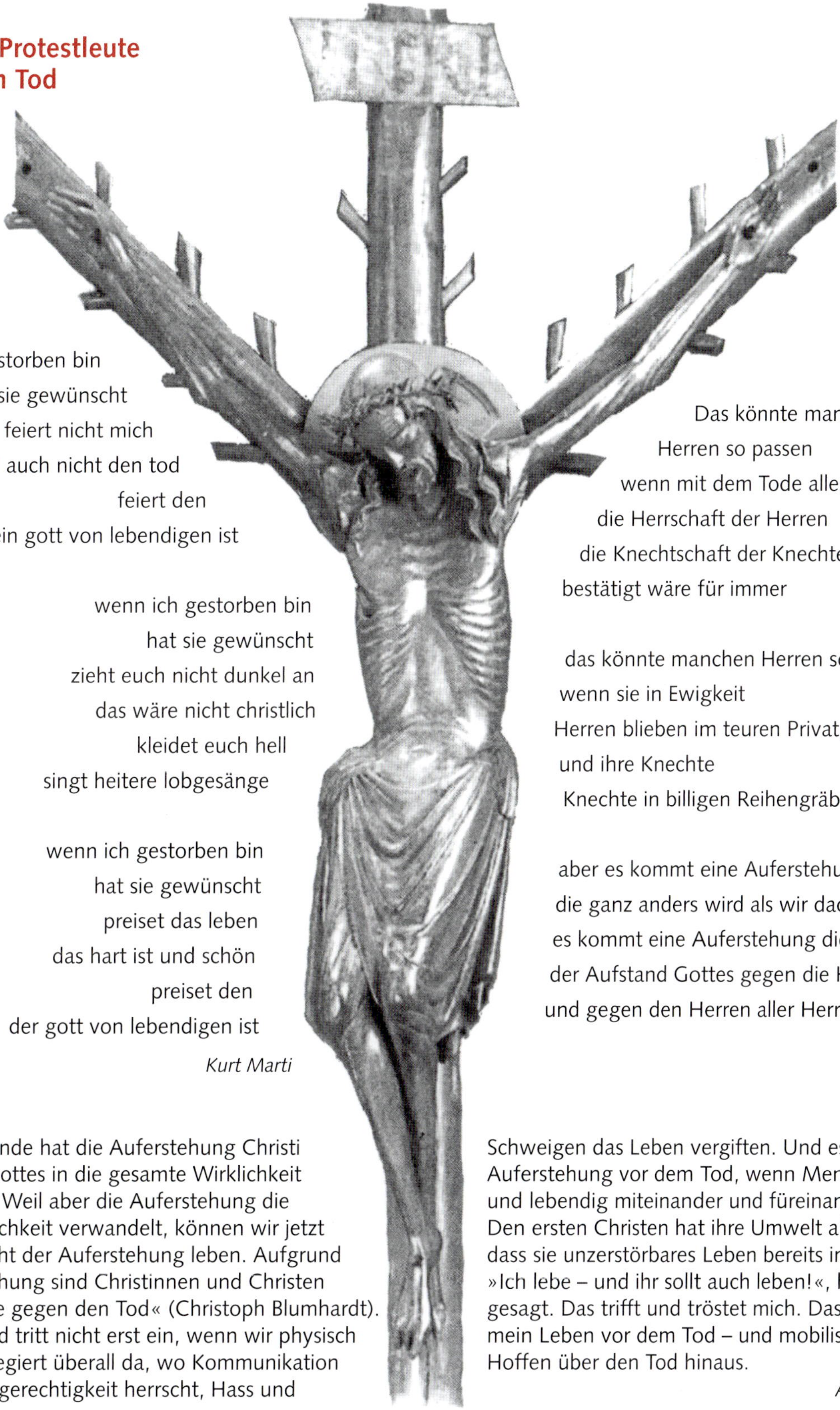

wenn ich gestorben bin
   hat sie gewünscht
      feiert nicht mich
   und auch nicht den tod
      feiert den
der ein gott von lebendigen ist

   wenn ich gestorben bin
      hat sie gewünscht
         zieht euch nicht dunkel an
         das wäre nicht christlich
      kleidet euch hell
   singt heitere lobgesänge

   wenn ich gestorben bin
      hat sie gewünscht
         preiset das leben
      das hart ist und schön
         preiset den
   der gott von lebendigen ist

Kurt Marti

Das könnte manchen
Herren so passen
wenn mit dem Tode alles beglichen
die Herrschaft der Herren
die Knechtschaft der Knechte
bestätigt wäre für immer

das könnte manchen Herren so passen
wenn sie in Ewigkeit
Herren blieben im teuren Privatgrab
und ihre Knechte
Knechte in billigen Reihengräbern

aber es kommt eine Auferstehung
die ganz anders wird als wir dachten
es kommt eine Auferstehung die ist
der Aufstand Gottes gegen die Herren
und gegen den Herren aller Herren: den Tod

Kurt Marti

Die Urgemeinde hat die Auferstehung Christi als Eingriff Gottes in die gesamte Wirklichkeit empfunden. Weil aber die Auferstehung die ganze Wirklichkeit verwandelt, können wir jetzt schon im Licht der Auferstehung leben. Aufgrund der Auferstehung sind Christinnen und Christen »Protestleute gegen den Tod« (Christoph Blumhardt). Denn der Tod tritt nicht erst ein, wenn wir physisch sterben. Er regiert überall da, wo Kommunikation abbricht, Ungerechtigkeit herrscht, Hass und Schweigen das Leben vergiften. Und es gibt eine Auferstehung vor dem Tod, wenn Menschen wach und lebendig miteinander und füreinander leben. Den ersten Christen hat ihre Umwelt abgespürt, dass sie unzerstörbares Leben bereits in sich trugen. »Ich lebe – und ihr sollt auch leben!«, hat Jesus gesagt. Das trifft und tröstet mich. Das verändert mein Leben vor dem Tod – und mobilisiert mein Hoffen über den Tod hinaus.

Andreas Ebert

6 Auferstehung – mitten im Leben

Leben wär eine prima Alternative

Maxi Wander, Schriftstellerin aus Österreich, Ehefrau und Mutter von drei Kindern, lebte in Ost-Berlin, in der ehemaligen DDR, und erkrankte mit 43 Jahren an Krebs. Nach einer Operation und anschließendem wochenlangen Krankenhausaufenthalt schreibt sie in ihren Tagebüchern und Briefen:

Montag, den 4. Oktober 1976
Visite und gründliche Untersuchung vom Chef persönlich. Dann eröffnet er mir: Er entlässt mich nach Hause! ... Erzähle es Frau E., falle ihr in die Arme: Ich darf ein paar Tage Leben probieren! Jeden Tropfen Leben werde ich auskosten, Leben tröpfelweise, aber sicherlich hab ich mehr davon als viele andere Menschen, die nicht wissen, was Leben eigentlich ist.

5. Oktober
(An Ernst R., Paris) Zu Hause – ich bin zu Hause. Ernst, verstehst du das? Zwischen zwei Kliniken. (Ich muss zu einer Nachbehandlung nach Buch, aber erst muss meine Wunde heilen, die Fred täglich verbindet.) Und ich genieße unseren Garten, leg eine Platte auf, bereite uns ein gutes Essen, schau mir Danis Aufgaben an. Alles ist fremd und wie verzaubert. Ich möchte dir von den ganz kleinen Dingen erzählen, als wären es Sensationen: bei Tisch sitzen, Mozart hören und mit Fred eine Tasse Kaffee trinken, weißt du, was ich meine? ... Und wenn ich die Menschen sehe in den Straßen von Berlin, in ihrer blinden Hast. Was ist los mit ihnen, frag ich mich, haben sie nichts begriffen? Natürlich nicht, wie sollen sie ...

14. Oktober
Es wachsen einem sogar Kräfte, von denen man nix mehr gewusst hat ...
... Fred war wunderbar in den letzten Wochen, hat mich herausgerissen aus dem schwarzen Loch, sodass ich wieder leben kann.

1. November
(wieder im Krankenhaus) Meine liebe Tanja!
Ich habe in den letzten Tagen mehr als 50 Briefe bekommen und die meisten fragen mich, wie sie leben sollen. Als wär ich am Ende meiner Tage und schon im Himmel angekommen, wo Gott sitzt und alle unsere Fragen beantwortet. Was denkst du, wie ich die Nächte mit Fragen hinkriege, wie ich verzweifle und keine Kraft mehr finde und eins nur klar zu sein scheint: So wie bisher will ich nicht weiterleben. Leben, ja, aber nicht um jeden Preis! ...
Ich habe bestimmt sehr vieles gründlich falsch gemacht, aber auf eines bin ich beinahe stolz, dass ich die Hoffnung nicht verliere, immer wieder aufstehe und mir sage: Die Menschen werden es schaffen, sie werden lernen ihr Leben zu gestalten. Wer mir diese Hoffnung gibt? ... Mein Vater, der Peter, Fred, deine Jule, Lenin, Jesus, Christa Wolf ... David Oistrach, unser Töpfer ... Chagall, Heinrich Böll, Albert Schweitzer, die Schwester Doris von unserer Station ... sieben Seiten könnte ich mit Namen füllen!
Weißt du, Tanja, was ich mir hier immer sage? Es sind keine verlorenen Wochen, es ist mein Leben, das ich möglichst ehrlich und intensiv zu leben habe ...

Im November 1977 ist Maxi Wander an ihrer Krankheit gestorben.

Joseph Beuys, 1962-63

Entwurf für ein Osterlied

Die Erde ist schön und es lebt sich
leicht im Tal der Hoffnung.
Gebete werden erhört. Gott wohnt
nah hinterm Zaun.

Die Zeitung weiß keine Zeile vom
Turmbau. Das Messer
findet den Mörder nicht.
Er lacht mit Abel.

Das Gras ist unverwelklicher
grün als der Lorbeer. Im
Rohr der Rakete
nisten die Tauben.

Nicht irr surrt die Flieg an
tödlicher Scheibe. Alle
Wege sind offen. Im Atlas
fehlen die Grenzen.

Das Wort ist verstehbar. Wer
Ja sagt, meint Ja und
Ich liebe bedeutet: jetzt und
für ewig.

Der Zorn brennt langsam. Die
Hand des Armen ist nie ohne
Brot. Geschosse werden im Flug
gestoppt.

Der Engel steht abends am Tor. Er
hat gebräuchliche Namen und
sagt, wenn ich sterbe:
Steh auf.
Rudolf Otto Wiemer

Lisbeth Zwerger, 2000

Auferstehung

Manchmal stehen wir auf
Stehen wir zur Auferstehung auf
Mitten am Tage
Mit unserem lebendigen Haar
Mit unserer atmenden Haut.

Nur das Gewohnte ist um uns.
Keine Fata Morgana von Palmen
Mit weidenden Löwen
Und sanften Wölfen.

Die Weckuhren hören nicht auf zu
ticken

Ihre Leuchtzeiger löschen nicht aus.
Und dennoch leicht
Und dennoch unverwundbar
Geordnet in geheimnisvolle Ordnung
Vorweggenommen in ein Haus
aus Licht.
Marie Luise Kaschnitz

- Beschreibt, welche Vorstellungen von einer »Auferstehung mitten im Leben« in den Texten und Bildern dieser Doppelseite anklingen.
- Schreibt in Anlehnung an das Gedicht von R. O. Wiemer einen eigenen »Entwurf«. Was wäre für euch der Durchbruch zu einem wirklichen Leben?

Herbert Falken, 1969

Mein »Credo«

ICH GLAUBE an Jesus Christus, der mir vorgelebt hat, wie Menschen miteinander leben sollten;
der selbst erfahren hat, wie Menschen von Menschen ungerecht behandelt werden,
und der durch seine grenzenlose Liebe zu uns gezeigt hat, wie Gott zu uns steht.

ICH GLAUBE an Jesus Christus, der mir seine Liebe durch andere Menschen sagen lässt;
durch Menschen, die mir helfen und mich verstehen;
durch Freunde und Freundinnen, die zu mir halten und mich annehmen.
Er befreit mich von meinen Ängsten und gibt meinem Leben Sinn und Halt.

ICH GLAUBE an Jesus Christus, der mich zum Leben frei macht;
der mich bestärkt anderen zu helfen und zu verzeihen;
der von mir erwartet, dass ich viel Fantasie und Engagement entwickle,
um seine Botschaft in meinem Leben zu verwirklichen.

ICH GLAUBE an Jesus Christus, der Gottverlassenheit und Todesangst selbst durchlebte,
das schwere Kreuz auf sich nahm und so Leid und Tod überwunden hat.
Er gibt mir Hoffnung auf ein Leben in Fülle.

Benedikta Hintersberger

10 In Geschichte(n) verwickelt
Kirche auf dem Weg

1 Das Ringen um den gemeinsamen Glauben

In diesem Kapitel eures Reli-Buches werden euch drei entscheidende Bewährungsproben des christlichen Glaubens aus der europäischen Geschichte der Neuzeit vorgestellt. Es geht in ihnen darum, wie Menschen gelebt und gelitten haben, wie sie ihr Leben aus dem Glauben (manchmal auch ohne oder gegen ihn) gestaltet haben und in welcher Weise sie dabei »Kirche« gewesen sind, das heißt: Gemeinschaft derer, die an Gott glauben. Viele ihrer Fragen und Probleme bewegen Menschen bis heute. Im ersten Abschnitt geht es um das Zeitalter der Reformation.

Nichts als Ketzerei und Abfall

Der folgende Text ist dem Roman »Der Feuerbaum« von Günther Bentele entnommen. Auf seiner Wanderschaft trifft der junge Zimmermann Ulrich Georg Wennagel auf zwei Gruppen von Flüchtlingen, die mit ihren Fuhrwerken auf der Straße zusammengestoßen sind. Ulrich hilft die gebrochenen Deichseln zu reparieren. Die verschiedenen Parteien geraten in einen heftigen Streit. Ulrich merkt schnell, dass der Zank nicht nur mit dem Zusammenstoß zu tun hat. Die eine Gruppe besteht aus Protestanten, bei den anderen handelt es sich um Katholiken. Eins ist allen gemeinsam: Sie befinden sich auf der Flucht aus ihrer Heimat – die Katholiken sind in südlicher, die Protestanten in nördlicher Richtung unterwegs. Abends sitzen alle am Feuer und kommen miteinander ins Gespräch. Ein hagerer Mann beginnt bitter seine Lebensgeschichte zu erzählen, die anderen hören ihm zu.

»Alles fing an vor vier Jahren, bis dahin waren wir eine glückliche Familie in einer glücklichen Stadt. Dann begannen die Umtriebe der Ketzer!«
»Lasst das!«, sagte einer auf der anderen Seite des Feuers. »Bitte, wir haben heute Nachmittag genug aufeinander geschimpft.« »Wir waren eine glückliche Familie; da begannen die lutherischen Prädikanten in der Stadt zu predigen. Erst heimlich in den einzelnen Familien, Druckschriften liefen um, von Hand zu Hand, Sendbriefe von Martin Luther, Schriften von Philipp Melanchthon. Das reine Gotteswort sollte gepredigt werden; es war aber nichts als Ketzerei und Abfall. Sie predigten den Abfall vom Papst und von den Heiligen; sie wollten die heilige Messe abschaffen, sie wollten das Wort Gottes auf Deutsch verbreiten, damit es jeder lesen könne. Ihr seht ja, was daraus geworden ist: Jeder legt die Schrift aus, wie er sie versteht, und das bringt den ganzen Abfall zustande. Jeder versteht sie eben anders, man hätte die Auslegung den gelehrten Leuten, die Latein und Griechisch können, überlassen sollen.« Er richtete sich auf: »Das Schlimmste, was Martin Luther gemacht hat, war die Übersetzung der Bibel. Vorher war der Glaube allgemeine Sache und hat unsere Gemeinwesen befestigt, jetzt ist er Privatsache geworden und zerstört die Eintracht unserer Bürger von innen heraus.«
»Ihr wisst genau, dass man gerade das auch völlig anders sehen kann, weil Glaube in Wirklichkeit Gewissenssache ist«, wurde von der anderen Seite des Feuers erwidert, »aber wir wollen nicht streiten, sondern euch zuhören.«
»Während ich im Glauben unserer Kirche fest blieb, lief meine Frau zu den Prädikanten. Ich habe es ihr verboten, ich habe ihr ins Gewissen geredet, mehrmals bin ich hingegangen und habe sie herausgeholt. Jeden Tag war Streit. Ich, der Herr im Haus, dem sie versprochen hatte, gehorsam und untertänig zu sein, wurde angezweifelt. Die Tochter wurde widerspenstig. Wie habe ich geredet, erst in Liebe, dann mit Strenge. Ich habe ihnen vor Augen gestellt, wie sie das Himmelreich verspielen. Meine Frau hat gelacht, nicht lieblos, sie hat eher gelächelt, sehr sanft – aber da habe ich sie geschlagen ... Auch meine Tochter brachte ich von den Lutherischen nicht mehr weg. Da breitete sich diese Irrlehre immer weiter aus: Die ganze Stadt fiel vom rechten Glauben ab und ich und einige wenige Bürger, die Ihr hier seht, mussten die Stadt verlassen. Die Stadt, in der unsere Vorfahren über zweihundert Jahre gewohnt haben, geboren wurden, getauft worden sind und begraben liegen, und meine Tochter ist mit mir gegangen, obwohl sie – das weiß ich – der neuen Lehre noch immer anhängt.«
»Ich bin dort«, sagte die Tochter, »wo ich hingehöre«, und schmiegte sich an seinen Arm.
»Sonst wäre ich ganz allein, wisst Ihr, denn meine Frau hat das alles nicht mehr ausgehalten, den täglichen Unfrieden, den Zank – und – ich habe sie ja geschlagen! Und sie ist gestorben.«
Wieder machte er eine Pause. Ulrich blickte zum Nachthimmel, aber er sah dort nur eine milchige Schwärze, die zum Ersticken nahe schien.

Martin Luther

Die dramatischen Ereignisse, von denen der Romanauszug S. 136 handelt, sind in Deutschland ausgelöst worden von dem Theologen Martin Luther (1483-1546). In der ZDF-Show »Unsere Besten« wurde er im Jahr 2003 unter den wichtigsten 100 deutschen Persönlichkeiten immerhin auf Platz 2 gewählt.

Er lebt in einer Zeit großer Umwälzungen und Krisen. Wenige Jahrzehnte vor seiner Geburt erfindet Gutenberg den Buchdruck mit beweglichen Lettern, während seiner Lebenszeit entdeckt Kolumbus Amerika (1492). Um das Jahr 1500 verschärfen sich in Deutschland die sozialen Spannungen; die Kluft zwischen Armen und Reichen wird größer. Die Religion hat große Bedeutung für das Leben der Menschen. Es gibt viele Formen einer tiefen Frömmigkeit, aber auch soziale Einrichtungen wie Kranken- und Armenhäuser. Daneben besteht massiver Aberglaube mit einem krankhaften Teufels- und Hexenwahn.

In der Kirche gibt es zahlreiche Missstände: Manche Päpste und Bischöfe nehmen ihre kirchlichen Aufgaben nicht ernst und leben wie die Fürsten; auch die Lebensführung von Priestern und Ordensleuten lässt vielfach zu wünschen übrig. Ein besonderes Ärgernis ist die damalige Ablasspraxis. Viele Ablassprediger vermitteln den einfachen Gläubigen den Eindruck, man könne sich mit Geldspenden von seiner Schuld loskaufen. Es geht der

Martin Luther im Jahr 1520

Spruch um: »Sobald das Geld im Kasten klingt, die Seele in den Himmel springt.«

Gegen diese Praxis wendet sich Luther im Jahr 1517 in 95 Thesen, mit denen er zu einer theologischen Diskussion um den Ablass herausfordern will. Seine Thesen werden gedruckt und verbreiten sich in Windeseile in ganz Deutschland; eine heftige öffentliche Auseinandersetzung kommt in Gang. Die Reformation in Deutschland hat begonnen.

Einige der 95 Thesen:

36. Jeder Christ, der wahre Reue empfindet, erhält vollkommene Erlassung der Strafe und Schuld, die ihm auch ohne Ablassbriefe zuteil wird.

43. Man soll die Christen lehren, dass derjenige, der den Armen gibt und den Bedürftigen leiht, besser tut, als wenn er Ablass löst.

62. Der wahre Schatz der Kirche ist das hochheilige Evangelium von der Herrlichkeit und Gnade Christi.

Herr und Knecht, Anfang 17. Jh.

- Sammelt die Kritikpunkte des »hageren Mannes« (S. 136) an Luther und Melanchthon. Welche Antwort erhält er von der Gegenseite; was könnte man ihm noch antworten?
- Informiert euch über den Lebenslauf Luthers und stellt seine Lebensstationen in einem Lernplakat dar.
- Informiert euch auch genauer über die Bedeutung des Ablasses, den es bis heute in der Kirche gibt.
- Versucht herauszufinden, wer in dem Bild mit dem »Herrn« und dem »Knecht« gemeint ist. Welche Kritik steckt in der Darstellung?

Luther war zu der Überzeugung gelangt, dass ein Christ nur aus dem Glauben, also aus einem unbedingten Vertrauen zu Gott, leben kann, nicht aus äußerlichen frommen Handlungen (man nennt solche Handlungen »Werke«). Dieser Glaube ist ein persönlicher Glaube, der, gegründet auf das Wort der Bibel, vor dem eigenen Gewissen bestehen muss. Diese persönliche Glaubensüberzeugung kann sich nicht dem kirchlichen Lehramt unterordnen. Luthers Haltung wird gut deutlich in seinen Schlussworten vor dem Reichstag zu Worms 1521, bei dem er vor Kaiser Karl V. seine Lehre widerrufen soll:

»Wenn ich nicht mit Zeugnissen der Schrift oder mit offenbaren Vernunftgründen besiegt werde, so bleibe ich von den Schriftstellen besiegt, die ich angeführt habe, und mein Gewissen bleibt gefangen in Gottes Wort. Denn ich glaube weder dem Papst noch den Konzilien allein, weil es offenkundig ist, dass sie öfters geirrt und sich selbst widersprochen haben. Widerrufen kann und will ich nichts, weil es weder sicher noch geraten ist, etwas gegen sein Gewissen zu tun. Gott helfe mir, Amen.«

In der Folge der Auseinandersetzungen mit den Vertretern der Kirche entwickelt Luther ein umfassendes Reformprogramm für die Kirche. Er betrachtet die Papstkirche als Ausdruck antichristlicher Kräfte und will die Kirche zu ihrer ursprünglichen Reinheit, Einfachheit und Heiligkeit zurückführen. Viele der heutigen Unterschiede zwischen den Konfessionen sind auf dieses Anliegen zurückzuführen.

Luther verbreitet seine Lehre in zahlreichen Schriften. Sein Hauptwerk ist die Neuübersetzung der ganzen Bibel aus dem Urtext in ein volksnahes Deutsch. Er hat damit eines der Meisterwerke der deutschen Sprache geschaffen. In ihrer Allgemeinverständlichkeit macht diese Übersetzung den Text der Bibel auch den einfachen Leuten zugänglich. Mit seiner Kritik am Ablasswesen glaubt sich Luther in Übereinstimmung mit Papst und Kirche. Es geht ihm um eine Erneuerung (»Reformation«) der Kirche, nicht um eine Glaubensspaltung. In den – auch von seiner Seite oft hart geführten – Auseinandersetzungen mit seinen Gegnern wird er in die Position eines Ketzers gedrängt. Die rasche Ausbreitung seiner Ideen und die politischen Entwicklungen seiner Zeit führen zu einer immer größeren Verhärtung zwischen den Fronten und schließlich zu einer Glaubensspaltung.

1555, neun Jahre nach Luthers Tod, fand man im Augsburger Religionsfrieden zu einem Kompromiss. Lutheraner und Katholiken waren gleichberechtigt, die Fürsten bestimmten über die Konfession ihrer Untertanen; Andersgläubige hatten vielfach nur die Möglichkeit auszuwandern.

Aber Entfremdung, Hass, Religionskriege und Flüchtlingsbewegungen gingen weiter. Ein trauriger Tiefpunkt der Glaubenskriege war der 30-jährige Krieg (1618-48), der Deutschland fast völlig verwüstete.

Hugenotten (französische Protestanten) auf der Flucht

Die Suche nach einer neuen Einheit

Christen wissen, dass die Spaltung der Kirche nicht dem Willen Jesu entspricht, der im Johannesevangelium sagt: »Alle sollen eins sein ...« (Joh 17,21). Besonders seit dem letzten Jahrhundert gibt es Bemühungen, die Einheit der Kirche wiederherzustellen: *die ökumenische Bewegung* (ökumenisch = griech. »die ganze Erde umfassend«). Sie versucht das allen Christen Gemeinsame herauszustellen und die noch bestehenden Unterschiede zu überwinden. Es ist allerdings nicht leicht Fremdheit und Trennungen zu bewältigen, die sich über Jahrhunderte hinweg herausgebildet und verfestigt haben. Man braucht dazu viel Geduld. Die ökumenische Bewegung hat jedoch schon große Fortschritte erzielt.

1948	wird in Amsterdam der »Ökumenische Rat der Kirchen« gegründet. Er umfasst heute rund 400 Millionen Christen in mehr als 340 Kirchen und kirchlichen Gemeinschaften in über 100 Ländern. Die römisch-katholische Kirche ist nicht Mitglied, arbeitet aber in einzelnen Kommissionen mit.
1962-65	Im II. Vatikanischen Konzil verpflichtet sich die katholische Kirche offiziell dem ökumenischen Anliegen.
1983	Beginn des ökumenischen »Konziliaren Prozesses für Gerechtigkeit, Frieden und Bewahrung der Schöpfung«
1999	Gemeinsame Erklärung zur Rechtfertigungslehre der Römisch-Katholischen Kirche und der Evangelischen Kirche in Deutschland. Eine Hauptursache der Kirchenspaltung ist damit überwunden.
2003	Ökumenischer Kirchentag in Berlin mit mehr als 200 000 TeilnehmerInnen.

Mindestens ebenso wichtig wie die offiziellen kirchlichen Bemühungen sind die zahlreichen ökumenischen Begegnungen, Gottesdienste und Aktivitäten »vor Ort« in Gruppen, Gemeinden und Institutionen. Hier zeigt sich, dass Christen auch bei bestehenden Unterschieden im Glaubensverständnis gemeinsam handeln können. Viele wünschen sich, dass die Annäherung durch deutliche Zeichen weitergeführt wird, etwa in der Frage der »eucharistischen Gastfreundschaft«. Damit meint man die Einladung von Christen einer Konfession zur Teilnahme am Abendmahl/an der Eucharistie der anderen Konfession.

- Informiert euch über die Verteilung der Konfessionen in Deutschland. Macht euch die Ursachen für das »Nord-Süd-Gefälle« klar.
- Erforscht (vielleicht in Zusammenarbeit mit dem Fach Geschichte oder mit den Pfarrgemeinden) die Geschichte des Verhältnisses zwischen den Konfessionen in eurer Stadt und präsentiert eure Ergebnisse als Ausstellung, als Internet-Seite ...
- Findet heraus, welche ökumenischen Aktivitäten es in eurer Stadt gibt. Vielleicht könnt ihr Vertreter der Kirchen zu einem Gespräch über die »Ökumene vor Ort« einladen.

... das habt ihr mir getan

³⁵Ich war hungrig und ihr habt mir zu essen gegeben; ich war durstig und ihr habt mir zu trinken gegeben; ich war fremd und obdachlos und ihr habt mich aufgenommen; ³⁶ich war nackt und ihr habt mir Kleidung gegeben; ich war krank und ihr habt mich besucht; ich war im Gefängnis und ihr seid zu mir gekommen. ³⁷Dann werden ihm die Gerechten antworten: Herr, wann haben wir dich hungrig gesehen und dir zu essen gegeben oder durstig und dir zu trinken gegeben? ³⁸Und wann haben wir dich fremd und obdachlos gesehen und aufgenommen oder nackt und dir Kleidung gegeben? ³⁹Und wann haben wir dich krank oder im Gefängnis gesehen und sind zu dir gekommen? ⁴⁰Darauf wird der König ihnen antworten: Amen, ich sage euch: Was ihr für einen meiner geringsten Brüder getan habt, das habt ihr mir getan.

Mt 25,35-40

In der Armenkolonie (Berlin, 1843)

92a, Stube Nr. 35, Tischler Krellenberg ... Seit acht Tagen arbeitet er im Taglohn als Farbenreiber. Diese Arbeit strengt ihn sehr an, denn er ist schon vierundfünfzig Jahre alt und durch Alter und Mangel geschwächt. Im letzten Winter kam er wegen Mangel an Verdienst so weit ökonomisch zurück, dass er Kleider, Betten und Werkzeug verkaufen musste. Es stehen drei Bettgestelle im Zimmer; in allen ist nichts als Stroh, bei einem nicht einmal mit einem Tuche bedeckt. Von acht Kindern leben sieben. Eine achtzehnjährige Tochter und ein dreizehnjähriger Knabe lagen achtzehn Wochen krank am Nervenfieber. Ein siebzehnjähriger Sohn lernt das Tischlerhandwerk. Gestern hat er dem Vater fünfzehn Silbergroschen geschickt, die er aus Trinkgeldern zusammengespart hatte, um auf Ostern eine neue Weste zu kaufen. Vier Kinder von vier bis zehn Jahren besuchen die Schule. Alle sehen gescheit und hübsch aus und sind ordentlich gekleidet. Die Mutter hat bis auf einen Rock alles zur Bekleidung der Kinder hergegeben. – Weinend sagte mir diese, wie oft die Kleinen umsonst nach Brot rufen und dass der Vater diesen Morgen hungrig an die schwere Arbeit gegangen sei; der Hauswirt wolle bezahlt sein; sooft sie am Komptoir (= Büro) des Verwalters vorbei zum Brunnen gehe, werde sie an die vier Taler Miete erinnert, jeden Tag könne man die ganze Familie aus dem Haus werfen. –
K. habe sich zweimal um Unterstützung beworben bei der Armendirektion und zur Stunde noch nichts empfangen als die Armensuppe, die oft für die ganze Familie das einzige Nahrungsmittel gewesen sei.

Bettina von Arnim

Seit Beginn des 19. Jahrhunderts wurde auch Deutschland von der industriellen Revolution erfasst. Zum maschinellen Großbetrieb gingen zunächst der Bergbau und die Textilindustrie über. Die Zentren des neuen technischen Zeitalters wurden in Deutschland die preußische Rheinprovinz, Schlesien, aber auch große Städte wie Hamburg und Berlin.
In diese Zentren wanderte die ländliche Überschussbevölkerung ein. Ihre Armut zwang sie das Dasein auf dem Land mit der unsicheren Existenz als Arbeiter in der Stadt zu vertauschen. Es entstanden neue Klassen, auf der einen Seite das vom Staat mit allen Mitteln geförderte Unternehmertum, auf der anderen Seite die Klasse der Industriearbeiter, der Proletarier. Die Lage der Arbeiter in den industriellen Zentren war zum Teil außerordentlich schlecht.

Die Villa Hügel, Wohnsitz der Familie Krupp im 19. Jh.

Arbeitersiedlung im 19. Jh.

Das kommunistische Manifest von Karl Marx und Friedrich Engels von 1848 zieht politische Konsequenzen aus der Analyse der sozialen Lage:

»Die Geschichte aller bisherigen Gesellschaft ist die Geschichte von Klassenkämpfen. Freier und Sklave, Patrizier und Plebejer, Baron und Leibeigener, Zunftbürger und Gesell, kurz, Unterdrücker und Unterdrückte standen in stetem Gegensatz zueinander, führten einen ununterbrochenen, bald versteckten, bald offenen Kampf, einen Kampf, der jedes Mal mit einer revolutionären Umgestaltung der ganzen Gesellschaft endete oder mit dem gemeinsamen Untergang der kämpfenden Klassen.«

Die gegenwärtige Zeit ist bestimmt vom Kampf zwischen der Klasse der Bourgeoisie, denen die Fabriken und die anderen Produktionsmittel gehören, und der Klasse der Proletarier, der lohnabhängigen Arbeiter. Und so beschreibt das Manifest die Lage des Arbeiters:

»Die Arbeit der Proletarier hat durch die Ausdehnung der Maschinerie und die Teilung der Arbeit allen selbstständigen Charakter und damit allen Reiz für die Arbeiter verloren. Er wird ein bloßes Zubehör der Maschine, von dem nur der einfachste, eintönigste, am leichtesten erlernbare Handgriff verlangt wird. Die Kosten, die der Arbeiter verursacht, beschränken sich daher fast nur auf die Lebensmittel, derer er zu seinem Unterhalt und zur Fortpflanzung seiner Rasse bedarf.«

Damit die Proletarier endlich aus ihrer elenden Lage befreit werden, müssen sie sich zusammenschließen, in einem revolutionären Akt die Herrschaft der Bourgeoisie stürzen und die politische Gewalt ergreifen. Dann wird das Eigentum an Fabriken und anderen Produktionsmitteln abgeschafft. Als Ziel solcher revolutionären Umwälzung gibt das Manifest an:

»An die Stelle der alten bürgerlichen Gesellschaft mit ihren Klassen und Klassengegensätzen tritt eine Assoziation, worin die freie Entwicklung eines jeden die Bedingung für die freie Entwicklung aller ist.«

- *Informiert euch in Geschichtsbüchern und Nachschlagewerken – möglicherweise in Zusammenarbeit mit dem Geschichtsunterricht – über die »soziale Frage« im 19. Jahrhundert. Dazu lässt sich gut eine Wandzeitung gestalten.*
- *Entwerft ein Gespräch in der Familie Krellenberg und spielt es szenisch. Dabei sollte auch die Bedeutung der Religion für das Leben zur Sprache kommen (vgl. folgende Seiten).*
- *Eindrucksvolle künstlerische Gestaltungen der Not im 19. Jh. sind die Radierungen von Käthe Kollwitz oder das Drama »Die Weber« von Gerhart Hauptmann.*
- *Vergleicht die Forderungen des Evangeliums mit den Folgerungen, die Marx aus der Situation der Arbeiter zieht.*

Opium des Volkes?

Karl Marx hat seine Kritik an der Gesellschaft auch mit Kritik an der Religion verbunden. Nach seiner Meinung haben die Vertreter der Kirchen sich auf die Seite der Herrschenden geschlagen und damit die Ungerechtigkeit gestützt und gefestigt. Die Religion nannte er »Opium des Volkes«, weil sie den Menschen eher dazu diene, sich in ihrer Notlage zu betäuben als diese durch Kampf aktiv zu verändern. In einer klassenlosen Gesellschaft sei die Vertröstung auf ein besseres Jenseits überflüssig, daher werde die Religion absterben.

Als das Proletariat vor hundert Jahren die Augen aufschlug und zum Bewusstsein seiner selbst erwachte, war es nicht so, dass Christus hochmütig verworfen wurde; es war vielmehr so, dass Christus sozusagen gar nicht da war. Christus war unsichtbar und unhörbar. Als die alte bäuerliche oder kleinstädtische christliche Volksordnung für den Proletarier nicht mehr wirksam war, weil er eben aus dieser Ordnung herausgesetzt war in eine völlig andere und fremde, da hätte ihm Christus neu sichtbar werden sollen durch die Vermittlung von »Christen«, die sich in der Kraft des christlichen Opfers in sein Dasein hineingestellt hätten. Das ist nicht geschehen ... Machen wir uns nur schonungslos klar: So entstand der »Marxismus«. In den Irrtum verfielen die Marxisten, die größere Schuld hatten die Christen. Diese Erkenntnis muss jede christliche Selbstsicherheit dem Marxismus gegenüber an der Wurzel töten. Die Last des proletarischen Unglaubens liegt auf unseren Schultern. Dieser Unglaube trennt uns nicht von diesen Menschen, sondern er bindet uns geradezu an sie.

Walter Dirks

> **Es war der große Skandal der Kirche im 19. Jahrhundert, dass sie die Arbeiterklasse verloren hat.**
>
> *Papst Pius IX.*

Auf dem Weg zu einer sozialen Politik

Während viele in der Kirche noch blind sind für das Elend der Arbeiterschaft, übernehmen einzelne Christen Verantwortung für die Verwirklichung des Evangeliums. Johann Heinrich Wichern, Adolph Kolping, Bischof Ketteler in Mainz und andere kämpfen gegen die Not und für die Rechte der Arbeiter.

Ketteler schlägt die Bildung von Genossenschaften für die Arbeiter vor, in denen sie sich gegenseitig unterstützen und selber Teilhaber einer Firma sind. Er fordert Arbeitsschutzrechte, Arbeitszeitverkürzung, Verbot der Sonntags- und Kinderarbeit, Gesundheitsschutz.

In einer Predigt auf dem ersten Deutschen Katholikentag in Mainz 1848 bestimmt er den Sinn des Eigentums nach christlichen Maßstäben:

»Die Besitzenden und Nichtbesitzenden stehen sich feindlich gegenüber, die massenhafte Verarmung wächst von Tag zu Tag, das Recht des Eigentums ist in der Gesinnung des Volkes erschüttert und wir sehen von Zeit zu Zeit Erscheinungen auftauchen gleich Flammen, die bald hier, bald dort aus der Erde hervorbrechen ..., Vorboten einer allgemeinen Erschütterung, die bevorsteht ...

Die katholische Kirche hat in ihrer Lehre vom Eigentum nichts gemein mit jener Auffassung des Eigentumsrechtes, die man gewöhnlich in der Welt antrifft und dergemäß der Mensch sich als den unbeschränkten Herrn seines Eigentums ansieht. Nimmermehr kann die Kirche den Menschen das Recht zuerkennen, mit den Gütern der Welt nach Belieben zu schalten und zu walten, und wenn sie vom Eigentum des Menschen spricht und es beschützt, so wird sie immer die drei ihren Eigentumsbegriff wesentlich konstituierenden Momente vor Augen haben, dass das wahre und volle Eigentumsrecht nur Gott zusteht, dass dem Menschen nur ein Nutzungsrecht eingeräumt worden und dass der Mensch verpflichtet ist, bei der Benutzung die von Gott gesetzte Ordnung anzuerkennen.«

Ein fortdauerndes Problem

Bis heute sind der Kampf gegen die Armut und für eine gerechte Wirtschaftsordnung eine Herausforderung für die Christen, wenn sie dem Wort »Was ihr dem Geringsten getan habt ...« entsprechen wollen. Heute sind Armut und Ungerechtigkeit vor allem ein globales Problem. Darauf weisen bolivianische Bischöfe in einem Hirtenbrief hin:

»Diejenigen, die einen entscheidenden Einfluss auf die Rohstoffpreise auf dem Weltmarkt ausüben, haben die unmittelbare und dringende Verantwortung, ihr Handeln so zu lenken, dass die Zustände sich ändern. Die Kirche wird nicht aufhören darauf hinzuweisen, dass die Hauptursachen dieser Krise in den ungerechten Verhältnissen des Welthandels zu finden sind. Wir wenden uns an unsere Glaubensbrüder in den Ländern, die in der Weltwirtschaft zu den einflussreichen zählen, mit der Bitte, dass sie ihre moralische Stärke in der öffentlichen Meinung und den Entscheidungszentren geltend machen und eine baldige Verbesserung der Ungerechtigkeiten in den internationalen Wirtschaftsbeziehungen fordern, unter denen vor allem die Armen leiden.«

- Im Internet könnt ihr euch über Bischof Ketteler näher informieren. Weitere wichtige »Suchbegriffe« zur Reaktion auf die soziale Lage im 19. Jahrhundert sind »Johann Hinrich Wichern«, »Adolf Stöcker«, »Adolph Kolping«, »Papst Leo XIII.« und »Enzyklika Rerum novarum«.
- Über die heutige Verantwortung der Christen für weltweite Gerechtigkeit informiert ihr euch am besten bei den kirchlichen Hilfswerken »Brot für die Welt«, »Misereor«, »Missio«, »Adveniat«, »Renovabis«. Dort findet ihr auch die Adressen weiterer Initiativen und Organisationen.
- Durch die ganze Geschichte der Kirche/n hindurch war der Einsatz für Arme ein wichtiges Thema. Ihr könnt es vertiefen und in größere Zusammenhänge stellen, wenn ihr euch näher befasst mit: den Auseinandersetzungen um den Gebrauch des Eigentums in der frühen Kirche, mit der Armutsbewegung und dem Krankenpflegewesen im Mittelalter, mit ...
- Informiert euch auch über die Grundsätze christlicher Sozialpolitik heute, z. B. beim Sekretariat der Deutschen Bischofskonferenz oder durch Einladung eines Experten, und über die Arbeit der Caritas.

Gott mehr gehorchen als den Menschen

> ²⁷Man führte sie herbei und stellte sie vor den Hohen Rat. Der Hohe Priester verhörte sie ²⁸und sagte: Wir haben euch streng verboten in diesem Namen zu lehren; ihr aber habt Jerusalem mit eurer Lehre erfüllt; ...
> ²⁹Petrus und die Apostel antworteten: Man muss Gott mehr gehorchen als den Menschen.
>
> *Apg 5,27-29*

In seinem Roman »Unter der Asche die Glut« erzählt Willi Fährmann von Jugendlichen zur Zeit des Nationalsozialismus. Sie gehören zu einer katholischen Jugendgruppe, geraten aber zunehmend unter Druck sich der Hitlerjugend (HJ) anzuschließen.

»Wie es mit mir wird, das weiß ich auch noch nicht«, sagte Don Carlos und starrte vor sich hin auf den Boden.
»Wieso? Wo drückt dich denn der Schuh?«, fragte Ludwig.
»Ich konnte es bisher in der Schule immer im Ungewissen lassen, wo ich mich engagiert habe ... Aber letzten Samstag musste ich Farbe bekennen. Wir haben mit Studienrat Hännes einen ganz scharfen Mathelehrer. Der kommt sogar gelegentlich in der Parteiuniform zur Schule. Und er legt großen Wert darauf, immer mit ›Herr Studienrat‹ angeredet zu werden. Hännes betrat unsere Klasse und machte bekannt, dass in Zukunft am Samstag kein Unterricht mehr sein wird. ›Am Samstag gehört die Jugend der HJ‹, hat er gesagt. ›Das ist der Staatsjugendtag.‹ Da hat Walter Metz gefragt, was denn mit denen sei, die nicht in der HJ sind. Hännes hat ganz empört in die Klasse geschaut und gefragt: ›Ja, gibt es denn hier Schüler, die sich der Jugend des Führers verweigern?‹
Mir wurde schon ganz heiß.
›Los, melden!‹, hat er gerufen. ›Wer ist nicht in der Hitlerjugend?‹
Ich bin aufgestanden und Helmut Braun auch. ›Äußere dich, Braun‹, hat Hännes ihn aufgefordert. Helmut ist blass geworden und hat irgendwas von ›Freikirche‹ und ›aus religiösen Gründen‹ gestottert.
›So‹, hat Hännes ironisch gesagt. ›Du bemühst den lieben Gott gegen unseren Führer? Das sind ja merkwürdige Gedankengänge. Gott schickt unserem deutschen Vaterland einen Retter und du verweigerst dich?‹
Helmut stand da mit fest zusammengepressten Lippen und sagte nichts mehr. Hännes wandte sich an mich.
›Und du, Frunsen? Hast du auch so was Überirdisches zu bieten?‹
›Ich bin in der Katholischen Jugend. Die steht ja unter dem Schutz des Konkordats.‹
›Und bist also nicht in der HJ?‹
›Nein, Herr Studienrat, der Reichsführer Baldur von Schirach hat ja angeordnet, es werden keine Doppelmitgliedschaften erlaubt.‹
›Eben, eben‹, hat er gerufen. ›Wir brauchen keine halben Kerle. Du solltest ganz in die HJ kommen. Reichskultusminister Rust hat es deutlich ausgesprochen: Diejenigen, die Hitlers Erbe einst zu vollenden haben, können nur durch Nationalsozialisten erzogen werden. Klar?‹
›Mag sein, Herr Studienrat‹, hab ich geantwortet. Ehrlich, die Knie sind mir ziemlich weich geworden. ›Ich will, Herr Studienrat, nicht aus der Katholischen Jugend raus.‹
›Aha. Will nicht raus. Dir ist hoffentlich klar, was das bedeutet. Wenn alle am Samstag ihren Dienst in der HJ leisten, wenn sie durch die Straßen marschieren oder Geländespiele machen, dann werden Braun und Frunsen nach wie vor zur Schule kommen und hier unter Aufsicht ihren Dienst verrichten.‹ Er bedachte sich und sagte dann hämisch: ›Klassenräume säubern, Keller aufräumen, Klos putzen.‹ ›Lehrerklos auch?‹, rief Walter Metz in die Klasse hinein. Irgendeiner aus den hinteren Reihen rief: ›Schweinerei.‹ Hännes stand schon in der Tür, drehte sich aber noch einmal um und sagte: ›Dass hier nicht alle in der HJ sind, ist wirklich eine Schweinerei. Heil Hitler.‹«
»Der hat sicher nur gedroht, um euch mürbe zu machen«, vermutete Leo.
»Ich glaube, er hat es ernst gemeint«, entgegnete Don Carlos.
»Aber was hat das mit unserer Romfahrt zu tun?«, fragte Raskop.
»Wer weiß, ob sie mich im letzten Jahr noch im Gymnasium dulden. Vielleicht werde ich geschasst. Und was dann wird, das weiß ich wirklich nicht.«

Willi Fährmann

Hitler über Jugenderziehung

Diese Jugend, die lernt ja nichts anderes als deutsch denken, deutsch handeln, und wenn nun diese Knaben, diese Mädchen mit ihren zehn Jahren in unsere Organisationen hineinkommen und dort so oft zum ersten Mal überhaupt eine frische Luft bekommen und fühlen, dann kommen sie vier Jahre später vom Jungvolk in die Hitler-Jugend und dort behalten wir sie wieder vier Jahre und dann geben wir sie erst recht nicht zurück in die Hände unserer alten Klassen- und Standeserzeuger, sondern dann nehmen wir sie sofort in die Partei oder in die Arbeitsfront, in die SA oder in die SS. Und was dann an Klassenbewusstsein oder Standesdünkel da oder dort noch vorhanden sein sollte, das übernimmt dann die Wehrmacht zur weiteren Behandlung auf zwei Jahre (Beifall), und wenn sie dann nach zwei oder drei oder vier Jahren zurückkehren, dann nehmen wir sie, damit sie auf keinen Fall rückfällig werden, sofort in die SA, SS und so weiter und sie werden nicht mehr frei ihr ganzes Leben (Beifall) und sie sind glücklich dabei.

Rede vor HJ-Angehörigen in Reichenberg, Dezember 1938

Morgendlicher Flaggenappell an der Führer-Schule in Freiburg an der Unstrut, 1935

Hitler über den christlichen Glauben

Was Hitler mit dem christlichen Glauben und der christlichen Religion in Wirklichkeit beabsichtigte, das wussten die Eingeweihten, vor denen er kein Blatt vor den Mund nahm:

»Lieber Gott, hilf, dass Vater unseren Führer versteht.«

»Über den deutschen Menschen im Jenseits mögen die Kirchen verfügen. Über den deutschen Menschen im Diesseits verfügt die Deutsche Nation durch ihren Führer!« Einem Vertrauten gegenüber hat Hitler erklärt, er werde das Christentum in Deutschland mit Stumpf und Stiel, mit allen seinen Fasern und Wurzeln ausrotten; denn für das deutsche Volk sei es entscheidend, »ob es den jüdischen Christenglauben und seine weiche Mitleidsmoral oder einen starken heldenhaften Glauben an Gott in der Natur, an Gott im eigenen Volke, an Gott im eigenen Schicksal, im eigenen Blute« besitze.

- Arbeitet heraus, in welcher Zwangslage Karl (»Don Carlos«) Frunsen steckt. Führt die Diskussion in der Jugendgruppe weiter. Wie sollen die Jugendlichen sich verhalten?
- Zum Verständnis der Situation sind Hintergrundinformationen hilfreich: zum Nationalsozialismus allgemein, zur so genannten »Gleichschaltung«, zum Reichskonkordat, zu den christlichen und den nationalsozialistischen Jugendorganisationen. Vieles lässt sich sinnvoll über Referate in den Unterricht einbringen.
- Vielleicht gab es Auseinandersetzungen zwischen Jugendorganisationen an eurem Ort und ihr könnt dazu noch Zeitzeugen befragen. Es wäre wichtig, deren Aussagen und Erzählungen zu dokumentieren.
- Setzt euch kritisch mit dem »Erziehungsprogramm« Hitlers auseinander. Welche konkreten Konsequenzen könnten sich aus ihm ergeben?
- Welche Aspekte des Textes greift der Cartoon auf? Haltet ihr es für angemessen, den Gewissenskonflikt Jugendlicher auf diese Weise darzustellen?

Willi Graf

Willi Graf wird am 2. Januar 1918 in Kuchenheim geboren, aber schon 1922 übersiedelt die Familie Graf nach Saarbrücken, wo Willi in der Geborgenheit der Familie aufwächst. Bald nach Aufnahme in das Gymnasium tritt er dem katholischen Jugendbund »Neudeutschland« bei. Wanderfahrten, Geländespiele, gemeinsames Singen und die Erörterung von Glaubensfragen stehen im Mittelpunkt des Bundes. 1933 werden die Jugendlichen mit den politischen Ereignissen konfrontiert. Im Deutschen Reich übernehmen die Nationalsozialisten die Macht; 1935 erfolgt die Rückgliederung der Saar ins Reich. Ein Jahr später wird die Hitlerjugend zur Staatsjugend erklärt, die anderen Jugendverbände werden verboten. Willi Graf ergreift rigoros Partei: Mit Freunden, die der HJ beitreten, will er nichts mehr zu tun haben. Er selbst weigert sich diesen Schritt zu tun, obwohl er befürchten muss, deshalb nicht zum Abitur zugelassen zu werden. Er schließt sich nach dem Verbot und der Auflösung des Bundes »Neudeutschland« dem »Grauen Orden« an, einem illegalen katholischen Jugendbund. 1938 verhaftet die Gestapo etwa 30 Mitglieder des »Grauen Ordens«, Willi Graf sitzt vom 22.1. bis zum 5.2.1938 in Untersuchungshaft. Im Herbst 1937 beginnt er in Bonn mit dem Medizinstudium. Er hat dieses Fach gewählt, weil es ihm noch am wenigsten von der Ideologie der Nazis verseucht scheint; seine Interessen liegen jedoch auf anderen Gebieten: Theologie, Philosophie und Literatur. 1939 beginnen die Nationalsozialisten den Krieg. Willi Graf wird 1940 eingezogen und an verschiedenen Kriegsschauplätzen eingesetzt. Als die Wehrmacht 1941 in Russland einfällt, ist auch seine Einheit mit dabei.

Willi Grafs Haltung zum Krieg ist eindeutig: Er sagt von Anfang an, dass Deutschland den Krieg verlieren müsse und auch werde. Diese Überzeugung wird noch verstärkt, als er sieht, mit welcher Brutalität die russischen Kriegsgefangenen und die Zivilisten behandelt werden. Im April 1942 lernt Willi Graf in München Hans Scholl und dessen gesamten Freundeskreis von der »Weißen Rose« kennen. Er beteiligt sich an den Flugblattaktionen und an den Versuchen, Kontakt zu anderen Widerstandsgruppen in Deutschland aufzunehmen. Die Katastrophe von Stalingrad veranlasst die Studierenden, im Februar 1943 in verschiedenen Nächten an mindestens 20 Stellen rot durchgestrichene Hakenkreuze und Parolen, wie »Freiheit« und »Nieder mit Hitler«, zu malen.
Am 18. Februar verteilen Hans und Sophie Scholl in der Universität ein weiteres Flugblatt. Dabei werden sie entdeckt und festgenommen. Schon am 22. Februar werden sie zusammen mit Christoph Probst, der anhand eines handgeschriebenen Flugblattentwurfs überführt wird, vom Volksgerichtshof unter Leitung Roland Freislers zum Tode verurteilt und noch am selben Tag hingerichtet. Willi Graf wird am Abend des 18. Februar festgenommen; die Verhaftungen von Alexander Schmorell, Prof. Huber sowie weiteren Freunden folgen in den nächsten Tagen und Wochen. Willi Graf leugnet acht Tage, dann gibt er angesichts der Fülle des Beweismaterials seine Mittäterschaft zu. Im zweiten Prozess gegen die »Weiße Rose« ergehen am 19. April 1943 gegen Alexander Schmorell, Prof. Huber und Willi Graf Todesurteile wegen Hochverrats, Feindbegünstigung und Wehrkraftzersetzung. Alexander Schmorell und Prof. Huber sterben am 13. Juli 1943. Willi Graf wird neuen Verhören unterzogen, aber er gibt keine Namen preis. Er rettet damit vermutlich einigen Freunden das Leben. Alle vierzehn Tage darf er seinen Familienangehörigen schreiben. Diese Briefe, die alle erhalten sind, geben Zeugnis seines Glaubens und seines ungebrochenen Mutes. Dabei teilt er die Hoffnung seiner Familie nicht, angesichts der Aussetzung der Hinrichtung doch noch begnadigt zu werden. Es bedrückt ihn, dass vor allem der Vater seine Handlungsweise nicht begreifen konnte. »Sage dem Vater, es war kein dummer Jungenstreich«, bittet er seine Schwester Mathilde drei Wochen vor seinem Tod und im Abschiedsbrief an seine Schwester Anneliese schreibt er: »Du weißt, dass ich nicht leichtsinnig gehandelt habe, sondern aus tiefster Sorge und in dem Bewusstsein der ernsten Lage. Du mögest dafür sorgen, dass dies Andenken in der Familie und bei den Freunden lebendig und bewusst bleibt.« Am 12. Oktober 1943 gegen 17 Uhr wird Willi Graf im Gefängnis München-Stadelheim mit dem Fallbeil hingerichtet.

Im Namen Gottes?

»Deus le vult!« (Gott will es)
Kampfruf der Kreuzritter

»Gott mit uns«
Koppelschloss der Soldaten
der Deutschen Wehrmacht
im Zweiten Weltkrieg

Bush: USA werden in »Kreuzzug« gegen Terrorismus ziehen

US-Präsident Bush hat erneut bekräftigt, dass die Vereinigten Staaten mit aller Härte vorgehen werden

Du sollst den Namen des Herrn, deines Gottes, nicht missbrauchen; denn der Herr lässt den nicht ungestraft, der seinen Namen missbraucht.

Ex 20,7

FRANKFURT A. M., 21. April 2003 (ap). Führende Kirchenvertreter in Deutschland haben ihre Osterpredigten zu einer scharfen Kritik am Golf-Krieg und an US-Präsident George W. Bush genutzt. Sie warnten Bush vor allem davor, sich bei Krieg weiter auf Gott zu beziehen. »Niemals darf man sich bei Gewaltanwendung auf ihn berufen«, sagte Kardinal Karl Lehmann, der Vorsitzende der Deutschen Bischofskonferenz, am Sonntag bei seiner Osterpredigt im Hohen Dom zu Mainz.

Auch der Ratsvorsitzende der Evangelischen Kirche (EKD), Manfred Kock, forderte mehr Engagement gegen die Instrumentalisierung der Religion. Er rief dazu auf, den Diskurs zu führen, damit nicht religiöse Floskeln benutzt würden um wieder Gewalt anzuwenden: Angesichts des Terrors vom 11. September 2001 sei den Muslimen immer wieder gesagt worden, sie dürften ihre Religion nicht missbrauchen lassen. »Und nun werden wir natürlich damit konfrontiert, dass sich auch der amerikanische Präsident auf religiöse Formeln bezieht, wenn er den Krieg rechtfertigt«, kritisierte Kock.

- Nach Willi Graf sind zahlreiche Schulen in Deutschland benannt. Sucht Gründe dafür. Weitere Informationen zu seiner Person findet ihr z. B. auf www.willi-graf-realschule.de/schule/willi/wgraf.htm.
- Zur »Weißen Rose« findet ihr ebenfalls weitere Informationen im Internet. Ein eindrucksvoller Zugang ist auch der Film »Die Weiße Rose« (Deutschland 1981/82, Regie: Michael Verhoeven).
- Informiert euch auch über weitere Menschen, die Widerstand gegen die Hitler-Diktatur geleistet haben, z. B. Kardinal Clemens August Graf von Galen, Gertrud Luckner, Franz Jägerstätter, Nikolaus Groß, Karl Leisner ... Stellt einzelne in eurer Lerngruppe vor oder gestaltet zu einem Gedenktag eine kleine Ausstellung in eurer Schule oder in einer Gemeinde.
- Das Thema »Glaube und Macht« könnt ihr anhand vieler Zeiten und Personen der Kirchengeschichte vertiefen: Auseinandersetzungen mit dem Kaiserkult im Römischen Reich, Investiturstreit und Kreuzzüge im Mittelalter, Thomas Morus, Oscar A. Romero ...
- Auch im Islam gibt es einerseits die Gefahr, die Religion zu Machtausübung und Gewalt zu missbrauchen, andererseits klare Absagen an solche Tendenzen. Informiert euch, wie der Begriff »Djihad« im Islam verstanden wird.

Gebet auf der Suche nach Gott

Um Umschulung
bitten wir,
um Kenntnisse,
die wirklich
dem Leben dienen,
um die Fähigkeit
zur Handarbeit
für den Frieden.

Darum bitten wir
um ein neues Gefühl
für die Sprache
im Hören
auf Unterdrückte
und Minderheiten.
Dass wir ein scharfes
Gehör entwickeln
für die Sprache
von Propheten
und Befreiern.
Dass wir tief getroffen
und wesentlich
verändert werden
durch den Notruf
der Machtlosen,
durch den stillen Protest
aller Sprachlosen.

Um ein neues Verständnis
von Geschichte bitten wir.
Dass wir sie betrachten
aus dem Blickpunkt
der Verlierer,
nicht aus der Perspektive
der Sieger;
aus der Sicht
der Sklaven,
nicht aus dem Blickpunkt
der Herren.

Um ein neues Verständnis
von Erdkunde
bitten wir.
Dass wir die Orte
des Unrechts kennen.
Dass wir wissen,
wo heute
Ägypten liegt
und wo
die Sklaven
der jetzigen Pharaos
wohnen.

Um eine neue
Naturkunde
bitten wir.
Dass wir uns entscheiden
zwischen Schöpfung
oder Zerstörung.
Dass wir die Lagerstätten
des Todes entlarven
und unsern Kampf
für eine menschenwürdige
Umwelt
nicht aufgeben.
Um eine neue Methode
des Rechnens bitten wir.
Dass wir uns üben
im Malnehmen
durch Teilen.
Dass ausgerechnet
das Zeichen
des Brechens und Teilens
das Zeichen
des Überlebens wird.
Dass das letzte Abendmahl Jesu
der erste Überfluss
für alle wird.

Diethard Zils

11 Kirchen-Räume
Glaube nimmt Gestalt an

1 Was ist Kirche?

Ich habe jetzt im August das erste Mal in meinem Leben in meiner Breslauer Heimat die heilige Eucharistie gefeiert – in der Kirche, in der ich immerhin die ersten elf Jahre meines Lebens jeden Sonntag zur Messe gegangen bin. Ich habe mich einmal dort in die Kirchenbank gesetzt und mich gefragt: Welcher Predigt erinnerst du dich eigentlich noch? – Ich konnte mich an keine einzige erinnern! Aber ich hätte Ihnen jedes einzelne Bild mit geschlossenen Augen detailliert beschreiben können. Das heißt: Der Kirchenraum prägt tiefer und unauffälliger das Glaubensbewusstsein einer Gemeinde als das Wort der Verkündigung. Deswegen halte ich es für eine ungeheure seelsorgerische Verantwortung einen Kirchenraum zu gestalten.

Kardinal Joachim Meisner

Kirche: (zu griech. *kyriakón* »das dem Herrn Gehörige«) als »Gotteshaus« das der christlichen Gottesverehrung geweihte Gebäude, dann Bezeichnung für die organisierte Gestalt christlicher Religionsgemeinschaften.

[17] Durch den Glauben wohne Christus in eurem Herzen. In der Liebe verwurzelt und auf sie gegründet, [18] sollt ihr zusammen mit allen Heiligen dazu fähig sein, die Länge und Breite, die Höhe und Tiefe zu ermessen [19] und die Liebe Christi zu verstehen, die alle Erkenntnis übersteigt. So werdet ihr mehr und mehr von der ganzen Fülle Gottes erfüllt. [20] Er aber, der durch die Macht, die in uns wirkt, unendlich viel mehr tun kann, als wir erbitten oder uns ausdenken können, [21] er werde verherrlicht durch die Kirche und durch Jesus Christus in allen Generationen, für ewige Zeiten. Amen.

Eph 3,17-21

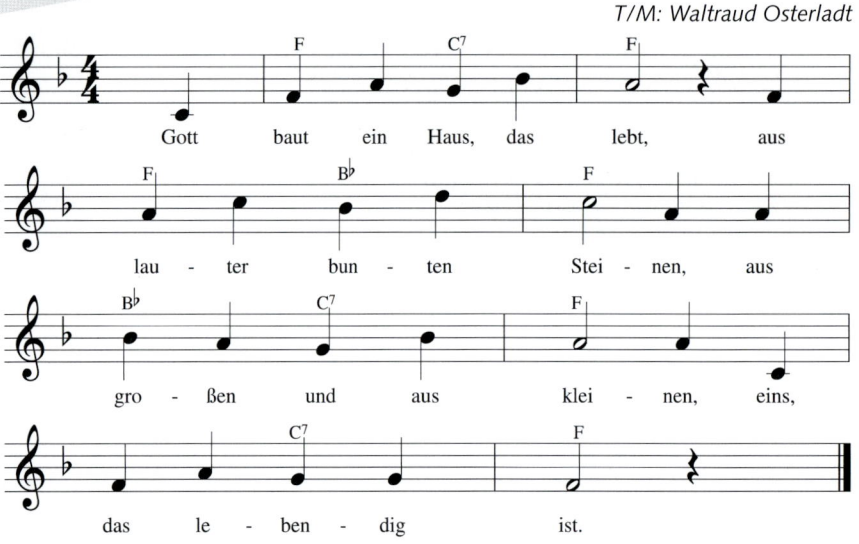

T/M: Waltraud Osterladt

Gott baut ein Haus, das lebt, aus lauter bunten Steinen, aus großen und aus kleinen, eins, das lebendig ist.

2. Gott baut ein Haus, das lebt,
wir selber sind die Steine,
sind große und auch kleine,
du, ich und jeder Christ.

3. Gott baut ein Haus, das lebt,
aus ganz, ganz vielen Leuten,
die in verschiedenen Zeiten
hörten von Jesus Christ.

4. Gott baut ein Haus, das lebt,
er sucht in allen Ländern,
die Menschen zu verändern,
wie's dafür passend ist.

5. Gott baut ein Haus, das lebt,
er selbst weist dir die Stelle,
in Ecke, Mauer, Schwelle,
da, wo du nötig bist.

6. Gott baut ein Haus, das lebt,
er gibt dir auch das Können,
lässt dir den Auftrag nennen,
damit du nützlich bist.

7. Gott baut ein Haus, das lebt.
Wir kennen seinen Namen
und wissen auch zusammen,
dass es die Kirche ist.

... »Kirche« heißt ein Bauwerk nur, weil die Menschen, die sich darin versammeln, Kirche sind.

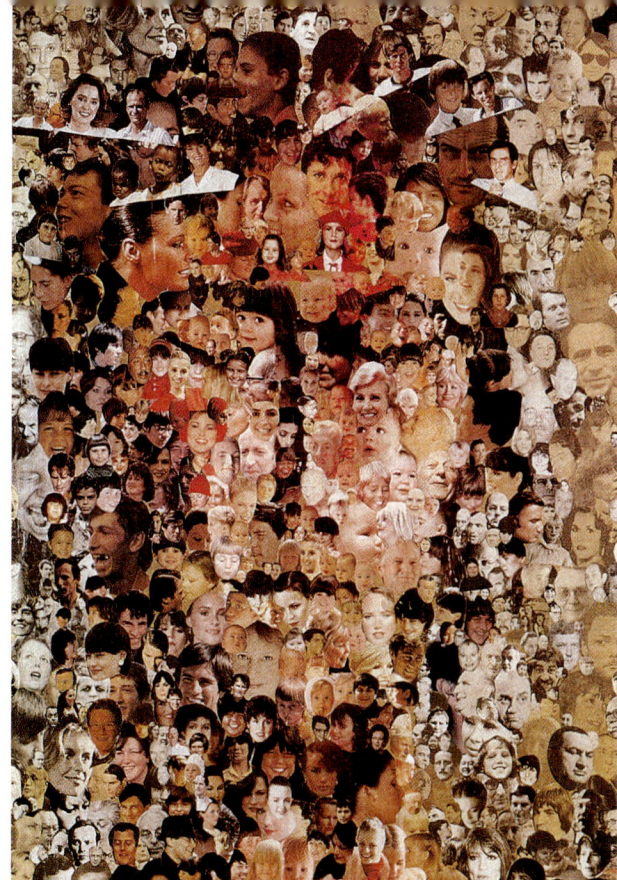

Die Stimme des Gekreuzigten

Eines Tages fühlte Franz von Assisi das Bedürfnis in die Kirche von San Damiano einzutreten und zu beten. Als er vor dem Altar stand, hörte er eine Stimme. »Franz, siehst du nicht, wie mein Haus zerfällt. Geh und stelle es wieder her!«

Voller Aufregung antwortete er: »Gerne will ich es tun, Herr!« Er gab dem Priester Geld und verließ die Kirche. Aus dem Lager seines Vaters holte er einen Ballen Tuch und verkaufte es. Das Geld brachte er dem Priester für die Renovierung der Kirche. Dieser traute sich jedoch nicht das Geld anzunehmen, da er Angst vor einem üblen Scherz hatte. Franz von Assisi warf das Geld auf die Fensterbank und bat darum, bei dem Priester bleiben zu dürfen. Von nun an ging er immer wieder in die Gassen von Assisi, um Steine für die verfallene Kirche zu erbetteln. Er, der einst ein verwöhnter Sohn eines Tuchhändlers war, schleppte Stein um Stein und ertrug sogar den Spott der Menschen.

Die Gemeinschaft der Kirche ist mit der Menschheit und ihrer Geschichte engstens verbunden. Ist doch ihre eigene Gemeinschaft aus Menschen gebildet, die, in Christus geeint, vom Heiligen Geist auf ihrer Pilgerschaft zum Reich des Vaters geleitet werden.

Zweites Vatikanisches Konzil, 1962-1965

¹²Denn wie der Leib eine Einheit ist, doch viele Glieder hat, alle Glieder des Leibes aber, obgleich es viele sind, einen einzigen Leib bilden: so ist es auch mit Christus. ¹³Durch den einen Geist wurden wir in der Taufe alle in einen einzigen Leib aufgenommen, Juden und Griechen, Sklaven und Freie; und alle wurden wir mit dem einen Geist getränkt. ¹⁵Auch der Leib besteht nicht nur aus *einem* Glied, sondern aus vielen Gliedern. Wenn der Fuß sagt: Ich bin keine Hand, ich gehöre nicht zum Leib!, so gehört er doch zum Leib. ¹⁶Und wenn das Ohr sagt: Ich bin kein Auge, ich gehöre nicht zum Leib!, so gehört es doch zum Leib. ¹⁷Wenn der ganze Leib nur Auge wäre, wo bliebe dann das Gehör? Wenn er nur Gehör wäre, wo bliebe dann der Geruchssinn? ¹⁸Nun aber hat Gott jedes einzelne Glied so in den Leib eingefügt, wie es seiner Absicht entsprach. ¹⁹Wären alle zusammen nur *ein* Glied, wo bliebe dann der Leib? ²⁰So aber gibt es viele Glieder und doch nur *einen* Leib. Das Auge kann nicht zur Hand sagen: Ich bin nicht auf dich angewiesen. Der Kopf kann nicht zu den Füßen sagen: Ich brauche euch nicht.

1 Kor 12,12-21

- Wie Kirche verstanden wurde und wird, kommt in unterschiedlichen (Sprach-)Bildern zum Ausdruck (Leib Christi, Haus Gottes ...). Welche Vorstellungen von Kirche finden sich auf diesen Seiten? Findet weitere passende (Sprach-)Bilder!
- »Kirche heißt ein Bauwerk nur, weil die Menschen, die sich darin versammeln, Kirche sind.« Wann sind Menschen »Kirche«? Lest dazu auch Mt 18,20; Apg 2,43-47, 4,32-37.
- Sprecht darüber, wie wichtig Kirchenräume für euch sind. Welche Elemente sind wesentlich? Welche sind Ergänzung? Wann gefällt euch ein Kirchenraum besonders gut?

2 Können Steine erzählen?

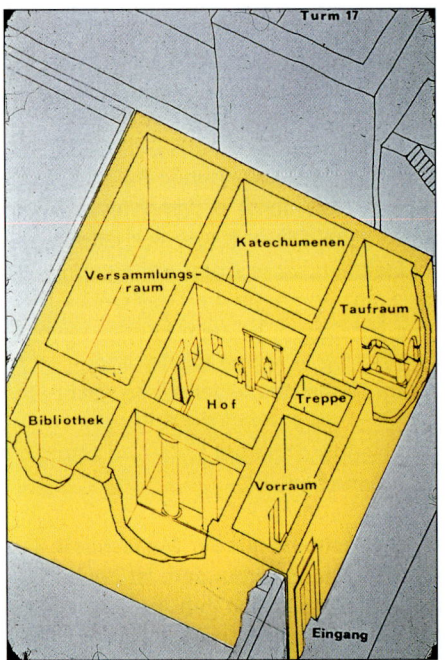

Kirchengebäude sind nicht nur ein Produkt ihrer Architekten oder ein Spiegel ihrer Epoche. Jede Kirche gibt gleichzeitig Zeugnis davon, wie Gemeinde Glauben und Kirche versteht. Selbst Gebäude, die aus längst vergangenen Zeiten stammen, erfahren heute noch Veränderungen durch die jeweilige Gemeinde. Sie stellen in besonderer Art und Weise eine Brücke zwischen Vergangenheit und Gegenwart dar und zeigen deutlich die Geschichte, die diese Kirche zu erzählen hat.

Die ersten Hauskirchen

Fanden die ersten gottesdienstlichen Versammlungen noch in Räumen der jüdischen Synagogen statt, so veränderte sich gleichsam mit der Struktur der Urgemeinde auch der Versammlungsraum. In umgebauten Privathäusern fand das verborgene Gemeindeleben statt. Die- oder derjenige, in dessen Haus sich die Christen trafen, leitete die Versammlung. Zentraler Mittelpunkt war die Feier der Eucharistie.

Die Basilika als Zeichen der an Macht gewinnenden Kirche

Mit dem »Mailänder Abkommen« (313) gab es grundlegende Veränderungen im christlichen Leben: Der Sonntag wurde vorgeschriebener Ruhetag; in der Öffentlichkeit wurde das Kreuz getragen; das religiöse Leben, das bisher bescheiden und im Verborgenen stattfand, legte Wert auf feierliche Zeremonien und drängte nach Einfluss und Macht. Diese Entwicklung spiegelt sich auch im Kirchenbau wider. Nach dem Vorbild alter Markt- und Gerichtshallen baute man Basiliken, die durch einen langen Gang, der in eine Apsis (halbrunde Nische) mündete, den langen Weg zu Gott symbolisierten. Zwischen Apsis und Saal befand sich der Altar, das Ziel des Weges, als das verbindende Element. Bei aller architektonischen Leistung gilt die Basilika als recht einfaches Bauwerk, das sich bewusst von den Prachtbauten heidnischer Kultstätten unterscheiden wollte. Als wunderbares Beispiel für den Bau einer Basilika gilt die fünfschiffige Kirche St. Johannes im Lateran, die für 1200 Jahre den Sitz des römischen Bischofs und Papstes beherbergte.

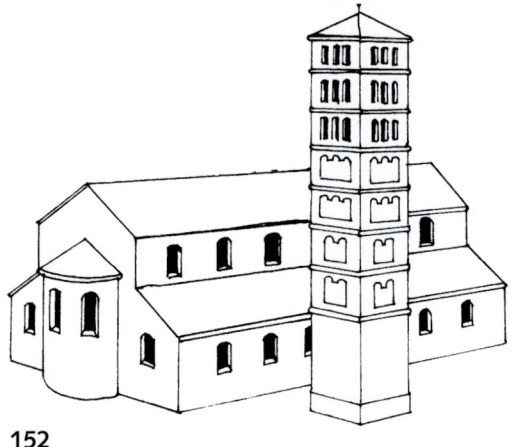

Der romanische Kirchenbau

Parallel zum Zerfall des Römischen Reiches stagnierte die Freude am Kirchenbau. Erst mit Karl dem Großen änderte sich dies. Bereits zuvor war die Grundform der Basilika durch ein Querhaus zwischen Apsis und Mittelschiff ergänzt worden Es entstand – von oben betrachtet – die Form eines Kreuzes. Dieses verweist auf Jesus, den Gekreuzigten, und stellt gleichzeitig die Endpunkte des Menschen (Kopf, Hände, Füße) dar. Beim Kirchenbau wurde nach Orientierung gesucht (d. h. nach Osten ausgerichtet). Im Osten geht die Sonne auf, von dort kommt das »Licht der Welt«. Der Westen galt als der Bereich des Dunklen und des Todes. Von hier aus betraten die Gläubigen die Kirche und machten sich auf den Weg zum Licht, zu Jesus Christus. Deutlich weisen verschiedene Kirchenportale durch ihre reichhaltigen Verzierungen auf diese Symbolik hin. Die für die romanischen Kirchen typischen Rundbögen holen den Himmel auf Erden. Im Unterschied zur frühchristlichen Basilika erhalten romanische Kirchen Türme, die den Weg zu Gott weisen. Wie Burgen stehen die Kirchen in den Städten – sie bieten Schutz bei Gott vor den Gefahren der Welt. Die Errichtung eines durch Stufen abgehobenen Chor-Raumes für Mönche zwischen Apsis und Querhaus verweist auf die zunehmende Distanz zwischen Klerus und Ordensleuten und der Gemeinde.

St. Peter, Trier

Gotische Kirchen und Kathedralen

Erinnern romanische Kirchen mit ihren kleinen Fenstern und dicken Wänden an Burgen, so zeigen die gotischen Kathedralen, wie sehr sie das Spiel mit der Sonne schätzen. Statt dicker Wände tragen Säulen das Gewölbe und hochschlanke Fenster erlauben Lichteinfall. Kathedralen (*cathedra* ist der Stuhl des Bischofs) entstehen in Städten mit Bischofssitz. Nicht selten dauerte der Bau einer Kathedrale Jahrhunderte. Die Symbolik einer gotischen Kirche drückt den Glauben aus, dass alles einer göttlichen Harmonie und Ordnung unterliegt. Alles steht in Beziehung zueinander. So sind im Freiburger Münster die Höhe der Türme und die Länge des Bauwerks identisch. Die gotische Kirche mit ihrer Vielzahl von Giebeln und Türmen symbolisiert die himmlische Stadt auf Erden. Gott zeigt sich im Licht, daher auch die außerordentliche Farbenvielfalt der gotischen Fenster. Der Mensch strebt zu Gott. Wer die nach oben deutende Bauweise einer gotischen Kirche betrachtet, findet die Entsprechung dieses Glaubens in der Architektur.

Westfassade des Doms, Köln

Renaissance

Vor ungefähr 600 Jahren änderte sich das Selbstverständnis der Menschen, zunächst in Italien: Die Bauwerke der Gotik fanden keinen Gefallen mehr. »Zu monströs« war die verbreitete Meinung ihnen gegenüber. Man erinnerte sich an die Bauwerke der Antike und fand Gefallen an diesen Formen. Als 1503 Julius II. Papst wurde, wollte er eine Kirche, die sowohl vom Baustil als auch von der Größe her einmalig sein sollte. Michelangelo konstruierte eine riesige Kuppel, die später für viele andere kirchliche und staatliche Bauten (z. B. das Kapitol in Washington) zum Vorbild wurde. Der einmalige Vorplatz, ein mit einem Säulengang eingefasster ovaler Platz, spricht deutlich die Sprache der Zeit: Die katholische Kirche, verunsichert durch die Reformation und Entdeckungen der Zeit, wollte die Welt umfassen.

Barocke Kirchen

Der 1628 fertig gestellte Petersdom wurde Vorbild für die nach der Reformation entstehenden Kirchen. Selbstbewusst und lebensfroh zeigte sich die katholische Kirche. Besonders in rein katholischen Gegenden Süddeutschlands und Österreichs entstanden prachtvolle Bauten. In den evangelisch geprägten Gebieten zeigte sich die katholische Kirche zurückhaltender und bevorzugte eine einfachere Bauweise. Die Kirchen des Barock bieten dem Betrachter eine Fülle von Entdeckungen. Übervoll erscheinen die Kirchenräume, durch strahlendes Weiß, Gold und Marmor wie ein Traum vom Himmel. Das Innere der Kirche scheint zu leben: Figuren, Statuen und Bilder entwickeln für den Betrachter eine Dynamik. So wie die Freude in einem festlichen Saal erscheint die Stimmung barocker Kirchen. Der, der uns einlädt, ist Gott selbst, dessen Boten (Engel) uns überall auf seine Anwesenheit aufmerksam machen.

Klassizismus und Neugotik

Die Pracht und die üppige Ausgestaltung der barocken Kirchen wurden abgelöst von einer Nüchternheit, die wiederum Anregungen aus der Antike bezog und deren klassische Formen bevorzugte. Der Klassizismus währte nicht lange. Die Menschen erinnerten sich an vertraute Formen des Hochmittelalters, Elemente der Gotik fanden neue Anhänger, die Neugotik galt als die Bauweise für Kirchen. Industrialisierung, Einwanderungen und Auswanderungen führten zu raschem Wandel und Verunsicherung. In den vertrauten Elementen der gotischen Formen fanden die Christen Zuflucht.

Gegenwart

Mit dem Zweiten Vatikanischen Konzil setzte sich ein neues Gemeindeverständnis durch: Kirche wird seitdem als Gemeinschaft auf dem Weg durch die Zeit verstanden. Der Altar, der Tisch des Herrn, wurde stärker in den Raum der Gemeinde integriert: Kirchen aus alter Zeit erhielten mit einem Hochaltar am Ende der Apsis einen zweiten, der Gemeinde zugewandten Altar. Mutige Architekten wagten neue Grundrisse und stellten den Altar in den Mittelpunkt. Die lebendige Gemeinde findet ihren Ausdruck auch in den Gemeindezentren. Neben dem Raum für die eucharistische Versammlung findet sich – je nach Größe der Gemeinde – eine Vielzahl von weiteren Räumen, in denen Kirche auf unterschiedlichste Weise lebendig und sichtbar werden kann.

- *Stellt in Form von Skizzen Grundrisszeichnungen der einzelnen Baustile dar. Dabei hilft euch weitere Information aus Lexika und Nachschlagewerken (Bücherei) oder dem Internet.*
- *Welche Glaubensgeschichten erzählen die einzelnen Baustile?*
- *Informiert euch genauer über die Hintergründe einzelner Epochen. Stellt eure Ergebnisse in Form einer Wandzeitung den anderen vor. Welche Kirche aus eurer Umgebung entstammt welcher Zeit?*
- *Suche den Baustil, der dir am besten gefällt. Begründe deine Meinung. Denke dabei sowohl an äußere, bauliche Merkmale als auch an die Glaubensvorstellungen der Zeit.*

Träume werden lebendig – TABGHA in Oberhausen

TABGHA ist der Ort in Israel, an dem die Erzählung von der Brotvermehrung verortet wird. Ein schönes Mosaik in einem kleinen Kloster dort zeigt die Speisung der Fünftausend mit fünf Broten und zwei Fischen.
Auch in der Jugendkirche TABGHA sollen viele Menschen mit unterschiedlichen Talenten und Begabungen zusammenkommen um Kraft zu tanken, um »satt« zu werden; und schließlich soll aus ihrem Zusammensein und gemeinsamen Tun etwas Neues entstehen – zum Wohle aller.
Das Projekt Jugendkirche des Katholischen Gemeindeverbandes Oberhausen ist ein in dieser Form bundesweit einmaliges Experiment im Bereich der Jugendpastoral. Es hat sich zum Ziel gesetzt, Jugendlichen neue, attraktive und zum Teil auch ungewöhnliche Zugänge zu Kirche zu eröffnen. Wichtig ist dabei die Mitbeteiligung und Mitbestimmung der Jugendlichen in Hinblick auf die räumliche und inhaltliche Gestaltung der Jugendkirche.

Nach einer intensiven Vorlaufphase mit Zukunftswerkstätten, Forumsgesprächen und breit angelegten Fragebogenaktionen ging die Jugendkirche an den Start.

Graffiti-Aktionen, HipHop- und Theater-Workshops in der Kirche beschreiben dabei die Bandbreite der Möglichkeiten. Es gibt keine gesonderten Räume, in denen Jugendarbeit stattfindet. Die Kirche selbst ist der Raum und wird somit zu einer lebendigen Kirche, in der gearbeitet, gelacht, geweint und gebetet wird. Feste Stuhl- oder Bankreihen wie in den meisten Kirchen gibt es nicht. Die Stühle werde so gestellt, wie es die Anzahl der Kirchenbesucher erfordert. Immer jedoch so, dass ein gegenseitiges Anschauen und Wahrnehmen möglich wird. Bänke zum Knien fehlen völlig, die Menschen treten in TABGHA aufrecht vor Gott. Im Gottesdienst selbst sind die rituellen Formen aufgelöst. Wer möchte, spricht vor den anderen ein Gebet oder eine Fürbitte. Messdiener/innen gibt es nicht, bei der Gabenbereitung dient jemand aus der Mitte.

TABGHA geht neue Wege und sucht den Dialog mit den Jugendlichen. Am Sonntagmorgen ist TABGHA für die Gemeinde der Ort des Gottesdienstes. Am Sonntagabend oder während der Woche bietet sie Raum für die Jugendlichen, die hier neue Erfahrungen mit Kirche machen können. Wer sich bisher kirchenfern fühlte und nun teilhaben möchte an der Gemeinschaft und Christin oder Christ werden möchte, kann sich in TABGHA taufen lassen. Ein künstlicher Wasserlauf kann mit einer im Boden verborgenen Zisterne verbunden werden. Erwachsene können so eine ganz bewusste Tauferfahrung machen.

Zwischen Himmel und Erde

»Wenn Sie möchten, so kommen Sie doch vorbei und schauen sich unser Projekt einmal an.« So lud mich Pfarrer Wolharn ein, um TABGHA kennen zu lernen. Mit Neugier und Argwohn zugleich machte ich mich auf den Weg und fand schließlich mitten im Ruhrgebiet mein Ziel. Zur Vorbereitung hatte ich im Internet schon einige Informationen gelesen. Ich trat in die Kirche ein und war sprachlos. Ein riesiger Klettergarten füllte das Innere der Kirche aus. Angeseilt bewegten sich Kinder, Jugendliche und Erwachsene mit vier bis fünf Metern Bodenabstand über die einzelnen Höhenwege. Das Seil gab Sicherheit, hielt, wenn jemand fiel oder zu fallen drohte. Eine Turnstunde in der Kirche? Nein: Es galt die Erfahrung zu machen, dass die Wege des Lebens immer Balance erfordern, Rücksicht und Weitsicht notwendig sind. Die rettende Hand eines Helfers in schwirigen Situationen kann lebenswichtig werden. Und trotzdem kann es im Leben zum Fall kommen. Wer hält? Wer ist im Leben das Seil?

- Weitere Information über TABGHA findet ihr im Internet.
- Erkundigt euch, ob es mittlerweile über Oberhausen, Münster und Stuttgart hinaus weitere Jugendkirchen dieser Art in Deutschland gibt.
- Was spricht euch an? Was nicht? Diskutiert die Vor- und Nachteile einer Jugendkirche.
- Wie müsste eure Jugendkirche aussehen?

Aktion West-Ost

Katholische Junge Gemeinde

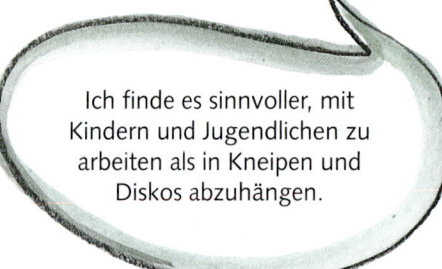
Ich finde es sinnvoller, mit Kindern und Jugendlichen zu arbeiten als in Kneipen und Diskos abzuhängen.

Pfadfinderinnenschaft St. Georg

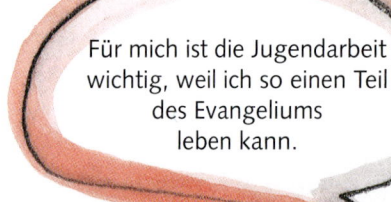
Für mich ist die Jugendarbeit wichtig, weil ich so einen Teil des Evangeliums leben kann.

Katholische Studierende Jugend (KSJ)

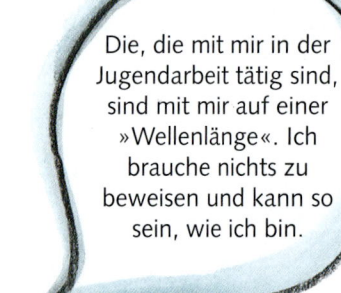
Die, die mit mir in der Jugendarbeit tätig sind, sind mit mir auf einer »Wellenlänge«. Ich brauche nichts zu beweisen und kann so sein, wie ich bin.

Deutsche Pfadfinderschaft St. Georg (DPSG)

Jugendverbände Gemeinschaft christlichen Lebens

Bund junger Katholiken in Wirtschaft und Verwaltung (KJung KKV)

Christliche Arbeiterinnenjugend

Kolpingjugend

Kirche als Internet

Ich weiß auch nicht, war es Frust oder Übermüdung, als ich letzte Dienstagnacht um halb zwei folgenden Satz in die Tastatur hackte und ins Netz schickte: »Sag mir, Jesus, welche Farbe mein T-Shirt hat, damit ich weiß, dass es dich gibt!« Am nächsten Abend fand ich mehr als vierzig Antworten in meiner Mailbox. Gut die Hälfte davon war Nonsens von der schnell gebauten Sorte wie: »Ich bin zwar Jesus, aber leider farbenblind!« Einige hatten sich aber mehr Gedanken gemacht: »Sag mir, warum Menschen noch lachen, sich freuen und glücklich sind, obwohl es so viel Leid gibt, Kriege und Tod; dann weißt du, wieso es egal ist, ob dein T-Shirt rot oder blau ist.« »Wir haben schon viele getroffen, die erst dann an Jesus glauben wollen, wenn sie ihn einmal zu sehen kriegen. Du bist der Erste, der zum Glauben bereit ist, wenn er von Jesus gesehen wird. Schau einfach bei uns rein, jeden Samstag ab 19 Uhr ... Christliche Jugendgruppe ...«

Viele haben mich auf die Bibel verwiesen. Auf alle E-Mails mit Adresse und Bitte um Rückantwort wollte ich eingehen. Die meisten schienen mir von überzeugten Kirchenfreunden zu stammen.

Also habe ich nach einigen Tagen meine Gedanken über die Kirche und den Glauben zusammengefasst. Eine knackige kritische Stellungnahme war das. Und ab gings ins Internet an die achtzehn verbliebenen Adressen. Motto: »Kirche als verstaubtes Geldabsauginstrument, das von Täuschungsmanövern und der Leichtgläubigkeit der Menschen lebt.«

Damit war für mich die Sache erledigt.

Doch es ging weiter. Zuerst antwortete eine Pfarrerin: »Weißt du, deine Kritik ist ja gar nicht so blöd. Wenn du den Einblick hättest in die Kirche, den ich habe, wären dir sogar noch mehr und bessere Beispiele eingefallen, was da alles verkehrt läuft. Doch meine Kraft reicht nicht aus, all das zu tun, was mir sinnvoll und richtig vorkommt. Ich möchte es schaffen, doch es überfordert mich. Und allmählich merke ich: Kirche – das sind nicht einfach ›die da oben‹, das sind doch wir alle. Kirche – das ist wie im Internet; jeder, der online ist, bastelt daran mit und zusammen bildet man das Ganze. Kirche – das bist auch du, weil du dazugehörst, selbst wenn du nicht hingehst.«

Ein Junge ließ mich wissen: »Ich bin blind. Ich kann dir die Farbe deines T-Shirts nicht einmal sagen, wenn ich vor dir stehe. Ich bin auch nicht von meiner Blindheit geheilt worden wie die Blinden in der Bibel. Und doch bin ich nicht sauer auf Jesus. Denn ich spüre, dass er mich dabeihaben will. Und meine Freunde und viele Menschen aus der Gemeinde lassen mich das auch spüren. All das macht mir Hoffnung. Davon lebe ich.«
Andy schrieb: »Ich gehe zum ›offenen Treff‹. Das ist ein Zufluchtsort für mich, an dem ich bedingungslos akzeptiert werde. Ich komme nämlich nicht gut mit dem Leben zurecht. Glauben kann ich auch nicht. Und als ich mal im Gottesdienst war, fühlte ich mich beäugt wie ein Aussätziger und wollte gehen. In der Suchtberatung haben sie mir Bedingungen gestellt. Das hab ich nicht geschafft, aber zum Treff geh ich noch hin.«
Fanny gab mir eine ausführliche Ideensammlung über das, was Kirche heute ihrer Meinung nach alles tun könnte und müsste. Am besten gefiel mir: »Sie soll einem helfen, den Weg des Lebens zu gehen. Sie soll diesen nicht vorschreiben, sondern nur unterstützen.« Und am Schluss meinte sie: »Ich will nicht nur Heimat finden, sondern auch Heimat sein.«
Inzwischen habe ich sie angerufen. Sie hat gefragt, ob ich einen Computer zum Laufen bringen könnte. Sie hat einen für den Deutschkurs geschenkt bekommen, den sie mit zwei Freunden für die Kinder im Asylbewerberhaus hält, einmal pro Woche. Das sei auch Kirche, meint Fanny.
Und so werde ich halt mal in diesem Sinne zur Kirche gehen. Obwohl diesmal nur ein kleines Grillfest angesagt ist. Aber, warum eigentlich nicht?

Thomas Niederberger

Arbeit mit Jugendlichen und Kindern macht mir Freude.
Ich finde es spannend, wenn ich mich mit der Meinung anderer auseinander setzen kann.

Sebastian-Schützenjugend

In meiner Jugendgruppe erfahre ich, was Gemeinschaft bedeutet.

Katholische Landjugendbewegung

Jugendarbeit erhält die Gemeinde jung!

Unitas-Verband

Quickborn

- Die Telefonseelsorge der katholischen und evangelischen Kirche bietet z. B. Internetberatung an (www.das-beratungsnetz.de). Prüft, ob es Chatrooms gibt, die speziell für Menschen mit Fragen zu Kirche und Religion geeignet sind.
- Wer könnte sonst noch Ansprechpartner/in für solche Fragen sein?
- Überlegt, inwieweit diese Aussagen in den Sprechblasen auf euch zutreffen. Sprecht über die Situationen in eurer Gemeinde. Sucht nach Ursachen für die unterschiedlichen Situationen.
- Formuliert eigene Sätze, die eure Wünsche in Bezug auf die kirchliche Jugendarbeit beinhalten.
- Informiert euch über die einzelnen kirchlichen Jugendverbände.
  Worin unterscheiden sie sich von anderen Vereinen (z. B. Sportverein o. Ä)?
- Überlegt, ob ihr den oder die Dekanatsjugendpfleger/in in euren Unterricht einladet. Welche Fragen wollt ihr stellen? Formuliert auch eure Wünsche und Angebote euch einzubringen.

Kirche als Institution und als Sakrament

Die Frage, was Kirche ist, was katholische Kirche ist, haben sich viele Menschen im Laufe der Zeit immer wieder gestellt. Die Antworten beziehen sich entweder auf die äußere Struktur oder auf das innere Wesen der Kirche. Die Kirche ist bischöflich verfasst; sie wird repräsentiert durch den Bischof. Er weiht auch die Priester seines **Bistums** (auch »Diözese«), die als Seelsorger die **Pfarrgemeinden** (auch Pfarreien) oder Pfarrverbände leiten. Dort versammeln sich Christinnen und Christen (s. S. 161). Alle Bischöfe der Bistümer eines Landes bilden die nationale Bischofskonferenz. Jede nationale katholische Kirche ist Teil der **Weltkirche.** Der Papst als erster Bischof von Rom und Nachfolger des Apostels Petrus (»Auf diesen Felsen will ich meine Kirche bauen«, Mt 16,18) ist sichtbarer Garant für die Einheit der Kirche.

Für den lebendigen Glauben wichtiger als diese Beschreibung des sichtbaren gesellschaftlichen Gefüges ist eine Erklärung, die das Wesen der Kirche zu beschreiben versucht. Dabei helfen Sprachbilder, z. B. das von dem einen Leib und den vielen Gliedern (vgl. S. 151), das vom Weinstock und den Reben (s. u.) oder das von der Kirche als dem pilgernden Volk Gottes, das auf seinem Weg durch die Zeit immer wieder die Liebe Gottes erfährt. Die Mitte des christlichen Glaubens zeigt sich in der Menschwerdung Gottes in Jesus Christus.

Jesu Tod und seine Auferweckung zeigen die unauslöschliche Liebe Gottes zu den Menschen. Wenn Christen sich in der Nachfolge versammeln, die Eucharistie feiern, sein Wort verkünden und sein Heil Wirklichkeit werden lassen, dann wird Kirche von ihrem inneren Wesen her sichtbar. Diese sakramentale Beschreibung zeigt Kirche als Zeichen und Werkzeug für das Heil der Menschen.

---

⁴Bleibt in mir, dann bleibe ich in euch. Wie die Rebe aus sich keine Frucht bringen kann, sondern nur, wenn sie am Weinstock bleibt, so könnt auch ihr keine Frucht bringen, wenn ihr nicht in mir bleibt.
⁵Ich bin der Weinstock, ihr seid die Reben. Wer in mir bleibt und in wem ich bleibe, der bringt reiche Frucht; denn getrennt von mir könnt ihr nichts vollbringen.

Joh 15,4-5

- Sucht im Internet, im Pfarrbüro und im Lexikon genauere Information zu den markierten Begriffen und erstellt ein Schaubild über den Aufbau der Institution Kirche. Was lässt sich in einem solchen Aufbau schwer darstellen?
- »Christliche Kirche entsteht durch eine ständige heilsgeschichtliche Einwirkung des Geistes Jesu Christi.« – Welche Aufgaben erwachsen daraus für die Gläubigen? Worauf können sie vertrauen?
- »Ich bin der Weinstock, ihr seid die Reben.« – Denkt über dieses Sprachbild nach und überlegt, inwieweit es auf euch zutrifft. Wenn diese Aussage keine Bedeutung für euch hat – woran könnte es liegen?
Welche Bedeutung erwächst aus diesem Johannes-Vers für die Gemeinden?

Gemeinde aktiv mitgestalten

AUFBAU DER PFARREI

Pfarrgemeinderat
Ist tätig in der Gemeindearbeit. Bildet »Ausschüsse«, z. B. Jugendarbeit, Erwachsenenbildung, Liturgie und Gottesdienst, Altenseelsorge, Öffentlichkeitsarbeit.

Pfarrer
Koordiniert die Gemeindearbeit, spendet die Sakramente, verkündet das Evangelium.

Kirchenverwaltung
Trägt die Verantwortung für Bau- und Finanzfragen.

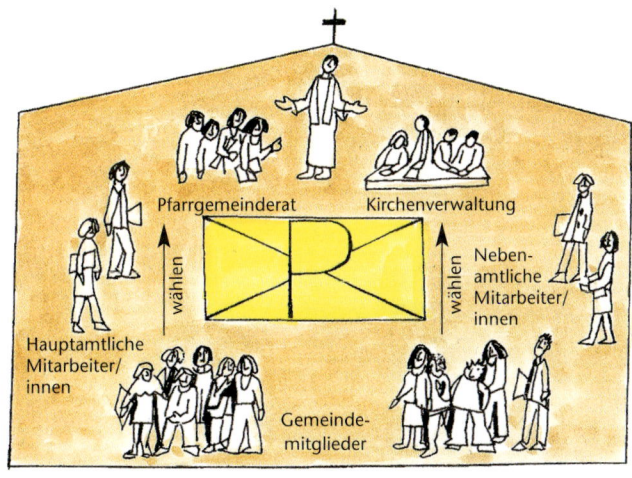

Hauptamtliche Mitarbeiter/innen
Z. B. Diakon, Kaplan, Katechet/in, Gemeindereferent/in.

Gemeindemitglieder
Durch die Taufe ist jede/r zu Gottesdienst und Weltdienst berufen.

Nebenamtliche Mitarbeiter/innen
Leisten spezielle Dienste, z. B. Messner/in, Ministrant(inn)en, Lektor/in, Kommunionhelfer/innen, Kirchenchor, Organist/in ...

Die Aufgaben der Kirche in der Einen Welt

Zum Beispiel: »Christliche Initiative Romero« (CIR)

Die Christliche Initiative Romero wurde 1981 als ökumenischer und unabhängiger Verein gegründet.
Oscar Arnulfo Romero, Erzbischof von San Salvador, war gerade von Todesschwadronen am Altar ermordet worden. Romero wirkte an der Seite der Armen.
Da er die Ursachen und Verursacher von Unterdrückung, Ausbeutung und Armut benannte, wurde Romero mit Wissen und Billigung der Regierenden seines Landes getötet.
Die CIR versteht sich als Unterstützerin der Armen, der Ausgegrenzten, der Verfolgten und derjenigen, die für eine gerechtere Zukunft eintreten. Sie verfolgt gesellschaftspolitische Geschehnisse in El Salvador, Nicaragua und Guatemala aktiv und ergreift Partei für die Menschen und Organisationen, die in Mittelamerika ihre Gesellschaft gerechter und zukunftsfähiger gestalten wollen. Solidarisches Handeln soll eine Brücke zwischen »Dritte-Welt«-Ländern und mitteleuropäischer Lebenswelt schlagen. Politische Informationsarbeit und aktive Hilfe sind die Pfeiler der Christlichen Initiative Romero. Sie setzt sich ein für:
– die Näherinnen in den Weltmarkt-Fabriken,
– Alphabetisierung,
– Schutz des Regenwaldes,
– arbeitende Kinder,
– Selbstbestimmung der Frauen,
– gerechte Landverteilung,
– die Rechte der indigenen Bevölkerung.

- »Unrecht erfordert Widerstand, Recht erfordert Beistand« – Übertragt diesen Spruch auf die Arbeit der Christlichen Initiative Romero.
- Informiert euch über Oscar Arnulfo Romero. Warum trägt die CIR seinen Namen? Tipp: www.ci-romero.de. Arbeitet in Gruppen und skizziert ein Rollenspiel zum Thema: Romero – ein Symbol für Gerechtigkeit und Solidarität.
- Sucht Information zum Thema Kinderarbeit in den Ländern der so genannten Dritten Welt. Diskutiert die Überlegung, dass Kinderarbeit nicht grundsätzlich abgeschafft werden soll, sondern ihre Bedingungen verbessert werden müssen. Bedenkt dabei die Folgen der Abschaffung der Kinderarbeit für die betroffenen Familien. Veranstaltet eine Pro-und-Contra-Debatte.
- »Die Aufgaben der Kirche in der Einen Welt« – Welche weiteren Aufgaben fallen euch ein? Vergleicht hierzu auch Treffpunkt RU 5/6 – NA, S. 112/113 über Gemeinschaft, Dienst am Nächsten, Verkündigung, Gottesdienst. Teilt euch in Gruppen ein und erstellt zu jedem der vier Begriffe eine Dokumentation, Wandzeitung oder Computerpräsentation.

Grobe Fouls – Sportartikel-Hersteller produzierten unter fragwürdigen Bedingungen

In Kampagnen werben Sportartikel-Firmen für »Fairplay« im Sport. Doch die Partner-Firmen, die zum Beispiel in El Salvador für einen deutschen Sportartikel-Hersteller nähen ließen, hielten sich nicht an die vereinbarten Arbeitsbedingungen.

Zwischen Theorie und Praxis liegen nicht nur im Fußball ganze Welten. Aus der Selbstdarstellung eines Unternehmens im Internet: »Wir haben das ehrgeizige Ziel, der beste Sportartikelhersteller der Welt zu sein. Um dieses Ziel zu erreichen, haben wir einen verantwortlichen Umgang mit der Gesellschaft und Umwelt zum Maßstab für unser eigenes Unternehmen und für unsere gesamte Lieferkette gemacht.«

»Man verkauft uns den Traum von Sportlichkeit und begeht selbst grobe Fouls«, sagt dagegen Maik Pflaum von der Christlichen Initiative Romero.

Die Menschenrechtsorganisation setzt sich in El Salvador für faire Arbeitsbedingungen ein. Bei den Subunternehmern würden die Vorgaben des Konzerns einfach ignoriert, kritisiert sie. Eine Näherin der Partnerfirma beschwert sich über Zwangsüberstunden: »Wenn die Chefs unter großem Zeitdruck stehen und wir nicht bleiben wollen, zwingen sie uns abends zu Überstunden. Man muss hier weite Wege zu Fuß gehen und es sind um diese Zeit nicht mehr viele Leute unterwegs. In dieser Gegend gibt es viele Vergewaltigungen, deshalb möchten wir nicht so spät nach Hause gehen.«

Doch wer seinen Arbeitsplatz behalten will, beschwert sich besser nicht. Weder über Überstunden noch über die Arbeitsbedingungen. Unser Team besuchte eine der vier Partnerfabriken des Herstellers in El Salvador. Rund 900 Frauen und Männer fertigen hier Sportbekleidung, die auch nach Deutschland exportiert wird.

Viele Arbeiterinnen hier haben Nierenprobleme, weil sie kaum trinken, um nicht zur Toilette gehen zu müssen. Die Aufseher achten streng darauf, dass das hohe Produktionssoll erfüllt wird. Aber es gibt noch einen weiteren Grund, warum die Arbeiter nichts trinken wollen: Das Trinkwasser, das die Firma nach den Vorgaben des Konzerns zur Verfügung stellen muss, sei nicht in Ordnung, kritisiert die Initiative Romero. Viele Arbeiter klagen über Magenbeschwerden. Die Untersuchung von Wasserproben, die heimlich aus der Fabrik geschmuggelt wurden, ergab eine übermäßige Belastung mit Bakterien. Gregg Nebel ist Beauftragter für Umwelt und Soziales und extra aus dem Hauptquartier in den USA angereist. Seine 30-köpfige Abteilung soll sicherstellen, dass die Arbeitsbedingungen fair, sicher und gesund sind, betont Nebel, und dass der vom Konzern vorgegebene Kodex eingehalten wird.

Doch der Chef selbst weiß offenbar nicht immer, was wirklich Sache ist. Das Trinkwasser für die Arbeiter werde von einer Getränke-Firma angeliefert, erklärt er und zeigt die Wasserflaschen. Als man ihm nachweist, dass das Wasser in der Flasche stattdessen gefiltertes Leitungswasser ist, muss der Experte zugeben: Der Fabrikbesitzer hat ihn falsch informiert.

Zwei schwitzen für die Firma

1. Oliver Kahn – Monatsverdienst 540 000 Euro
Oliver Kahn, Jahrgang 1969, gilt als einer der besten Torhüter der Welt. 1999 wählte man ihn zum Welt-Torhüter. Der FC-Bayern weiß, was er an Kahn hat. Seine Dienste lässt sich der FC-Bayern 4,5 Mio. Euro im Jahr kosten. Mit Werbeverträgen bringt es Kahn auf einen Jahresverdienst von 6,5 Millionen Euro. Auch ein bekannter Sportartikel-Hersteller weiß Oliver Kahn zu schätzen. Der Konzern stieg mit 7,5 Millionen Euro bei der FC-Bayern AG ein.

2. Gloria Delgado – Monatsverdienst 180 Euro
Gloria Delgado, 29 Jahre, arbeitet als Näherin in einer mittelamerikanischen Bekleidungsfabrik. Mit ihren vier Kindern im Alter von fünf bis zehn Jahren und ihrem Lebensgefährten wohnt sie in einem 20 qm großen Zimmer. Sie steht jeden Tag um 5.15 Uhr auf. Um 7 Uhr beginnt die Fabrikarbeit. Je nach Auftragslage muss Gloria Delgado bis 19 Uhr Überstunden machen. Dann kann sie erst ab 20 Uhr das Abendessen für die Kinder bereiten. Danach wäscht sie und holt Wasser vom 400 Meter entfernten Brunnen. Um 22.30 Uhr geht sie schlafen.

Sportartikel-Hersteller wissen, was Stars wie Oliver Kahn für ihr Firmen-Image bedeuten und wie wichtig Näherinnen wie Gloria Delgado für diese Unternehmen sind. Wie sonst könnte man die Lohnkosten so niedrig halten, dass man im Jahr 700 Mio. Euro für Werbung ausgeben und einen Gewinn von über 200 Mio. Euro verbuchen kann?
Sportartikel-Hersteller wissen aber auch, wie wichtig zufriedene Kunden sind ...

- »Sportartikel-Hersteller wissen aber auch, wie wichtig zufriedene Kunden sind ...« Welche Aufforderung enthält dieser Satz für euch?

Ich träume von einer Kirche ...

Ich träume von einer Kirche,
die offen ist für Jugendliche, die ihnen zuhört,
die eine Sprache spricht, die sie verstehen,
die ihnen Mut macht auf das Abenteuer Leben,
die sich bereichern lässt von den Ideen der Jungen.

Ich träume von einer Kirche, die verständnisvoll ist,
die an das Gute im Menschen glaubt,
die den Gescheiterten Hoffnung und Zukunft schenkt,
die Fremde aufnimmt,
die sich Asylsuchender annimmt,
die solidarisch ist mit denen,
die zu kurz kommen im Leben.

Ich träume von einer Kirche,
die sich hinterfragen lässt und
selbst kritisch Fragen stellt,
die aufzeigt, wie Menschen miteinander leben können,
die ungerechte Strukturen aufbricht
und aus dem Evangelium heraus handelt,
die sich vom Wirken des Heiligen Geistes
herausreißen lässt
aus der Enge und Selbstzufriedenheit.

Ich träume von einer Kirche,
die sich einsetzt für Frieden und Gerechtigkeit,
die für Randgruppen einsteht,
die Verzweifelten weiterhilft,
die die Menschen ernst nimmt
mit ihren Sehnsüchten und Wünschen,
die mit Gott rechnet mitten im Alltag
und stets unterwegs ist mit ihm.

Claudia Hofrichter

Jesus

So wie du hier auf Erden warst,
so modern und revolutionär für deine Zeit,
so müsste die Kirche sein.

Es gibt so viele Probleme für uns,
oft werde ich einfach nicht angesprochen
von den Worten,
die ich da höre.

Manchmal veranstalten wir mit der katholischen
Gemeinde in unserer Gegend
einen gemeinsamen Jugendgottesdienst.
Zuletzt haben wir das Weihnachten gemacht,
eine Geburtstagsparty für dich, Jesus.

Ich glaube ganz fest,
dass dir so was mehr gefällt
als die immer gleichen Gebete und Gesänge.

Wenn wir »Happy Birthday, Jesus« singen,
macht dir das bestimmt auch Spaß,
weil daraus einfach unsere Freude
am Leben mit dir spricht.
Wir zeigen dir, dass du zu uns gehörst.
Jeder sollte dich so ansprechen können,
wie er es mag und wie er es empfindet.

Mit dir zusammen feiern – ich glaube,
dass so etwas ganz wichtig für das eigene Gefühl ist
und für die Vorstellung, dass Kirche froh machen kann.

Sandra Leukel

12 Hinduismus und Buddhismus
Östliche Wege zur Mitte

1 Hinduismus

Entstehung und Verbreitung des Hinduismus

Nach Christentum und Islam stellt der Hinduismus die drittgrößte Weltreligion dar. Ungefähr 14 % der Weltbevölkerung sind Hindus, allein 99 % davon leben in Südostasien, die meisten davon in der Republik Indien. Die Hindus stellen in Indien die absolute Bevölkerungsmehrheit dar, damit prägt der Hinduismus auch die indische Gesellschaftsordnung. Die Worte »Hindu« und »Hinduismus« sind vom Fluss »Indus« abgeleitet und meinen von ihrem Ursprung her die Menschen und deren Religion östlich des Flusses, der im heutigen Staat Pakistan liegt. Aufgrund der politischen Situation in Südostasien emigrierten in den vergangenen Jahren viele Hindus in die Vereinigten Staaten, nach Europa und hier vor allem nach Großbritannien und Deutschland, sodass auch hier immer mehr Berührungspunkte entstanden. In Deutschland wurde im Sommer 2002 in Hamm in Westfalen der größte Hindu-Tempel auf dem Kontinent feierlich eingeweiht.

Anders als im Christentum, Islam und Buddhismus findet sich für den Hinduismus kein Gründer und es lässt sich auch keine klare Entstehungszeit festmachen. Im Laufe von Jahrhunderten hat sich der Hinduismus aus einer Vielzahl von Strömungen entwickelt, deren Anfänge bis 2000 v. Chr. zurückreichen. Im heutigen Hinduismus lassen sich in der Vielzahl der Ausrichtungen zwei große Strömungen erkennen: Die Vishnuiten verehren Vishnu (den Erhalter der Welt) mit seinen unterschiedlichen Erscheinungsformen (z. B. Krishna und Rama) als Hauptgott. Der Shivaismus verehrt als Hauptgott Shiva in unterschiedlichen Formen. Grundsätzlich gilt jedoch, dass die Grenzen fließend sind: Ein Shivait kann Vishnu verehren, ebenso umgekehrt. Neben diesen Hauptgöttern gibt es noch eine Vielzahl von weiteren Göttern, die z. T. nur regionale Bedeutung haben. Alle göttlichen Erscheinungsformen fließen zusammen in dem Einen Gott und zeigen die unterschiedlichen Wege, auf denen die Menschen zu Gott finden.

Studenten beim Gebet

Die heilige Silbe »OM«.
Die vier Formen symbolisieren das Körperliche (1), das Geistige (2), das Unbewusste (3) und das Höchste Bewusstsein (4).

- *Aufgrund politischer Verfolgung und im Zuge der Globalisierung gibt es immer mehr Hindus in Europa. Erkundigt euch über die Lebensbedingungen der Hindus in eurer Nähe. Wie leben sie ihren Glauben und feiern religiöse Feste? Welche Regeln bezüglich der Ernährung gibt es und wie lassen sie sich einhalten?*

Götter und Altäre

Die religiösen Riten finden vor allem vor den Hausaltären statt. Eine Verpflichtung zum Besuch einer gemeinsamen Gottesverehrung im Tempel gibt es im Hinduismus nicht. Der Tempel – und ist er noch so klein – ist ein heiliger Ort, in dessen Mitte das Abbild der Gottheit (*Murti*), der dieser Tempel gewidmet ist, steht. Die *Murti* befindet sich auf dem Hauptaltar, wobei auf Nebenaltären auch andere Gottesstatuen zu finden sind. Oft genügt es, die *Murti* mit einigen Steinen zu begrenzen und mit Blumenschmuck zu verehren um in kleinen Räumen den heiligen Ort zu markieren.

Die meisten Hindus praktizieren die Götterverehrung in erster Linie zu Hause, wohin sie ihre Götter in ein extra dafür hergerichtetes Zimmer oder in eine Ecke der Wohnung einladen.

Der beliebte Gott Krishna wird hier mit dem Hirtenmädchen Radha dargestellt. Krishna gilt als eine der Erscheinungsformen Vishnus.

Shiva mit seiner Frau und seinen Söhnen. Dem männlichen Gott Shiva wird die Göttin Parvati zugeordnet. Denn das Göttliche ist stets männlich und weiblich.

Jede Gottesstatue (*Murti*) ist der dargestellte Gott und wird liebevoll wie ein Mensch behandelt.

Religion durchdringt das Leben

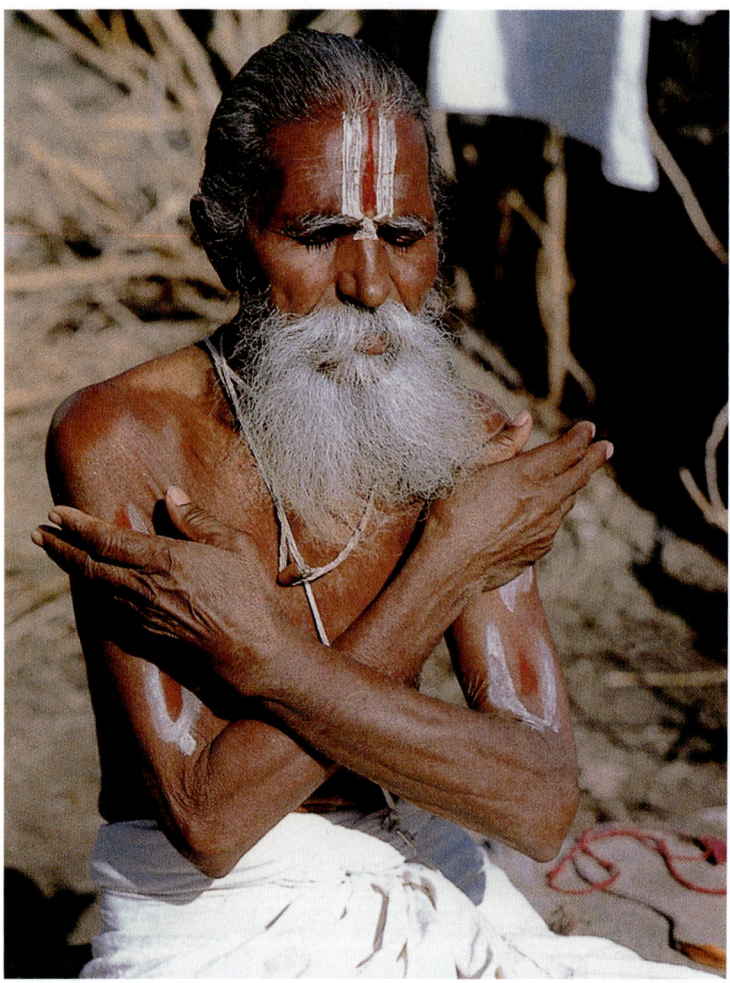

Der Asket strebt nach Erlösung aus dem Kreislauf der Wiedergeburten u. a. durch innere Disziplin, Einübung in Bedürfnislosigkeit, Meditation.

Dharma – das »Gesetz« der Hindus

Die Überlegenheit des Unterlegenen
Als der junge *Sannyasin* in die Nähe der Stadt kam, fand er den Markt und sah dort in einiger Entfernung einen großen dicken *Vaydha*, einen Fleischer, der mit großen Messern Fleisch auseinander schnitt; dabei redete und schwatzte er mit verschiedenen Leuten. Der junge Mann sagte: »Hilf, Herr! Ist das der Mann, von dem ich etwas lernen soll? Er ist die Verkörperung eines Dämons, wenn er überhaupt etwas ist.« ... Er setzte sich; der Mann fuhr mit der Arbeit fort und nachdem er sie beendet hatte, nahm er sein Geld und sagte zu dem *Sannyasin*: »Kommen Sie, Herr, kommen Sie mit nach Hause!« Zu Hause angekommen, bot der *Vaydha* ihm einen Stuhl an und sagte: »Warten Sie hier« und ging in das Haus. Dann wusch er seinen alten Vater und seine alte Mutter, gab ihnen zu essen und tat alles, was er ihnen an Gutem geben konnte. Danach kam er zu dem *Sannyasin* zurück und sagte: »Nun, Herr, Sie sind gekommen, mich zu sehen. Was kann ich für Sie tun?« Der *Sannyasin* fragte ihn ein paar Fragen über die Seele und über Gott und der *Vaydha* unterwies ihn aus Teilen des *Mahabharata* ... Als der *Vaydha* seine Belehrung beendet hatte, war der *Sannyasin* sehr erstaunt. Er sagte: »Warum bist du in diesem Körper? Mit solchem Wissen wie dem deinen, – warum bist du in dem Körper eines *Vaydhas* und tust so schrecklich grausige Arbeit?« »Mein Sohn«, antwortete der *Vaydha*, »keine Pflicht ist grausig, keine Pflicht ist unrein. Meine Geburt brachte mich in diese Umstände. In meiner Jugend lernte ich den Handel; ich versuchte meine Pflicht gut zu tun. Ich versuchte meine Pflicht als Hausvater zu tun und versuche alles zu tun, was ich kann, um meinen Vater und meine Mutter glücklich zu machen. Ich kenne deinen Yoga nicht, noch bin ich ein *Sannyasin* geworden, noch bin ich aus der Welt in einen Wald gegangen; nichtsdestoweniger, alles, was du gehört und gesehen hast, ist zu mir gekommen, indem ich die Pflicht tat, die meinem Stand zukommt.«

Vivekananda (1863-1902)

Der zentrale Begriff des *Dharma* bestimmt alles: Er meint die Ordnung, das Gesetz, die Pflicht. Damit ist aber nicht eine Rechtsordnung gemeint, sondern eine allumfassende kosmische Ordnung, die alles Leben bestimmt und an die sich alle halten sollen, unabhängig davon, zu welcher Kaste oder Klasse sie gehören: alle Menschen.

Karma und Samsara – Tat und Wiedergeburt

Allen Hindureligionen gemeinsam ist der Glaube, dass die Seelen eine schier unendliche Zahl an Wiedergeburten durchlaufen. Der Mensch (ebenso jedes Tier) wird geboren, wächst auf, stirbt und wird wieder geboren. Der Kreislauf hat normalerweise kein Ende. Er wird symbolisiert durch das Rad. Jede gute und schlechte Tat (*Karma*) trägt Früchte. Die gesamten Früchte dieser und der vergangenen Existenzen bestimmen die folgende Existenz. Deshalb wird als selbstverständlich angenommen, dass ein armer Mensch durch einen schlechten Lebenswandel im letzten Leben die jetzige Situation selbst verschuldet hat ... Das Gesetz des Karma beschreibt den Zusammenhang von Tun und Ergehen. Jede Tat, jedes Wort, jeder Gedanke, jedes Gefühl hinterlässt Eindrücke im Bewusstsein ... *Samsara* bedeutet Wiederholung von Geburt, Alter und Tod. Dieser Kreislauf der Wiedergeburten gilt letztlich als das Übel, von dem Befreiung (*Moksha*) gesucht wird. Gute Handlungen binden mich genauso an diesen Kreislauf wie schlechte. Es geht darum, beides zu überwinden, das Angenehme wie das Unangenehme, den karmischen Zusammenhang insgesamt zu überwinden. Dahin sollen die verschiedenen Methoden des *Yoga* führen. Das angestrebte Ideal ist das der »befreiten Seele«. Dies bezeichnet einen Menschen, der durch religiöse Einsicht bereits in diesem Leben vollkommen vom Zwang zur Wiedergeburt befreit ist. An solch einem Menschen haftet nichts mehr, weder schlechtes noch gutes *Karma*. Er strahlt für andere die göttliche Wirklichkeit aus, während er selbst nur noch körperliches Restkarma ausschwingen lässt, das, ähnlich wie ein Rad, das nicht mehr angetrieben wird, sich noch einige Zeit weiterdreht.

Mahatma Gandhi (1869-1948) war der geistige Führer der indischen Unabhängigkeitsbewegung. Mit gewaltfreiem Widerstand führte er 1947 das Ende der britischen Kolonialherrschaft herbei.

Sonnentempel in Konarak, Indien, 13. Jh.

- Ein Vaydha gilt als unrein, weil er mit rohem Fleisch arbeitet. Informiert euch über die Speisevorschriften der Hindus.
- Sprecht darüber, warum der in der Erzählung beschriebene Fleischer nicht mit seinem Schicksal hadert. Was kann der Sannyasin von ihm lernen? Wie hättet ihr euch verhalten?
- Welche Gefahr birgt das Gesetz des Karma in Bezug auf die Unterdrückung bestimmter Gesellschaftsschichten in sich?
- Mahatma Gandhi hat das Karma als Möglichkeit der aktiven Veränderung verstanden. Informiert euch in der Bibliothek oder im Internet über Gandhi und sein Leben, erläutert seine Auffassung vom Hinduismus und überlegt euch, wie ihr den anderen die Information anschaulich präsentieren könnt.

Ein Wanderasket ist mit seinen wenigen Habseligkeiten auf Almosen angewiesen.

Begierde bindet uns

Affenfänger stellen ein Gefäß mit einer kleinen Öffnung her und füllen es mit Süßigkeiten. Der Affe, der nach Nahrung giert, wird seine Hand in das Gefäß hineinstecken und eine große Hand voll Nahrung nehmen. So kann der Affe seine Hand nicht durch das Loch zurückziehen. Nur wenn er seinen Griff löst, kann er seine Hand herausnehmen. Die Gier nach Nahrung hat seine Hände gebunden. Da er mit seiner Hand ein Stück Nahrung nahm um seine Gier zu stillen, wurde er dort festgehalten.
Diese große Welt entspricht jenem Gefäß und unsere Samsaras oder die Familien sind wie jene enge Öffnung. Unsere Begierden sind die Süßigkeiten im Topf. Die Welt ist das Gefäß. Wenn der Mensch seine Begierden fallen lässt, wird er in der Welt frei leben können. Um Freiheit zu erlangen, muss ja in erster Linie verzichtet werden. In philosophischer Sprache wird das Entsagung genannt. Wir glauben, die Welt bindet uns, aber die Welt ist leblos. Die Begierde ist's, die uns bindet.

Chinna Katha = kleine Geschichte; Fabel im Rahmen einer Unterweisung

Den Geist mit Gott vereinen

Den Weg zur Mitte – zu Gott zu gehen, heißt im Hinduismus in den Bereich der religiösen Versenkungen, die wir *Yoga* nennen, einzutauchen. Der Begriff *Yoga* stellt eine Sammelbezeichnung von verschiedenen Methoden und Richtungen dar, die im Hinduismus dazu dienen, die Erlösungswege zu beschreiben. Durch *Yoga* soll eine Geisteshaltung erreicht werden, die der Vereinigung mit Gott dienlich ist und vom Zwang zur Wiedergeburt befreit.

Die *Yoga-Sutras* des Hindu-Gelehrten *Patanjali* enthalten die »Achtblättrige Blüte des Yoga«:

1. *Yama* (äußere Disziplin):
   Ahimsa (Gewaltlosigkeit)
   Satya (Wahrhaftigkeit)
   Asteya (Nicht-Stehlen)
   Brahmacarya (Keuschheit)
   Aparigraha (Nicht-Besitzergreifen)
2. *Niyama* (innere Disziplin):
   Schautscha (körperliche und seelische Reinheit)
   Santoscha (innere Ruhe)
   Tapas (Askese, wörtl. »Hitze«, d. h. innere Intensität)
   Svadhyaya (eigenes Studium)
   Ischvaraprandidhana (Hingabe an Gott)
3. *Asana* (die Sitzhaltung, die »fest« und »bequem« sein soll)
4. *Pranayama* (Beherrschung des Atems, der feinstofflichen Lebensenergie »Prana«)
5. *Pratyahara* (Zurückziehen der Sinne von der Außenwelt)
6. *Dharana* (Konzentration)
7. *Dhyana* (Meditation)
8. *Samadhi* (Versenkung)

Die vier Lebensziele eines Hindus

1. Das Streben nach Angenehmem und Sinnengenuss.
2. Das Streben nach Nützlichem und der Erwerb von Wohlstand.
3. Das Bemühen um Rechtschaffenheit und Tugend.
4. Das Streben nach Befreiung und Erlösung aus dem Kreis von Geburt, Tod und Wiederverkörperung.

- *Vergleicht die »Achtblättrige Blüte des Yoga« mit den Zehn Geboten. Wo seht ihr Gemeinsamkeiten, wo findet ihr Unterschiede?*
- *Verzicht führt zur Freiheit – Was ist damit gemeint? Gebt dazu Beispiele, die für euer Leben gelten (können).*

Die Verehrung der Kuh

Im Mittelpunkt des Hinduismus steht der Schutz der Kuh. Für mich ist der Schutz der Kuh eine der wunderbarsten Erscheinungen in der menschlichen Entwicklung. Er führt den Menschen über seine eigene Spezies hinaus. Für mich bedeutet die Kuh die ganze nicht menschliche Schöpfung. Durch die Kuh ergeht an den Menschen der Auftrag seine Einheit mit allem, was lebt, zu verwirklichen. Es ist für mich ganz klar, warum die Kuh für die Apotheose erwählt wurde. In Indien ist die Kuh der beste Freund, sie war das Füllhorn. Sie gab nicht nur Milch, sie machte die Landwirtschaft erst möglich. Die Kuh ist ein Gedicht des Mitleids. Man kann Mitleid an dem freundlichen Tier lernen. In Indien ist sie die Mutter von Millionen. Schutz der Kuh heißt Schutz der ganzen stummen Kreatur Gottes. Dies ist das Geschenk des Hinduismus an die Welt. Und der Hinduismus wird leben, solange es Hindus gibt, die die Kuh beschützen.

Mahatma Gandhi

Das Bad im Ganges

Der Ganges (richtig: die *Ganga*), einer der großen Ströme Indiens, entspringt im Himalaya und mündet im Golf von Bengalen. Für Hindus ist dieser Fluss eine Gestalt der Göttin *Ganga*, die durch die Gebete des Heiligen *Bhagirata* vom Himmel herabgestiegen ist. *Ganga* war erbost darüber, den Himmel verlassen zu müssen, und drohte durch ihre Wucht die Erde zu zerstören. Shiva fing ihre Wassermassen jedoch mit seinem Kopf auf. Der ganze Fluss Ganges ist heilig. In Varanasi (von den Engländern Benares genannt) stehen viele Tempel. Täglich nehmen Tausende ihr rituelles Bad im heiligen Fluss. Manche alte oder kranke Menschen lassen sich nach Varanasi bringen, um dort zu sterben und verbrannt zu werden, denn es heißt, dass Shiva selbst den dort Sterbenden das befreiende Mantra ins Ohr flüstert.

- »In Indien ist die Kuh ... das Füllhorn.« – Überlegt und recherchiert über die oben beschriebene Verehrung der Kuh, die vor allem für arme Inder überlebensnotwendig ist.
- Den Tod als fröhliches Fest gibt es nur in Varanasi. Erklärt, warum das so ist.

Das Kastenwesen

Der ideale Staat – ein harmonischer Körper

Die Regierung des Landes wurde sehr gestört durch die Eifersüchteleien und Hassgefühle der verschiedenen Glieder des Volkes untereinander und ein Bürgerkrieg brach aus. Die ganze Staatsmaschinerie kam zum Stillstand und die verschiedenen Parteien merkten, dass die Stagnation keiner von ihnen Nutzen brachte. Schließlich kamen sie auf den Gedanken zu einem »Heiligen« zu gehen, der in jenem Lande wohnte, und ihn um Rat zu bitten, wie man die Schwierigkeiten lösten könnte. Dieser »Heilige« hörte sie geduldig an und dann sagte er: »Es herrschte einmal ein Streit zwischen den verschiedenen Organen des Körpers. Die Hand sagte, sie schaffe Tag und Nacht, der Magen oder Bauch aber profitiere von dieser Arbeit. In ähnlicher Weise klagten auch andere Sinnesorgane, dass der Bauch der einzige Nutznießer all ihrer Müh und Plage sei. Daher beschlossen sie, ihre Tätigkeiten einzustellen. Allmählich begannen die Sinnesorgane zu spüren, dass sie schwächer und erschöpfter wurden. Sie fühlten, sie konnten nicht mehr richtig funktionieren. Die Augen waren so trüb geworden, dass sie nichts mehr sehen konnten, die Ohren zu schwach um zu hören, die Hände zu kraftlos um zu arbeiten und der Kopf konnte nicht mehr denken. Sie sahen ein, dass eben der Magen, der die Früchte ihrer Arbeit verschlang, tatsächlich ihre Kraftquelle war. Da begannen sie wie zuvor zum Wohle des Magens zu schaffen, weil der ja seine Kraft und Stärke allen Gliedern des Körpers zukommen ließ.

Ähnliches gilt für den Staat, den Körper eines Staatsvolkes, eine Nation. Einige Menschen seien intelligent, aufgeklärt und selbstlos. Sie verdienen es, als Kopf oder Verstand des Staatsvolkes zu arbeiten. Die Starken und Kühnen seien es wert, die militärische Kraft der Nation zu bilden. Diejenigen, die dazu taugten Nahrung zu beschaffen und Geld zu verdienen, seien würdig, der Nation in solcher Eigenschaft zu dienen. Andere wieder taugten nur dazu, Dienste zu leisten und Weisungen zu befolgen. Sie also verdienten als Dienende zu arbeiten.

Diese vier Klassen seien vertreten durch die *Brahmanen, Kshatriyas, Vaishyas* und *Shudras*. Jede dieser Klassen habe einen besonderen Beitrag zu leisten, um das ganze Staatsvolk zu schaffen, denn jede einzelne in Verbindung mit den anderen bringe die Entwicklung, den Wohlstand und den Frieden des gesamten Staatswesens zustande.

Sambuddhananda

Neben den vier Hauptkasten hat sich im Laufe der Zeit eine Vielzahl von Unterkasten gebildet. Die Kastenzugehörigkeit ist angeboren und gilt gleichzeitig als Trennung von anderen Kasten. Das gesamte Leben eines Hindu wird von ihr bestimmt: Kleidung, Beruf, Wahl des Ehepartners, Verhalten, soziale Kontakte werden durch die Kastenzugehörigkeit geregelt. Außerhalb der Kastenordnung leben im heutigen Indien ca. 150 Millionen Kastenlose, so genannte Unberührbare, die in unvorstellbarer Armut und sozialer Verachtung leben. Formell wurde durch die indische Verfassung deren Rechtlosigkeit aufgehoben, jedoch hat sich an ihrem Leben in der Realität nichts geändert. Sie leben in eigenen Bereichen, damit kein Angehöriger einer Kaste mit ihnen in Berührung kommt. Mahatma Gandhi hat, obwohl er das Kastenwesen befürwortete, sich um die Unberührbaren gekümmert und sie in seine Familie aufgenommen. Für Gandhi gab es keine Unberührbaren, sondern »Haridshan« – »Kinder Gottes«.

Dem modernen Hindu ist die Frage, was er werden will, durch die Kastenordnung nicht mehr abgenommen. Er sieht seinen Platz in der Gesellschaft nicht mehr als gottgegeben an, sondern versucht, wenn möglich, seine Position zu verbessern. Demzufolge ist auch sein persönliches Lebensgesetz, der eigene *Dharma*, nicht mehr durch Kastenregeln festgelegt; er muss selbst gesucht werden. Der einmal erreicht Beruf oder Stand bestimmt, welchem Gesetz der moderne Hindu folgen muss. *Dharma* bedeutet dann »Begabung« bzw. »Fähigkeiten«, die entwickelt werden müssen.

- Informiert euch im Internet oder in der Bücherei, welche Bedeutung das Kastenwesen im heutigen Indien hat. Welche Bedeutung hat die Kastenzugehörigkeit für die im Exil lebenden Hindus?
- Klärt, welche Rolle den Frauen in den alten Texten (s. rechts) zugeschrieben wird. Wie erklärt ihr euch, dass Sarojini Naidu dennoch hochrangige Politikerin wurde und Indira Gandhi (1917-1984) bereits 1966 Regierungschefin Indiens wurde?

Die Stellung der Frau

Der Brahmane und seine Tochter

In der heiligen Stadt Benares lebte einst ein Brahmane. Während er am Flussufer wandelte und den Krähen zusah, die sich von den Leichenresten nährten, die halb verkohlt in der Strömung trieben, sagte er zu sich selbst: »Nun ja, ich bin arm, aber ich bin ein Brahmane; nun ja, ich habe keine Söhne, aber ich, ich selbst, bin doch männlichen Geschlechts. Ich will in den Tempel zurückkehren und Gott Vishnu um einen Sohn bitten.«
Er nahm den Weg zum Tempel und Gott Vishnu hörte ihn an und erhörte ihn. Allerdings schenkte er ihm, ob aus Zerstreutheit oder aus anderen unerforschlichen Gründen, eine Tochter. Der Brahmane war enttäuscht; doch als das Kind alt genug war, rief er es zu sich und sprach: »Ich bin Brahmane. Du bist meine Tochter. Ich hatte auf einen Sohn gehofft. Nun gut. Ich will dich alles lehren, was ich weiß, und wenn du verständig genug bist, wollen wir gemeinsam meditieren und nach Erleuchtung suchen.« Obwohl nur ein Mädchen, war sie doch eine Brahmanin und lernte schnell. Da setzten sie sich zusammen nieder und meditierten angestrengt und Gott Vishnu erschien ihnen schon nach kurzer Zeit. »Was wollt ihr?«, fragte er. Der Brahmane konnte kaum an sich halten. Er redete gleich los: »Ich will einen Sohn.« »Gut«, sagte der Gott, »in der nächsten Runde.« Im nächsten Leben wurde der Brahmane eine Frau und gebar acht Söhne. »Und was ist *dein* Begehren?«, fragte Vishnu das Mädchen. »Ich möchte den Rang eines Menschen bekommen.« »Oh, das ist viel schwieriger«, wich der Gott aus und setzte eine Kommission ein, um das Problem zu studieren.

Suniti Namjoshi

*Tausende von Nachteilen haben die Frauen,
doch drei Privilegien haben sie auch:
Sie führen den Haushalt, sie produzieren Söhne,
sie sterben zusammen mit ihrem Gemahl.*

*Sechs Dinge machen das Leben zur Hölle:
Zu wohnen in schlechter Nachbarschaft,
zu dienen unter einem schlechten König,
schlecht zu essen,
eine Gattin, die stets zürnt,
zahlreiche Töchter
und die Armut.*

Im Zuge der Aufklärung hat auch der indische Staat mit seiner Gesetzgebung die Rolle der Frau zu verändern gesucht: Anfang des 19. Jahrhunderts wurde in Indien der Brauch der Witwenverbrennung offiziell verboten und unter Strafe gestellt. Nach dem Zweiten Weltkrieg wurde der Kastenzwang bei der Heirat aufgehoben und den Frauen wurde das Recht eingeräumt, sich von ihren Ehemännern zu trennen. Diese Gesetze, die offiziell Gültigkeit haben, sind nicht unbedingt lebendiger Bestandteil der indischen Gesellschaft geworden. Vor allem in ländlichen Gebieten gelten nach wie vor die alten Strukturen. Frauen gelten als minderwertig und haben sich dem Mann unterzuordnen. Eine Tochter zu bekommen gilt als freudloses Ereignis. Vorgeburtliche Geschlechtsbestimmung hat dazu geführt, dass es in der Mehrzahl weibliche Föten sind, deren Weiterentwicklung durch Schwangerschaftsabbrüche verhindert wird.

Sarojini Naidu (1879-1949) war eine bedeutende Dichterin und Rednerin, bekannt als die »indische Nachtigall«. Sie war eine enge Mitarbeiterin von Mahatma Gandhi, eine herausragende Führungsfigur der Unabhängigkeitsbewegung und im Jahre 1925 Präsidentin des Indischen Nationalkongresses. Nach der Unabhängigkeit war sie die erste Gouverneurin eines indischen Bundesstaates.

Feste im Jahreskreis und Lebenszyklus

Ähnlich wie in dem christlich geprägten Kirchenjahr finden sich auch im Hindu-Jahr, das am Mondlauf orientiert ist, viele religiöse Feste.

Das Lichterfest

Das Fest *Divali* wird zum Neumond Ende Oktober oder im November gefeiert. Die Häuser unseres Bauviertels erstrahlen in neuem Glanz, frisch geweißelt und gestrichen stehen sie in Erwartung des *Divali*-Festes und eines erfolgreichen neuen Jahres. Unsere Geschäftsleute haben sich diesmal besondere Mühe gegeben die modrigen Spuren der Monsunnässe zu beseitigen. Es macht schon jetzt Freude in dieser frischen und farbenfrohen Umgebung Einkäufe zu tätigen, und das trotz vorfestlicher Geschäftigkeit. Fast überall sind die Hausaltäre schon jetzt überreich mit Blumen und Girlanden geschmückt, die Öllämpchen stehen für die Festbeleuchtung am *Divali* bereit. Göttin *Lakshmi* zu Ehren wurden in vielen Geschäften besondere *Puja*-Feiern, das ist die zeremonielle Verehrung des Gottesbildes durch die Priesterschaft, zelebriert. Möge die Göttin des Reichtums unseren Händlern und Geschäftsleuten im neuen Jahr besonders wohlgesinnt sein! Das Basarviertel unserer Stadt wird auch an den Feiertagen nicht verlassen und öde sein. Wie zum letztjährigen *Divali* sind in vielen Geschäftshäusern für Mitarbeiter und Geschäftsfreunde wieder reiche Parties zu erwarten. Des Nachts werden

Kunstvolle Blumendekoration mit Öllämpchen beim Divali-Fest

die Häuser ein funkelndes Lichtermeer sein mit Tausenden von Öllichtern in den Fenstern!
Aber nicht nur unsere Geschäftswelt tut sich durch besondere Vorbereitungen fürs Lichterfest hervor. Seit Tagen stehen unsere Frauen unermüdlich in den Küchen und kennen nur noch eines: möglichst viele ihrer verlockenden süßen Schlemmereien zu backen.
Es wird allerorts ein Festschmaus werden! ...
Trotz allem wird *Divali* auch dieses Jahr für viele mehr sein als nur ein Fest fröhlicher Geselligkeit. Sie werden beim Gang zum Tempel zu Sonnenaufgang sich der tieferen Bedeutung allen Feierns zu *Divali* besinnen: dass nämlich das Licht die Finsternis besiegt, das Gute das Böse überwunden hat und immer neu überwinden muss. Deshalb die alten Traditionen dieser Festzeit. Durch sie soll ausgedrückt werden, dass solches für jeden von uns gelten möge. Deshalb das rituelle Bad am Morgen, die neuen Kleider für die Familie, die neuen Geschäftsbücher für unsere Händler. Deshalb die Erzählung der alten Geschichten: von König *Rama* und *Sita* der Edlen, von der Krönung König *Vikrams*, von der Vernichtung der Dämonen *Naraka* durch Gott *Vishnu*. Sie drücken im Grunde die gleiche Hoffnung aus. Möge sie im kommenden Jahr in Erfüllung gehen!

Wolfgang Sonn

Zum Holi-Fest am Frühlingsanfang bewerfen sich die Menschen mit wohlriechendem farbigen Pulver.

Ein Kind erhält die erste feste Nahrung

Das Kind wird möglichst lange gestillt. Dann, wenn es das erste Mal feste Nahrung bekommen soll, wird es in den Tempel gebracht. Der Brei, den das Kind essen soll, wird in einer Zeremonie dargebracht und dadurch gesegnet. Dann gibt der Priester dem Kind von dem Brei zu essen. Anschließend den Eltern. Die lachenden Gesichter der Frauen zeigen, dass die ganze Zeremonie eine fröhliche Angelegenheit ist.

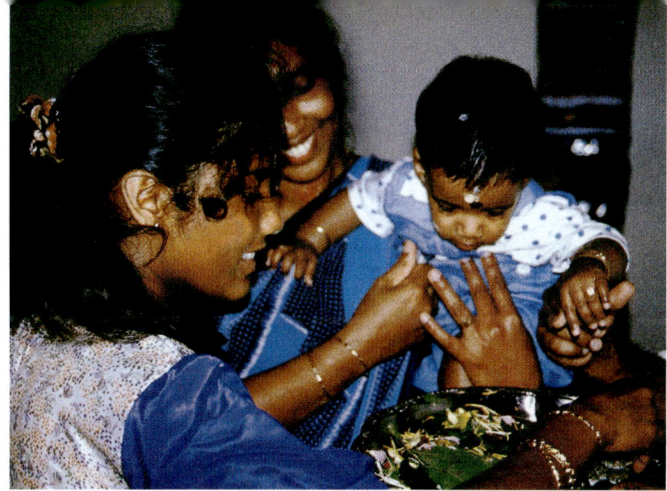

Pubertätszeremonie der Mädchen

Wenn ein junges Mädchen zum ersten Mal die Menstruation hat, wird dieser Übergang vom Kinder- zum Erwachsenenstadium entsprechend gefeiert. Der Feier voraus geht ein rituelles Bad, mit dem die »Reinheit« wiederhergestellt wird. Neue Kleidung weist auf den neuen Lebensabschnitt hin: Das Mädchen trägt nun – als junge Frau – viel Goldschmuck und einen Sari, den sie auch in Zukunft bei feierlichen Anlässen tragen wird. Die feierliche Zeremonie wird von einem oder mehreren Priestern begleitet. Nach der Feier findet ein gemeinsames Fest mit allen Gästen statt.

Heirat

Mit der Eheschließung geht die Frau in die Großfamilie des Mannes über. Das Brautpaar sitzt unter einem prunkvollen Baldachin und ein Brahmane begleitet die Zeremonie. Viele Kultgegenstände schmücken den Ort der Zeremonie und repräsentieren Gottheiten. Zum Abschluss der mehrstündigen Feierlichkeiten erhält die Ehefrau vom Ehemann ein Medaillon mit der Abbildung einer besonders verehrten Gottheit. Hierdurch gewinnt die Ehe ihre Gültigkeit.

Buddhismus

Die Stupa im Gazellenhain von Sarnath, wo Buddha seine Erkenntnis zum ersten Mal öffentlich verkündet hat.

Ein steinerner Fußabdruck Buddhas in stilisierter Form

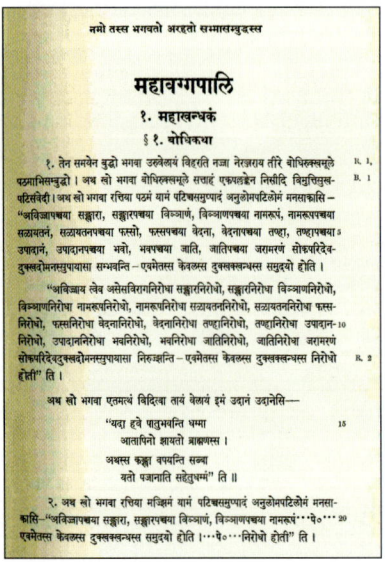

Eine Seite aus dem so genannten Pali-Kanon. Er ist Teil des dreiteiligen buddhistischen Schriftkanons Tripitaka, der die »drei Juwelen« (vgl. S. 180) beschreibt: das Leben Buddhas, die Lehre und die Gemeinde.

Entstehung des Buddhismus

Vor ca. 2500 Jahren ist der Buddhismus in Indien aus dem damals bestehenden Hinduismus hervorgegangen. Die Legende besagt, dass zu damaliger Zeit – genaue Daten lassen sich nicht nennen – der indische Prinz Siddharta Gautama in wohlhabenden Verhältnissen lebte. Obwohl er in einer sehr glücklichen Familie aufwuchs und nie Not litt, hatte er ständig das Gefühl, dass in seinem Leben etwas fehlte. Mit ungefähr 29 Jahren, eine Woche nach der Geburt seines Sohnes, verließ er das Palastgelände und ging auf Reisen. Zurück ließ er seine Frau und seinen Sohn. Während seiner Reise musste er beobachten, wie sehr die Menschen unter Krankheiten, Alter und Tod leiden. Er, dem es bisher immer gut ergangen war, geriet hierdurch in eine Krise und entschloss sich herauszufinden, wie das Leid der Menschen entsteht und wie es beendet werden kann.

Siddharta ging in die Schule mehrerer Lehrer/Gurus, fand jedoch keine Erkenntnis, sodass er sich entschloss, in härtester Askese zu leben. Als er nach sieben Jahren erkannte, dass die völlige Entsagung nicht zum Heil führt, beschritt er den »mittleren Weg«, der alle Extreme ablehnt. Seine Weggefährten wandten sich zunächst enttäuscht von ihm ab, gesellten sich später jedoch wieder zu ihm. Mit 35 Jahren erlangte Siddharta Gautama unter einem Feigenbaum die Einsicht in das Wesen aller Dinge und eine Antwort auf all seine Fragen. Er fand die Erleuchtung und wurde dadurch zum *Buddha* (Erwachten, Erleuchteten). *Buddha* ist also kein Name, sondern ein Titel, ähnlich wie Christen Jesus als Christus bezeichnen. Buddhas Erwachung bestand darin, dass ihm »dreifaches Wissen« zuteil wurde: Er erinnerte sich an seine früheren Geburten sowie das Gesetz des *Karma* und erkannte »die vier edlen Wahrheiten« (s. S. 177). Später zog er, seine Lehre (*Dharma*) verkündend, durch Nordindien und betrieb Mission. Lediglich in der Regenzeit (während der Sommermonate) gönnte er sich Ruhe. Die Absicht seiner Lehre war, die Leidenden, die Menschen vom Unheil zu befreien. Buddha war ein sehr beliebter Mensch, der sowohl bei Königen und reichen Gönnern als auch beim Volk als untadelig galt. Sein Leben, das er im Kreis seiner Jünger verbrachte, verlief zum größten Teil friedlich. Er starb im Alter von 80 Jahren und ging dann nach buddhistischem Glauben in das *Nirvana* ein.

Die Lehre – der Dharma

Im Zentrum von Buddhas Wirkens stand seine Lehre (*Dharma*): »Wenn jemand, den Saum meines Mantels haltend, Schritt für Schritt hinter mir hergeht, nicht aber meine Lehre befolgt, so wäre er meilenweit von mir entfernt; denn ein solcher sieht die Lehre nicht, und wer die Lehre nicht sieht, der sieht mich nicht. Wenn aber jemand meilenweit von mir entfernt wäre und meine Lehre befolgt, ein solcher sieht die Lehre, und wer die Lehre sieht, der sieht mich.« Dennoch entwickelte sich im Laufe der Zeit auch eine Verehrung des Buddha. Buddhisten bezeugen ihre Dankbarkeit vor dem, der die Lehre brachte und den Weg zur Aufhebung des Leidens vorausging.

Die vier edlen Wahrheiten – die Erfahrung des »mittleren Weges«

Der Erhabene aber wanderte weiter von Ort zu Ort und kam nach Benares, zum Gazellenhain *Isipatana*, wo die Schar der fünf Mönche war ... Da redete der Erhabene zu den fünf Mönchen also: »Zwei Enden gibt es, ihr Mönche, denen muss, wer dem Weltleben entsagt hat, fernbleiben. Welche zwei das sind? Hier ist das Leben in Lüsten, der Lust und dem Genuss ergeben: Das ist niedrig, gemein, ungeistlich, unedel, nicht zum Ziele führend. Dort Übung der Selbstquälerei: Die ist leidensreich, unedel, nicht zum Ziele führend. Von diesen beiden Enden, ihr Mönche, sich fernhaltend, hat der Vollendete den Weg, der in der Mitte liegt, entdeckt, der Blick schafft und Erkenntnis schafft, der zum Frieden, zum Erkennen, zur Erleuchtung, zum *Nirvana* führt.
Dies, ihr Mönche, ist die edle Wahrheit vom Leiden: Geburt ist Leiden, Alter ist Leiden, Krankheit ist Leiden, Tod ist Leiden, mit Unliebem vereint sein ist Leiden, von Liebem getrennt sein ist Leiden,
nicht erlangen, was man begehrt, ist Leiden.

Der Baum der Erleuchtung – der Bodhi-Baum, ist die heiligste Stätte des Buddhismus.

Dies, ihr Mönche, ist die edle Wahrheit von der Entstehung des Leidens: Es ist der Durst, der zur Wiedergeburt führt, samt Freude und Begierde, hier und dort seine Freude findend: der Lüstedurst, der Werdedurst, der Vergänglichkeitsdurst.
Dies, ihr Mönche, ist die edle Wahrheit von der Aufhebung des Leidens: Die Aufhebung dieses Durstes durch restlose Vernichtung des Begehrens, ihr Fahren-Lassen, sich seiner entäußern, sich von ihm lösen, ihm keine Stätte gewähren.
Dies, ihr Mönche, ist die edle Wahrheit vom Wege zur Aufhebung des Leidens: Es ist dieser edle achtteilige Pfad, der da heißt: rechtes Glauben, rechtes Entschließen, rechtes Wort, rechte Tat, rechtes Leben, rechtes Streben, rechtes Gedenken, rechtes Sichversenken.

- Informiert euch über Buddhisten und den Buddhismus in Deutschland.
- Vergleicht die Lebensbeschreibung Buddhas mit der Lebensgeschichte Jesu und Muhammads (vgl. Treffpunkt 5/6 – NA, S. 126 f.). Wo finden sich Parallelen, wo finden sich Unterschiede?
- Vergleicht die Bedeutung Buddhas mit der Bedeutung Jesu bzw. Muhammads.
- Bedenkt die Auswirkungen, die eine konsequente Befolgung der »vier edlen Wahrheiten« bewirkt. Welche Veränderungen würde euer Leben dadurch erfahren?
- Die »vier edlen Wahrheiten« im Vergleich mit den »Zehn Geboten«: Diskutiert die Praktikabilität, Auswirkungen, Unterschiede und Gemeinsamkeiten.
- Der »edle achtteilige Pfad« lässt sich den drei Bereichen Sittlichkeit, Sammlung (Versenkung) und Wissen zuordnen, wobei die Sittlichkeit vorbereitende und die Sammlung und das Wissen befreiende Funktion haben. Ordnet die Glieder des achtteiligen Pfades den drei Bereichen zu.

Die Rose und die Nachtigall

In Indien lebte einst ein Mann, der einen großen Garten besaß, voll der schönsten Blumen und Früchte. Das Allerschönste in diesem Garten aber war ein Rosenstrauch, der am Rande eines Rasenplatzes stand und das ganze Jahr hindurch über und über mit herrlich duftenden, leuchtenden Rosen bedeckt war. Jeden Tag entfalteten sich neue Knospen und der Besitzer des Gartens hatte seine helle Freude daran und liebte die Rosen über alle Maßen.

Eines Tages hörte er durch das offene Fenster den süßen Gesang einer Nachtigall. Er trat hinaus in den Garten um zu sehen, woher die lieblichen Töne kämen. Da sah er die singende Nachtigall auf dem Rosenstrauch sitzen. Und er sah zugleich, wie sie in den kurzen Pausen, in denen sie sich von ihren Liedern erholte, mit ihrem scharfen Schnabel an der schönen, frischesten jungen Rosenknospe zupfte und diese gar bald zerpflückt und zerrupft hatte.

Da wurde der Mann sehr zornig und beschloss, die Nachtigall zu fangen und zu töten. Er streute Körner auf den Weg und legte ein Netz darüber und wartete nun, bis die Nachtigall, müde und hungrig vom Singen, die Körner auf dem Weg entdeckte und zu essen begänne. Und bald hing sie mit dem Köpfchen in den Maschen des Netzes.

Da kam der Mann herzu und sprach zu ihr: »Ich werde dich umbringen.«

Der kleine Vogel flatterte und zitterte in Todesangst und fragte: »Aber warum denn? Was habe ich dir getan?«

»Du hast eine meiner Rosen, meiner geliebtesten Blumen, zerpflückt und zerrupft.«

Das sprach die Nachtigall: »Lieber Mann, die eine Rose ist unter all deinen unzählig vielen Glücksmomenten nur ein winzig kleiner Punkt. Wenn du aber mich jetzt tötest, so nimmst du mir damit meine sämtlichen Glücksmöglichkeiten. Das ist doch nicht gerecht.«

Da überlegte der Mann und sagte: »Ja, das ist wirklich nicht gerecht. Ich lasse dich frei.«

Die Nachtigall aber dankte ihm und sprach: »Weil du dich mir gegenüber als milde und wohltätig erwiesen hast, will auch ich mich dir mit einer Wohltat erkenntlich zeigen. Wisse, unter dem Baum, unter welchem du gerade stehst, ist ein großer Schatz verborgen. Grab nach und verwende ihn zu deinem Nutzen.«

Der Mann tat, wie ihm die Nachtigall geheißen, und fand in der Erde einen Krug, der bis zum Rand mit Gold gefüllt war.

Voller Verwunderung fragte er darauf die Nachtigall: »Ei, Nachtigall, es wundert doch sehr, dass du den Krug unter der Erde zu sehen vermochtest, nicht aber das Netz über der Erde.«

Da sprach die Nachtigall: »Ja, so ist es eben, mit dem Golde kann ich nichts anfangen, die Körner aber begehre ich und das Begehren macht blind.«

Überliefert

Höre auf Böses zu tun.
Lerne Gutes zu tun.
Reinige dein eigenes Herz:
Das ist die Lehre der Buddhas.

- »Begehren macht blind« – Sucht aktuelle Beispiele aus eurem Leben bzw. aus der gesellschaftlichen Wirklichkeit. Weitere Überlegungen zu diesem Gedanken finden sich in Kapitel 4 »Shalom – den Frieden wünschen«.
- Gestaltet in Gruppen eine Collage zu dem Thema der Erzählung. Überlegt, wofür in unserer Welt das Netz, in dem sich die Nachtigall verfängt, steht.
- Vergleicht die Aussage der Erzählung mit Eph 4,21-4,24: Ihr habt doch von ihm gehört und seid unterrichtet worden in der Wahrheit, die Jesus ist. Legt den alten Menschen ab, der in Verblendung und Begierde zugrunde geht, ändert euer früheres Leben und erneuert euren Geist und Sinn! Zieht den neuen Menschen an, der nach dem Bild Gottes geschaffen ist in wahrer Gerechtigkeit und Heiligkeit.
- Welche Ziele verfolgen Buddhismus und Christentum? Worin unterscheidet sich ihr Heilsweg? Wer erlöst?

Die Gemeinde – der Sangha

Die buddhistische Gemeinde (*Sangha*) besteht im engeren Sinne aus Mönchen, Nonnen und Novizen. Im weiteren Sinne zählen auch Laien, die heiraten, Familien gründen und ein weltliches Leben führen, zur Gemeinde. Allen gemeinsam ist die Wichtigkeit der »drei Juwelen«, zu denen sie sich bekennen, indem sie dreimal gesprochen werden: »Ich nehme meine Zuflucht zum *Buddha*. Ich nehme meine Zuflucht zum *Dharma*. Ich nehme meine Zuflucht zum *Sangha*.«

Fünf Regeln für Laien

Von dem Laienanhänger und der Laienanhängerin wird erwartet, dass sie bestimmte »Übungsregeln«, nämlich fünf Sittenregeln befolgen, die in den Übersetzungen oft »Gebote« genannt werden, aber eigentlich Selbstverpflichtungen sind. Der Laienanhänger sagt: »Ich verpflichte mich, mich der Tötung von Lebewesen zu enthalten« und geht die gleichen Verpflichtungen ein in Bezug auf Diebstahl, Unkeuschheit (der Situation entsprechend definiert), Lüge und Genuss von Rauschmitteln, weil dieser zur Unbedachtsamkeit (und damit zum Bruch der anderen vier Regeln) führt. Es ist Tradition, dass sich fromme Laienanhänger an bestimmten Festtagen zu fünf weiteren Enthaltungen verpflichten: Enthaltung von jeglicher sexuellen Aktivität, von Mahlzeiten nach dem Mittag, von der Benutzung von Parfums und Salben sowie vom Tragen von Schmuck, von der Teilnahme an öffentlichen Belustigungen und von der Benutzung prachtvoller Betten; diese Selbstverpflichtung nennt man achtgliedrige Sittenregel. In den Schriften des Buddha finden sich Hinweise, wie ehrfurchtsvoll Menschen mit ihren unterschiedlichen Sozialpartnern umgehen sollen: mit dem Ehepartner/der Ehepartnerin, den Eltern, den Verwandten und Bekannten, den Lehrern, den Kollegen, den Geistlichen.

Zehn Regeln für Mönche

Neben den drei wichtigsten Merkmalen des Mönchslebens (Armut, Ehelosigkeit, Friedfertigkeit) existieren zehn bindende Regeln:

1. Abstehen vom Töten
2. Abstehen vom Stehlen
3. Abstehen von jeder Art Geschlechtsverkehr
4. Abstehen vom Lügen
5. Abstehen vom Genuss alkoholischer Getränke
6. Abstehen vom Essen nach zwölf Uhr mittags
7. Abstehen von Musik, Gesang und Tanz sowie Schauspiel
8. Vermeidung von Blumenschmuck, Wohlgerüchen, Schminke, Schmuck usw.
9. Vermeidung von auffälligen Betten
10. Vermeidung von Gold- und Silberbesitz

Studium und die buddhistische Form des Debattierens stehen auf dem Stundenplan der Klosterschüler.

● *Vergleicht die »Zehn Regeln für Mönche« mit den Ordensregeln der christlichen Ordensgemeinschaften. Wo findet ihr Gemeinsamkeiten, wo Unterschiede?*

Seine Heiligkeit der 14. Dalai Lama

Feste im Jahreskreis

Buddhisten feiern ihre Feste nach dem Mondkalender. Deshalb liegen die Feste jedes Jahr an einem anderen Tag. *Wesak* ist das bedeutendste Fest. Es wird in der ersten Vollmondnacht im Mai gefeiert. Anlass ist die Geburt Buddhas, seine Erleuchtung unter einem Feigenbaum und dass er nach seinem Tod in das *Nirvana* eingegangen ist. Es gibt Geschenke und die Straßen sind herrlich geschmückt mit bunten Fahnen und Laternen. Beim Fest zum Ende der Regenzeit werden brennende Schwimmkerzen in Schalen aus Blättern gelegt und treiben den Fluss hinunter. Die Lichter der Kerzen sind das Symbol dafür, dass alle, die dem »Licht des Buddhismus« folgen, »über den Fluss des Unwissens in das Land der Wahrheit« getragen werden.

Ausrichtungen der buddhistischen Lehre

Der Buddhismus selbst heißt in Sanskrit *Yana* (Fahrzeug). Im Laufe der Jahre haben sich drei große Strömungen entwickelt: *Hinayana* (Kleines Fahrzeug), *Mahayana* (Großes Fahrzeug), *Vajrayana* (Fahrzeug der Tantra-Texte). Der *Hinayana* entstand in direktem Zusammenhang mit Buddhas Lehre und Wirken. Die »Drei Juwelen« standen im Vordergrund des Lebens, das fast ausschließlich ein Buddhismus für Mönche war. Heute ist diese Form des Buddhismus hauptsächlich in Sri Lanka vertreten.
Der *Mahayana*-Buddhismus entwickelte sich zu späterer Zeit. Er geht davon aus, dass der gewöhnliche Mensch nicht aus eigenem Antrieb dem Weg Buddhas folgen kann. Buddha wird nicht mehr als Vermittler einer Lehre verstanden, sondern gilt als derjenige, der mit übernatürlicher Kraft die Menschen erretten kann. Buddha kann helfen, die Menschen, die selbst keine Buddhas werden können, zur Erleuchtung (*bodhi*) zu bringen.
Der *Vajrayana*-Buddhismus hat in seine Texte volkstümliches Gedankengut aufgenommen und zeigt den Weg zur Erlösung über die Erlebniswelt der Menschen: Meditationsbilder, Mandalas, Gebetsmühlen und andere Ritualgegenstände gewinnen an Bedeutung. Besonders ausgeprägt findet sich diese Strömung in Tibet. Das Oberhaupt des Buddhismus in Tibet trägt den Titel *Dalai Lama*. Der *Dalai Lama* stirbt nicht, sondern findet in dem folgenden *Dalai Lama* einen neuen Körper.

Laien gießen Wasser über die Hände von Mönchen und anderen Personen. Wasser steht als Symbol für Bitte um Vergebung und gleichzeitig Weitergabe von Weisheit.

- *Informiert euch in Gruppen genauer über die einzelnen Strömungen des Buddhismus und stellt Gemeinsamkeiten und Unterschiede heraus. Erörtert, inwieweit gesellschaftliche und politische Verhältnisse den Buddhismus prägten.*
- *Sucht Informationen zum 14. Dalai Lama und zur aktuellen Situation in Tibet. Erarbeitet die verschiedenen Aspekte in Gruppen und findet eine passende Form der Präsentation.*

Meditation – die Mitte finden

Ein wichtiges Element im gelebten Buddhismus bildet die Meditation, sie gilt als das Herzstück des Buddhismus, da Siddharta Gautama sie als den Weg in das *Nirvana* lehrte und erfahren hatte. Nur durch die Meditation, eine absolute Konzentration, ist nach buddhistischer Lehre die Befreiung aus dem endlosen »Kreislauf der Weiterverkörperungen« (*Samsara*) möglich. Ohne vorbereitende sittliche Zucht und genaue Kenntnisse des Weges soll kein Buddhist mit dem Meditieren beginnen. Notwendige Voraussetzungen für die Meditation sind geeignete Orte (zum Beispiel: Wald, Fuß eines Baumes, Berg, bergige Landschaft, Felsenhöhle, Friedhof ...) und Körperhaltungen. Für bestimmte Meditationen werden der klassische Lotos-Sitz beziehungsweise für westliche Zeitgenossen abgewandelte Varianten empfohlen. Der Meditierende soll sich von den »fünf Hindernissen«, die seine Konzentration behindern, frei machen: Gier, Übelwollen, Faulheit und Trägheit, Ruhelosigkeit und Gewissensunruhe, Zweifel. In wichtigen Schriften werden bis zu 40 Meditationsübungen und -objekte unterschieden, wovon einige für jeden geeignet sind. Andere jedoch werden speziellen Menschentypen zugeordnet. So beginnt z. B. eine Übung für die »Trägen« mit dem Satz: »Möge ich selbst glücklich und frei von Leiden sein.« Im weiteren Verlauf der Meditation wird dieser Satz ausgedehnt auf: a. die eigene Familie, b. Verwandte und Freunde, c. Feinde. Letztlich wird der gesamte Kosmos einbezogen.

Für »Choleriker« z. B. gibt es besondere Meditationsübungen, die den Bereich der Atmung umfassen.
Einen besonderen Weg der Meditation zeigen die *Yoga-Sutras* des Hinduismus, die im Gegensatz zur Konzentration im Buddhismus die absolute Versenkung als Ziel haben.

> **Yoga ist »Stilllegung der Regungen des Bewusstseins«.**

Der achtfache *Yoga*-Weg lautet:
– Äußerliche Disziplin im Sinne einer Grundethik: niemandem Schaden zufügen, allem Leben mit Ehrfurcht begegnen, größtmögliche Keuschheit üben und nicht stehlen
– Innerliche Übung: Ruhe, Reinheit, Askese, Veda-Studium
– Einüben von Körperhaltungen zwecks Beherrschung der Körperfunktionen
– Atemregulierungen und -verlangsamung als Mittel zur Konzentration
– Das Zurückziehen der Sinneswahrnehmungen, wodurch die allmähliche Isolierung des Bewusstseins von der Außenwelt entsteht
– Konzentration des Denkens auf einen Punkt, auf den Nabel, die Stirn, äußere Gegenstände oder einen wirkungsvollen Spruch (Mantra)
– Meditation als tiefe Versenkung in den Meditationsgegenstand
– Versenkung als endgültige Einheitserfahrung.

- *Sprecht über eure Erfahrungen, Fragen, Vorbehalte in Bezug auf Meditation.*
- *Meditation findet an besonderen Orten statt. Wo findet ihr Beispiele dafür, dass Menschen für eine Meditation (den Weg zur Mitte) einen besonderen Ort wählen?*
  Welchen Ort würdest du am liebsten für eine Meditation wählen?
- *»Möge ich selbst glücklich und frei von Leiden sein« – Wie würde sich unsere Welt verändern, wenn die Menschen diese Übung für die »Trägen« befolgen würden?*
- *Informiert euch über unterschiedliche Meditationsformen (Jugendarbeit in Klöstern eurer Umgebung, VHS-Kurse, Kurse bei kirchlichen Trägern, Bücher aus Büchereien usw.).*

Einen Weg gehen – zu sich selbst finden

Immer wieder haben sich Menschen auf den Weg gemacht um ein Ziel zu erreichen: Die Israeliten haben den Aufbruch aus Ägypten gewagt. Du selbst suchst deinen Weg für die Zukunft (vgl. Kapitel 1 »Das Leben gestalten«, S. 6 ff.) und hast dabei gelernt, mehr Verantwortung für dich und deine Umwelt zu übernehmen. Wer sich auf den Weg macht, muss die Wahrheit über sich selbst erfahren. Er/sie will immer besser wissen, wer er/sie ist, was er/sie möchte, welche Schwierigkeiten es gibt. Über diese Fragen nachzudenken ist ein entscheidender Bestandteil unseres Lebens. Häufig jedoch kommt es nicht dazu: Wir haben zu viel Hektik um uns herum, eine Verabredung folgt der nächsten, Stille ist selten und ständig werden wir von Geräuschen berieselt. Sei mutig und gönn dir Stille!

Sieh über dich und um dich in die vier Enden der Welt, wie weit, wie hoch der schöne Himmel ist in seinem Lauf und wie adelig ihn sein Meister geziert hat ... Nun sieh aufwärts mit glänzenden Augen, mit lachendem Antlitz, mit aufhüpfendem Herzen und sieh ihn an und umfange ihn mit den unendlichen Armen deiner Seele und deines Gemütes und sag ihm Dank und Lob!

Heinrich Seuse (1295-1366)

Mach es dir bequem. Achte aber auf deinen Rücken, er sollte gerade, jedoch nicht durchgedrückt sein. Lass deine Blicke schweifen, suche dir ein Bild (du kannst auch ein besonders schönes Poster aufhängen) und betrachte es. Bemühe dich deine Blicke und Gedanken nicht vom Bild zu lösen.

Bevor du anderen darfst gute Lehren geben, musst du dich selbst erzieh'n. Vorbildlich sei dein Leben!

Meditation: Das Wort kommt aus dem Lateinischen und hat eine doppelte Bedeutung: Es kann aktiv verstanden werden und meint dann »in die Mitte gehen«, »zur eigenen Mitte finden« oder »zu sich selbst kommen«. Passiv verstanden bedeutet es »zur Mitte geführt werden« oder »sich zur Mitte führen lassen«.

Nimm einen Stein, eine Muschel, eine Murmel, Kastanie oder etwas Ähnliches in die Hand. Setze dich bequem hin und fühle den Gegenstand. Ist er warm oder kalt, rau oder glatt? Welche Geschichte erzählt er dir? Höre auf den Gegenstand und lass dich durch nichts ablenken.

Suchst du einen hohen Ort, einen heiligen Ort, so biete dich innen als Tempel Gottes. In dir bete ... Wer Gott sucht, der wird sich aus den Sinnen und den »Bildern« des Gedächtnisses, ja selbst noch aus der natürlichen Tätigkeit des Verstandes und Willens zurückziehen in die leere Einsamkeit seines Inneren, um dort zu verweilen in einem dunklen Glauben ... Hier wird er in tiefem Frieden – weil am Ort seiner Ruhe – verharren, bis es dem Herrn gefällt, den Glauben in Schauen zu verwandeln.

Edith Stein (1891-1942)

**Verwende deine Kraft nicht, dich zu verändern.
Versuche der zu sein, der du bist.**

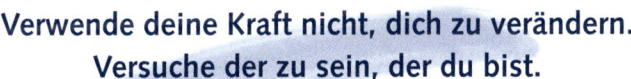

Wer aber noch nicht mit dem inneren Beten begonnen hat, den bitte ich um der Liebe des Herrn willen, sich ein so großes Gut doch nicht entgehen zu lassen. Hier gibt es nichts zu verlieren, sondern nur zu gewinnen.

Teresa von Avila (1515-1582)

Setze dich bequem auf dein Bett oder die Erde.
Achte darauf, dass der Rücken gerade ist (stell dir vor, dass du vom Scheitel aus nach oben gezogen wirst). Entscheide dich für einen Satz, den du meditieren möchtest. Lass deinen Blick schweifen und »verabschiede« dich vom Sehen. Schließe die Augen und wiederhole immer wieder den Meditationssatz.

**Du bist noch nicht am Ziel, solange Wünsche brennen.
Den Zorn durch Nachsicht, Bosheit durch Verzeih'n besiege,
Durch Gebelust den Geiz, durch Wahrheitswort die Lüge!**

Meditation und Gebet

Meditation und Gebet lassen sich nicht voneinander unterscheiden, dennoch sind sie unterschiedlich.
Meditation als das Bemühen, zur Mitte zu finden, braucht keinen ausdrücklichen Bezug zu Gott zu haben. Sie kann jedoch für denjenigen zum Gebet werden, für den Gott die Mitte seines Lebens ist. Meditation ist dann der Versuch, sich für die tiefere Wirklichkeit Gottes zu öffnen und passiv oder schweigend vor Gott da zu sein.
Beten ist mehr als »Sprechen mit Gott«. »Beten heißt, das Leben durchsichtig werden zu lassen auf Gott hin …
Das Beten wird geboren aus der aufmerksamen Beobachtung von Dingen, Menschen und Ereignissen, durch die man hindurchschauen gelernt hat …«

Adolf Exeler

Warum ich meditiere

Damit ich zur Ruhe komme und zur Tiefe.
Damit ich zu mir komme.
Damit ich mehr und mehr aus gesammelter Kraft lebe …
Damit ich nicht nur aus einem Bruchteil meines Wesens lebe.
Damit ich meine Erfahrungen »verdaue«.
Damit mein Alltags-Ich und mein eigentliches Wesen und meine Tiefe immer mehr eins werden …
Damit ich von der vielfachen Verkrampftheit und der unnötigen Anspannung und Enge immer mehr frei werde.
Damit ich wahr werde …
Damit mir etwas einfällt.
Damit aus dem Reichtum meiner Tiefe heilende Kräfte aufsteigen …
Damit mir der Sinn meines Daseins immer mehr aufgeht.
Damit mir der Tiefenreichtum der Welt und ihre Fülle aufgeht, in der mich Gott leben lässt …
Damit ich richtig werde und so auch anderen besser helfen kann.
Damit ich für mich und andere besser erkennen, worauf es ankommt.
Damit ich tiefer mit anderen verbunden bin und sie beglücke …
Damit ich besser erfasse, was Gott mit mir vorhat.

Klemens Tilmann

Ab und zu

Ab und zu –
schalt den Computer ab,
steh auf, geh ans Fenster
und schau raus, einfach so.

Ab und zu –
stell den Fernseher ab,
die Stereoanlage, das Telefon
und höre in dich hinein.

Ab und zu –
spring raus aus der Kolonne
und setz dich ins Gras.

Ab und zu –
verlasse dein Büro, dein Haus,
zieh die Wanderschuhe an
und lauf in die Berge.

Ab und zu –
lass deine Frau, deinen Mann,
deine Kinder,
deine Eltern, deine Freunde
und geh allein irgendwohin …

Erst wenn
      Unterbrechungen
            stattfinden
beginnen Menschen zu fragen und zu suchen
nach Hintergründen,
nach Wahrheit,
nach sich selbst
           Unterbrechungen
dienen dem Ausatmen,
dem Aufatmen,
dem Zu-sich-selber-Kommen.
Willst du beten?
Fang mit
      Unterbrechungen
            an!

Carlo Caretto

**Das Unglück des Menschen beginnt damit,
dass er unfähig ist, mit sich selber in einem Zimmer zu sein.**

Blaise Pascal

- Sicherlich könnt ihr noch weitere Gründe für eine Meditation finden.
- Suche dir einen Be-Weg-Grund zur Meditation aus. Formuliere ihn als Satz/Ziel für deine Meditation und betrachte dabei intensiv das Mandala. Verfolge die im Bild angebotenen (Gedanken-)Wege. Vielleicht hast du die Möglichkeit eine bequeme Sitzhaltung einzunehmen (vgl. S. 182).
- In Tibet begleitet der Klang eines Glöckchens den Beginn und das Ende einer Meditation. Vielleicht kann euch euer Lehrer, eure Lehrerin damit den Meditationszeitraum vorgeben.
- Wenn ihr mögt, sprecht anschließend über eure Erfahrungen während der Meditation.

Projekt: Glaube muss wirksam werden

»Es gibt nichts Gutes, außer man tut es«

... lautet ein Reimspruch von Erich Kästner. Damit hat er auf eine prägnante Formel gebracht, was schon das Neue Testament eingeschärft hat: Der Glaube eines Menschen muss sich in seinem Handeln auswirken. Jesus sagt: »Nicht alle, die zu mir sagen ›Herr, Herr‹, werden in Gottes neue Welt kommen, sondern nur die, die auch tun, was mein Vater im Himmel will« (Mt 7,21), und im Jakobusbrief heißt es: »Hört das Wort nicht nur an, sondern handelt danach; sonst betrügt ihr euch selbst. Wer das Wort nur hört, aber nicht danach handelt, ist wie ein Mensch, der sein eigenes Gesicht im Spiegel betrachtet: Er betrachtet sich, geht weg und schon hat er vergessen, wie er aussah« (Jak 1,22-24).

Das Handeln entscheidet über den Glauben! Auch junge Menschen haben schon viele Möglichkeiten Erfahrungen mit dem Tun des Guten zu sammeln, die über das Klischee hinausgehen »einer alten Oma über die Straße zu helfen«. Wir möchten euch auf dieser Doppelseite einige Anregungen dazu geben. Euch fallen sicher noch viele weitere Aktionen ein.

Übrigens: Wer sich für andere einsetzt, erntet damit nicht immer nur Anerkennung von allen Seiten. Auch das ist eine wichtige Erfahrung, die sich besser aushalten lässt, wenn man gemeinsam etwas tut. Eines können wir euch versprechen: Wer sich engagiert, der bekommt Profil – und damit ein »unvergessliches« Gesicht.

Auf diesen Seiten in *Treffpunkt RU* findet ihr Material zur Vertiefung:
S. 38-47   zum Thema »Menschen nicht allein lassen«
S. 64-78   zum Thema »Einsatz für den Frieden«
S. 159   zum Thema »Spielraum-Patenschaft«

»Ja« zur Spielplatz-Patenschaft

Seit einigen Jahren werden in der Stadt Arnsberg »Spielplatz-Patenschaften« vergeben. Privatmenschen, Gruppen oder Institutionen erklären sich bereit einen Spielplatz zu betreuen. Spontan übernimmt die Klasse 10 b der Realschule für drei Jahre die Patenschaft des angrenzenden Spielplatzes. Zweimal in der Woche gehen Gruppen von vier bis sechs SchülerInnen auf den Spielplatz und sorgen für Ordnung bzw. melden der Stadtverwaltung, wenn es größere Schäden gibt.

Besondere Höhepunkte sind die Spielplatzfeste. Selbst gebackener Kuchen und Getränke werden von den SchülerInnen spendiert, Tische und Stühle organisiert und Spiele vorbereitet. Der Erfolg dieser Spielplatz-Patenschaft ist offensichtlich: Der Spielplatz wird deutlich mehr genutzt und weist wesentlich weniger Zerstörungen auf.

Die gute Tat

Bei Anruf Hilfe

»Bei Anruf Hilfe« – so lautet ein Projekt einer 9. Klasse, die gemeinsam mit ihrer Klassenlehrerin soziales Engagement zeigen möchte. Mithilfe der Presse und Plakaten wird die Öffentlichkeit informiert und ein Sponsor gesucht, der ein »Büro« zur Verfügung stellt. Eine örtliche Bank bietet einen Raum mit Telefonanschluss an und jeden Nachmittag werden zu »Bürozeiten« Aufträge angenommen: Eine ältere Dame ruft an, die kurzfristig Hilfe im Garten braucht; ein Hundebesitzer hat das Bein gebrochen und sucht jemanden, der oder die seinen Hund spazieren führt; ...
Wer möchte, gibt für die erhaltene Hilfe eine kleine Spende, Bedingung ist dies jedoch nicht.

Die Frage, ob es einen Gott gibt

Einer fragte Herrn K., ob es einen Gott gäbe. Herr K. sagte: »Ich rate dir nachzudenken, ob dein Verhalten je nach der Antwort auf diese Frage sich ändern würde. Würde es sich nicht ändern, dann können wir die Frage fallen lassen. Würde es sich ändern, dann kann ich dir wenigstens noch so weit behilflich sein, daß ich dir sage, du hast dich schon entschieden: Du brauchst einen Gott.«

Bertolt Brecht

Lucas erfährt Hilfe

Lucas lebt in Brasilien. Er hat keine Eltern und zählte früher zu den so genannten »Straßenkindern«. Nun lebt er in dem Kinderdorf Rio, das durch Spenden finanziert wird. SchülerInnen eines Gymnasiums haben für ihn die Patenschaft übernommen und spenden monatlich einen festen Betrag, den sie erwirtschaften, indem sie einen »Schülerladen« in der Pause betreiben. Gleichzeitig wird durch verschiedene Aktionen zusätzlich Geld gesammelt, das dazu dient, die Arbeit des Kinderdorfs Rio e.V. aus Oberhausen zu unterstützen.

Frieden muss erkämpft werden

Als erkennbar wird, dass die USA den Krieg gegen den Irak wollen, finden sich in der Johanneskirche zu N. jeden Samstag um 12.00 Uhr Menschen zum Friedensgebet zusammen. Die Klasse 9 b der Realschule überlegt im Religionsunterricht, dass der Einsatz für den Frieden nicht nur der älteren Generation überlassen werden darf. Die Schülerinnen und Schüler gestalten ein Friedensgebet nach eigenen Vorstellungen. Aus den Diskussionen in der Klasse entsteht auch die Idee für eine große Schülerdemonstration aller Schulen der Stadt für den Frieden in der Welt.

- *Plant – vielleicht zum Schuljahresabschluss – einen gemeinsamen Gottesdienst. Euer zuständiger Schulseelsorger hilft euch sicher dabei. Vielleicht könnt ihr bei diesem Vorhaben eure evangelischen Mitschüler/innen »mit ins Boot« nehmen und einen gemeinsamen ökumenischen Wortgottesdienst gestalten.*
- *Einige von euch spielen ein Instrument oder haben Freude am Singen – gründet gemeinsam, evtl. mit Mitschüler/innen anderer Lerngruppen eine »Schulband«, die die musikalische Gestaltung von Schulgottesdiensten begleitet.*
- *Setzt euch mit dem apostolischen Glaubensbekenntnis (vgl. Gotteslob 2/5) auseinander und gestaltet es mit Bildern und eigenen Texten: Findet eine Möglichkeit, in der Schule eure Ergebnisse für alle sichtbar zu präsentieren.*
- *Sprecht mit einer nahen Kirchengemeinde mit einem »Eine-Welt-Stand« und bittet um Unterstützung. Führt in der Schule Aktionstage durch (z. B. an Elternsprechtagen), bei denen ihr über das Engagement für die Eine Welt informiert und fair gehandelte Produkte zum Kauf anbietet.*
- *Informiert euch bei Lehrern/innen anderer Klassen: Wo gibt es Mitschüler/innen, die eure Hilfe (z. B. im Rahmen eines freiwilligen Nachhilfe- oder Hausaufgaben-Clubs) brauchen?*
- *Plant Nachmittagsaktionen/Spielfeste auf dem Schulhof, damit die Schule ein »Haus des Lernens und Lebens« wird.*

PROJEKT

Bibelstellenregister

Altes Testament

Gen 1,1-2,4	82
Gen 1,1-11,9	118
Gen 1,26-27	20
Gen 1,26-27	82
Gen 2,1-3	84
Gen 2,4b-25	82
Gen 2,20-25	29
Gen 6,1-9,17	110
Gen 6,5-7,12	110
Gen 11,1-9	81
Gen 16,1-16	87
Gen 21,9-21	87
Ex 3,7-12	109
Ex 20,2.8	84
Ex 20,7	147
Ex 20,8	17
Dtn 30,15-16.19b	62
Rut 1	87
Rut 1,16	33
Jdt 16,1-17	109
Ijob 4,7-8	38
Ijob 7,5-7	38
Ijob 8,5-6	38
Ijob 16,11-17	38
Ijob 19,19	39
Ijob 20,4-5.10-11	38
Ijob 23,8-10	40
Ijob 30,20-22	40
Ijob 42,1-2.5	40
Ps 8,2-10	83
Ps 139,13-16	58
Hohelied 2,16-17	34
Hohelied 8,6-7	34
Jes 9-16	74
Jes 11,1-9	74
Jes 19,23-25	74
Jer 11,18-12,6	87
Jer 15,10-21	87
Jer 17,12-18	87
Jer 18,18-23	87
Jer 20,7-18	87
Micha 4,1-5	74

Neues Testament

Mt 2,11	124
Mt 5,1-7,29	118
Mt 5,21-24	56
Mt 5,23-25a	76
Mt 5,27-48	56
Mt 5,3-12	22
Mt 5,38-48	74
Mt 5-7	57
Mt 5,4	44
Mt 6,19-22	118
Mt 6,25-34	18
Mt 7,1-5	118
Mt 7,12	54
Mt 7-21	186
Mt 13,1-53	97
Mt 13,44-46	97
Mt 18,20	4
Mt 25,31-46	88
Mt 25,35-40	140
Mt 25,45	127
Mt 26,47-56	123
Mk 2,13-17	121
Mk 2,27	128
Mk 3,1-6	120
Mk 5,25-34	30
Mk 7,31-37	98
Mk 10,5-9	33
Mk 10,35-38.40-44	99
Mk 10,45	121, 123
Mk 11,15-19	121
Mk 14,32-42	87
Mk 14,35-36	123
Mk 14,43-52	123
Mk 15,33-39	123
Mk 15,42-47	124
Lk 1,1-4	115
Lk 3,11	14
Lk 4,14-30	121
Lk 6,20-26	109
Lk 6,36	57
Lk 10,23-11,7	109
Lk 13,10-17	30
Lk 14,15-25	100
Lk 16,19-31	69
Lk 22,47-53	123
Lk 23,1-5	121
Lk 23,44-49	123
Lk 24,13-35	129
Lk 24,19-21	123
Joh 2,9	116
Joh 4,1-30	109
Joh 4,8	106
Joh 7,53-8,11	30
Joh 8,1-11	121
Joh 13,1-20	99
Joh 13,34	57
Joh 14,6	136, 139
Joh 15,4-5	160
Joh 17,21	139
Joh 18,3-12	123
Joh 18,29-30	121
Joh 20,19-29	129
Joh 21,1-14	128
Apg 5,27-29	144
Röm 8,18	87
Röm 8,19-22	88
Röm 12,2	57
1 Kor 1,23-24	123
1 Kor 12,12-21	150
1 Kor 13,7-8	33
1 Kor 15,3-5	129
1 Kor 15,12-17	48
1 Kor 15,12-19	130
Eph 3,17-21	151
Eph 4,21-4,24	178
Phil 2,7-8	123
Phil 2,13	57
Jak 1,22-24	186

Text- und Bildnachweis

5 Edgar Degas (1834-1917), Die Büglerinnen, 1884, 76 x 82 cm, Öl auf Leinwand, Louvre, Paris
6 Heinrich Böll, in: ders., Werke. Romane und Erzählungen 4, Verlag Kiepenheuer & Witsch, Köln 1961-1970, S. 267 ff.
7 Foto: Ingrid Fink, Garching
8 Walter Habdank (1930-2001), In der Tretmühle, 1973, Holzschnitt, in: ders., 24 Holzschnitte zur Bibel © VG Bild-Kunst, Bonn 2014 – Michael Persie, Originalbeitrag – Quelle unbekannt
9 Michael Ende, Momo, K. Thienemann Verlag, Stuttgart ³1974, S. 36 f. – Initiativkreis Kremenholl e. V.
10 Kurt Marti, in: Dorfgeschichten, S. Mohn Verlag, Gütersloh 1960, S. 60 ff. – Cartoon in: Tomi Ungerer, Adam und Eva © 1974 Diogenes Verlag AG, Zürich – Fotos: Helga Lade Fotoagentur, Berlin – Imke Pelz, Berlin – Misereor/Schaaf (2)
11 Fotos: W. Etzold, Hamburg – P. Strack, Bonn – KNA, Frankfurt/M. – Jules Stauber © Baaske Cartoons – Holländischer Katechismus, zit. aus der dt. Ausgabe: Glaubensverkündigung für Erwachsene, Freiburg 1968, S. 475 f.
12 Ann Ladiges, in: Blaufrau, Rowohlt Taschenbuch Verlag, Reinbek 1981, S. 5 ff. (gekürzt)
13 F. C. Rogner, Schritt ins Leben, Grafik © Deutscher Sparkassen-Verlag, Stuttgart
14 Foto: Andreas Wiedenhaus, Paderborn – in: Der Dom. Kirchenzeitung für das Erzbistum Paderborn, 15. Dezember 2002, Nr. 50, S. 17
15 Cartoon: Luff/Baaske Cartoons – Attac Deutschland – Foto: World Development Movement – Kreuzgemeinde Braunschweig
16 Salvador Dalí (1904-1989), Die Beständigkeit der Erinnerung oder Die zerrinnende Zeit, 1931, Öl © Salvador Dalí, Fundació Gala-Salvador Dalí/ VG Bild-Kunst, Bonn 2014 – in: Erich Scheurmann, Der Papalagi. Die Reden des Südseehäuptlings Tuiavii aus Tiavea, Tanner & Staehelin Verlag, Zürich 1920
17 Gemeinsame Erklärung des Rates der Evangelischen Kirche in Deutschland und der Deutschen Bischofskonferenz – Grundriss des Glaubens. Katholischer Katechismus. Allgemeine Ausgabe, Kösel-Verlag, in der Verlagsgruppe Random House GmbH u. a., München u. a., 2. Auflage 1984, 39.4
18 Jörg Zink, Quelle nicht zu ermitteln – Das Sprachbastelbuch, G&G Verlagsgesellschaft mbH, Wien, S. 44
19 Ernst Alt (geb. 1935), Braut und Bräutigam – Hohes Lied – (Wein), 1977, 50 x 64 cm, Feder, Aquarell, Schwamm, in: 24 Bilder von Ernst Alt. Diaserie mit biblischen und mythischen Motiven, Kösel-Verlag, in der Verlagsgruppe Random House GmbH, München 1978, Bild 4
20 zit. in: Dietmar Rost/Joseph Machalke (Hg.), Ich will bei dir sein, Gütersloher Verlag, Gütersloh 1985, S. 18 – Luciano de Crescenzo, Quelle nicht zu ermitteln – Katechismus der Katholischen Kirche. Kompendium, München 2005, Nr. 487
21 Friedensreich Hundertwasser (1928-2000), 626 Das ist der Weg zu dir, 1966 © Hundertwasser Archiv, Wien – Joachim Braun/Bernd Niemann, Coole Kerle, viel Gefühl. Alles über Anmache, Liebe und Partnerschaft. Für Jungen, Rowohlt Verlag, Reinbek 1998, S. 102 f.
22 Kurt Marti, in: Die Riesin, Luchterhand Verlag, Darmstadt und Neuwied 1975 – Max Frisch, in: Tagebuch 1946-1949, Suhrkamp Verlag, Frankfurt/M. 1950 – Nach einer Idee von Rolf Mengelmann
23 in: Hermann Garitzmann u. a. (Hg.), Durch das Jahr – durch das Leben. Hausbuch der christlichen Familie, Kösel-Verlag, in der Verlagsgruppe Random House GmbHMünchen ³1986, S. 16 – Grafik in: Zagst, Lothar/Weder, Hannes, Besinnungstage mit Jugendlichen, rex verlag luzern 1982
24 © Getty Images – Hans Manz, in: Worte kann man drehen, Beltz Verlag, Weinheim und Basel 1974 – Michael Thiel, in: X-Mag, Juli 2001, Weltbild Verlag, S. 13 – Brief der Jugendkommission der Deutschen Bischofskonferenz an die Verantwortlichen in der kirchlichen Jugendarbeit zu einigen Fragen der Sexualität und der Sexualpädagogik, September 1999
25 nach einem Interview mit Prof. Udo Rauchfleisch, Basel, in: Publik Forum 16/1997, S. 50 ff. – Foto © picture-alliance/Image Source
26 Albert Bauernfeind, in: Liebet einander. Jugend – Kirche – Sexualität, Butzon & Bercker Verlag, Kevelaer 1997, S. 46 (gekürzt) – Brief der Jugendkommission, s. zu S. 24 – Text und Logo: Bundeszentrale für gesundheitliche Aufklärung, Köln
27 Bruntje Thielke, in: Westfälische Rundschau v. 20. Juli 2002, S. RWO 8 (leicht gekürzt)
28 Herbert Grönemeyer © EMI Kick Musikverlag, Hamburg/Grönland Musikverlag – Collage: unbekannt – Cartoon: Bill Watterson, Calvin und Hobbes © Bulls Press, Frankfurt
29 Foto: Wolfgang Schmidt, Ammerbuch – Foto: Christofer Stock, Emmering
30 Fulbert Steffensky, Kein Sinn ohne Sinnlichkeit. Die Zehn Gebote, in: Frau und Mutter 9/2001, S. 12 f. – Fernandez Arman (1928-2005), Torse aux gants (Torso mit Handschuhen), 1967, H 85 cm, Wallraf Richartz Museum, Sammlung Ludwig, Köln © VG Bild-Kunst, Bonn 2014 – Brief der Jugendkommission, s. zu S. 24
31 Jörg Nowak, in: www.missio-aachen.de
32 Quelle unbekannt – nach: Hermann Garitzmann u. a. (Hg.), Durch das Jahr – durch das Leben. Hausbuch der christlichen Familie, Kösel-Verlag, in der Verlagsgruppe Random House GmbH, München ³1986, S. 22 f. – Wilhelm Bruners, in: Schattenhymnus, Patmos Verlag, Düsseldorf 1989
33 Josef Dirnbeck, in: Unser Ja. Hochzeits- und Ehetexte, Styria Verlag, Graz 1975 – Foto: Adelheid Heine-Stilmark, Karlsruhe in: Karl Heinz Schmitt/Peter Neysters (Hg.), Zeiten der Liebe. Kösel-Verlag, in der Verlagsgruppe Random House GmbH, München 1991, S. 77 f.
34 Marc Chagall (1887-1985), Das Hohe Lied Salomos I: Der Weinberg der Freundin, 1957-1961, 148 x 172 cm, Öl auf Leinwand, Nice, Musée National © VG Bild-Kunst, Bonn 2014
35 Andreas Felger (geb. 1935), Fürchte dich nicht, 1992, Aquarell © Andreas Felger Kulturstiftung, www.af-kulturstiftung.de
36 Christa Schlett, in: Krüppel sein dagegen sehr, Jugenddienst Verlag, Wuppertal ³1975 (gekürzt)
37 in: Dorothee Sölle, Leiden, Kreuz Verlag, Stuttgart 1973 – Karl Schmidt-Rottluff (1884-1976), Gespräch über den Tod, 1920 © VG Bild-Kunst, Bonn 2014/Foto: Artothek, Weilheim
39 Arnulf Rainer (geb. 1929), Hiob (Job) auf dem Aschenhaufen, 1995/98, 26 x 19,8 cm, Aquarellkreide und Graphit auf Papier, signiert unten rechts, Sammlung Frieder Burda
41 Eva Zeller, in: Sage und schreibe. Gedichte, Deutsche Verlags-Anstalt GmbH, Stuttgart 1971, S. 65 ff. – Hanns H. Heidenheim (1922-2007), Hiob, 1965/66, Holzschnitt © Maria-Mineva Heidenheim, Düsseldorf
42 M. L. Kaschnitz, in: Steht noch dahin, Insel-Verlag, Frankfurt/M. 1970, S. 21 – T. Brocher, in: Wenn Kinder trauern, Kreuz Verlag, Zürich ²1981
43 Käthe Kollwitz (1867-1945), Der Ruf des Todes, 1934/35, Kohlezeichnung © VG Bild-Kunst, Bonn 2014 – Lily Pincus, in: Bis dass der Tod euch scheidet, Deutsche Verlags-Anstalt, Stuttgart 1977, S. 12 f.
44 Christl und Johannes Grewe, in: Gottesdienst Nr. 22/1988, S. 161 ff. (gekürzt)
45 Foto: Hildegard Kronenberg-Lueg, Bochum
46 www.krause.schoenberg.bei.t-online.de – Bearbeitet nach Stephan Ernst/Ägidius Engel, Christliche Ethik konkret. Werkbuch für Schule, Gemeinde und Erwachsenenbildung, Kösel-Verlag, in der Verlagsgruppe Random House GmbH, München 2001, S. 302 – Brief von Bischof Franz Kamphaus an die Gemeinden des Bistums Limburg zur österlichen Bußzeit 2003
47 Nach einem Bericht der Hannoverschen Allgemeinen Zeitung vom 21.11.1987 – Foto: www.barmherzige.de
48 Kurt Marti, in: Leichenreden, Hermann Luchterhand Verlag, Neuwied 1969
49 Hieronymus Bosch (ca. 1453-1516), Aufstieg zum Ewigen Licht, Altarflügel (Ausschnitt), 86 x 39,5 cm, Palazzo Ducale, Venedig
50 Jörg Zink, in: Trauer hat heilende Kraft, Kreuz Verlag, Stuttgart 2001, S. 44 – Foto: ebd., S. 45

51	Gerd Winner (geb. 1936), Canal-Roadmarks, 1983, 300 x 300 cm, Mischtechnik auf Leinwand © Gerd Winner
52	nach: Bruno Heller, Grundfragen philosophischer Ethik. Ein Arbeitsbuch für die Oberstufe des Gymnasiums, Bayerischer Schulbuchverlag, München 1998, S. 6 – in: Georg Lind, Moral ist lehrbar. Handbuch zur Theorie und Praxis moralischer und demokratischer Bildung, Oldenburg Verlag, München 2003 – Deutsche Bischofskonferenz (Hg.), Katholischer Erwachsenenkatechismus, Bd. 2: Leben aus dem Glauben, hg. v. der Deutschen Bischofskonferenz, Bonn 1995, S. 21 – Foto: Cord Völkening, Fürth – Cartoon: Glück
53	nach: Stephan Ernst/Ägidius Engel (Hg.), Grundkurs christliche Ethik, Werkbuch für Schule, Gemeinde und Erwachsenenbildung, Kösel-Verlag, in der Verlagsgruppe Random House GmbH, München 1998, S. 33 – in: Fernando Savater, Tu was du willst. Ethik für die Erwachsenen von morgen, Beltz Verlag, Weinheim/Basel 2001, S. 16 f.
54	Cartoon: Hanel © CCC – Zusammengestellt von Paul Gateshill, zit. n. Gianna Fumagalli/Nedo Pozzi (Hg.), Fami' 94. Familien-Kalender, Città Nuova Editrice 1993, S. 470 f. – Katholischer Erwachsenenkatechismus, 1995
55	Marc Chagall (1887-1985), Mose empfängt die Gesetzestafeln, Tuschzeichnung © VG Bild-Kunst, Bonn 2014 – Cartoon: Ivan Steiger – in: II. Vatikanisches Konzil, Pastoralkonstitution »Die Kirche in der Welt von heute« Nr. 16, zit. n. Karl Rahner/Herbert Vorgrimler, Kleines Konzilskompendium. Sämtliche Texte des Zweiten Vatikanums, Verlag Herder, Freiburg ^{8}1972, S. 462
56	© Morus Verlag, Berlin
57	Willi Raiber (geb. 1944), Bergpredigt, 2003, 60 x 80 cm, Acryl auf Papier © beim Künstler
58	in: Lennart Nilsson, Ein Kind entsteht. Eine Bilddokumentation über die Entwicklung des Kindes, Albert Bonniers Verlag, Stockholm – Katholischer Erwachsenenkatechismus, Bd. 2: Leben aus dem Glauben, hg. v. der Deutschen Bischofskonferenz, Bonn 1995, S. 290 f.
59	www.donumvitae.org – Foto: Kösel-Archiv – Renate Köcher, Schwangerschaftsabbruch – Erfahrungen betroffener Frauen, in: Johannes Reiter/Rolf Keller, Herausforderung Schwangerschaftsabbruch. Fakten – Argumente – Perspektiven, Verlag Herder, Freiburg 1992, S. 208 f.
60	nach: Stephan Ernst/Ägidius Engel, Christliche Ethik konkret. Werkbuch für Schule, Gemeinde und Erwachsenenbildung, Kösel-Verlag, in der Verlagsgruppe Random House GmbH, München 2001, S. 44 ff., 61 – Foto: W. H. Freeman, New York – www.rp-online.de/news/ – Klaus Purkott, Die Forschung darf nicht töten, in: Neue Stadt 4/2004, S. 7
61	© Laguna Design/Science Photo Library/Agentur Focus – in: Aldous Huxley, Schöne Neue Welt. Ein Roman der Zukunft, Fischer Taschenbuch-Verlag 1975, S. 174 – Cartoon: Gerhard Mester/Baaske Cartoons
62	Peter Brocke, in: Lebenshilfe-Zeitung 3/2001 vom 15.09.01 – Foto: Beyer foto.grafik
63	Pablo Picasso (1881-1973), Das Gesicht des Friedens, Halstuch anlässlich der 3. Weltfestspiele der Jugend in Berlin (Ausschnitt), 1951 © Succession Picasso/VG Bild-Kunst, Bonn 2014
64	Fotos: Jan Roeder, München – Catherina Hess, Gauting – Zeichnung: Eva Amode, München – Max Beckmann (1884-1950), Rivalen, 1908, 55,3 x 45,3 cm © VG Bild-Kunst, Bonn 2014 – in: Wer bekommt das Opossum? Georg Bitter Verlag, Recklinghausen o. J. – in: Tullio und Gio Vinay, Geschichte eines christlichen Abenteuers, Kreuz Verlag, Stuttgart o. J.
65	Fotos: Plakataktion zum Jahr der Bibel, Bischöfliches Generalvikariat Trier – epd Bild/Herby Sachs – © ADAC – Keith Haring (1958-1990), o. T., 1981 © Estate of Keith Haring – in: Bertolt Brecht, Gedichte. Gesammelte Werke, Suhrkamp Verlag, Frankfurt/M. 1967 – Quelle unbekannt
66	Irina Korschunow, Rechte bei der Autorin
67	Irenäus Eibl Eibesfeldt, Liebe und Hass, Piper Verlag, München 1970, S. 101 – ebd., S. 80 – © Marie Marcks, Heidelberg
68	Ricardo Zamorano (geb. 1930), Rechts und links, undatiert, Holzschnitt, mit freundlicher Genehmigung der Neuen Münchner Galerie, München – in: Die Erzählungen aus den Tausendundein Nächten, Bd. 4, Insel Verlag, Frankfurt/M. ^{16}1961, S. 278 f. – Textgrafik in Anlehnung an: W. Schaube, Generationenpuzzle, Verlag Herder, Freiburg 1983
69	Fotos: Kösel-Archiv – Cartoon: Jean By
70	Textbeiträge © Stern der Hoffnung e. V. – Foto: © Lisette Eicher, Paderborn
71	Fotos: © Lisette Eicher, Paderborn
72	Marie Luise Kaschnitz, in: Neue Gedichte, Claassen Verlag, Hamburg 1957 – Kinderzeichnung, aus der Dia-Serie »Wir haben die Atombombe erlebt«, Impuls-Studio, München, Dia Nr. 26
73	Günter Kunert, in: Erinnerungen an einen Planeten, Carl Hanser Verlag, München 1964 – Mit Marx- und Engelszungen, Wagenbach Verlag, Berlin 1968, S. 27 – Diagramme: Arbeitsgemeinschaft Kriegsursachenforschung (AKUF), Institut für Politische Wissenschaft, Universität Hamburg
74	Dieter Emeis, in: Zum Frieden erziehen, Pfeiffer, München 1968, S. 28 f.
75	Bischof Franz Kamphaus, in: Was dir zum Frieden dient, Verlag Herder, Freiburg ^{3}1985, S. 39 ff. – René Magritte (1898-1967), Die große Familie, 1963, 100 x 61 cm, Öl auf Leinwand © VG Bild-Kunst, Bonn 2014
76	Fabel in: Materialien zum Weltfriedenstag, 1985, hg. v. BDKJ, Düsseldorf - in: Lothar Zenetti, Auf seiner Spur, Matthias-Grünewald-Verlag, Mainz ^{3}2002, S. 49 – Ökumenischer Rat der Kirchen
77	Fotos: Wegweiser durch die Bundeswehr, hg. v. Bundesministerium der Verteidigung, Presse- und Informationsstab, Nachwuchswerbung, S. 12, S. 13 (2), S. 35 – Zivildienst in Deutschland, hg. v. Bundesamt für den Zivildienst, S. 3 – Joachim Dethlefs – Zitat: Quelle unbekannt – Jörg Zink, in: Sag mir, wohin. Weg und Ziel des Menschen, Kreuz Verlag, Stuttgart 1977, S. 101 f.
78	Charlotte Schmitthenner, in: Sammelt die Schwerter ein, Verlag am Eschbach 1982
79	Sintflut und Arche Noah/Beatus-Apokalypse der John Rylands University Library
80	Gerhard Nellessen, in: Bischöfliches Hilfswerk Misereor e.V. (Hg.), Zukunft der Erde – Erde der Zukunft © Misereor Medienproduktion und Vertriebsgesellschaft mbH Aachen 1997-2001, S. 65-66 – Foto: © Bilderberg/Rainer Drexel
81	Pierre Brauchli, Babel heute, 1979, Fotocollage nach dem Gemälde »Turmbau zu Babel« von Pieter Breughel d. Ä., 1563, Kunsthistorisches Museum, Wien © Christian Staehelin
82	Zitat R. Sachse auf der Jahrestagung der »Gesellschaft für Verantwortung in der Wissenschaft«, 1969 – Erich Zenger, Der Gott der Bibel. Sachbuch zu den Anfängen des alttestamentlichen Gottesglaubens, Verlag Katholisches Bibelwerk, Stuttgart 1979, S. 148 f.
83	Meister Bertram (um 1340-1415), Die Erschaffung der Tiere (um 1380). Aus dem Petrikirchenaltar in Hamburg. Foto: Kleinhempel, Hamburg, Hamburger Kunsthalle © by Vontobel, CH-8706 Feldmeilen – Frei nach: Hans Kessler, in: ders., das Stöhnen der Natur. Plädoyer für eine Schöpfungsspiritualität und Schöpfungsethik, Patmos Verlag, Düsseldorf 1990
84	in: frau und mutter 5/2001, Verlag Mutter und Co., Veitshöchheim, S. 12 – www.hagalil.com
85	Fritz Pleitgen, in: Deutschlandradio Berlin am 07.11.1999
86	Alois Albrecht, in: Elsbeth Bihler u. a., Singt dem Herrn, Verlag BDKJ Paderborn 1990, S. 104 © beim Urheber – Foto: Getty Images
87	nach: Meinrad Limbeck, Doch, ich weiß, mein Erlöser lebt (Ijob 19,25). In der Krise des Ijob, in: Bibel heute 199 (3/1994), S. 158 ff. – Martin Gutl, in: Ich begann zu suchen, Styria Verlag, Graz 1982, S. 52 – Foto: Kösel-Archiv
88	Pia Gyger, in: Mensch, verbinde Himmel und Erde, Rex Verlag, Luzern 1993 – Aus den Grundsätzen des Katharina-Werks, Basel, nach: www.stkw.ch/htm_stkw/leitbild.htm – nach: Anton Rotzetter, in: Gott, der mich atmen lässt. Gebete, Verlag Herder, Freiburg 1985
89	Grafik: Cordula Hesselbarth, Münster, in: Erwin Neu, Aus Sternenstaub. Die Reise zum Ursprung des Menschen, Kösel-Verlag, in der Verlagsgruppe Random House GmbH, München ^{3}1998 © VG Bild-Kunst, Bonn 2014

90 Wilhelm Willms, in: ders., aus der luft gegriffen. © 1976 Butzon & Bercker GmbH, Kevelaer ⁴1984, www.bube.de – Dieter Groß (geb. 1937), Am Fuß des Regenbogens, 1997, 80 x 60 cm, Gouachefarben auf Papier, aus dem Zyklus »Hiob, der Mann am Boden«
91 Thomas Zacharias (geb. 1930), Gang nach Emmaus, Holzschnitt © VG Bild-Kunst, Bonn 2014
92 Isaac Bashevis Singer, in: Zlateh die Geiss und andere Geschichten, Sauerländer Verlag, Aarau 1968 (gekürzt)
95 Flying Paradise, Poster der Provinzial-Versicherung, Münster – Texte: Quelle nicht zu ermitteln
96 Kurt Wolff, in: Ein Maulbeerbaum für die Übersicht, Neukirchener Verlag, Neukirchen-Vluyn 1980, S. 101 ff.
97 Jean-Francois Millet (1814-1874), Die Ährensammlerinnen, 1857, 84 x 111 cm, Musée du Louvre, Paris, AKG
98 Jürgen Rennert, in: Himmel auf Erden. Wunder und Gleichnisse (Reihe »Biblische Texte verfremdet« Bd. 11), Kösel-Verlag, in der Verlagsgruppe Random House GmbH, München 1989, S. 50, Nr. 11.29 © beim Autor – Text und Foto: Kinderdorf Rio – Wilhelm Willms, in: Der geerdete Himmel, Verlag Butzon & Bercker GmbH, Kevelaer ⁷1986, Nr. 11.18, www.bube.de
99 Jacopo Tintoretto (1518-1594), Fußwaschung, 1567-1588, Scuola di San Rocco, Venedig
100 Christine Friebe-Baron, in: Ferne Schwestern, ihr seid mir nah, Kreuz Verlag, Stuttgart 1988, S. 154 ff. (leicht gekürzt)
101 Willy Fries (1907-1980), Das große Gastmahl, 1965, Wandbild 180 x 270 cm © Stiftung Willy Fries, Wattwil
102 nach: Jean Giono, Der Mann mit den Bäumen, übersetzt von Walter Tappolet, Theologischer Verlag Zürich, Zürich 1994
103 Foto: AP, Frankfurt/M. – DIZ Informations- und Dokumentationszentrum München
104 Ferdinand Kerstiens, in: Christ in der Gegenwart 50/1986 (gekürzt) – Ernst Eggimann, in: Jesus-Texte, Arche-Verlag, Zürich 1972, S. 34 – Alex Katz (geb. 1927), Lake Light, 1992 © VG Bild-Kunst, Bonn 2014
105 © Sieger Köder, Emmaus, aus: Sieger Köder, Neue Bilder der Heiligen Schrift. Skizzen zum Lesejahr A © Süddeutsche Verlagsgesellschaft Ulm, 1977
106 Ivan Steiger, FAZ – Elias Canetti, Der Ohrenzeuge. Fünfzig Charaktere, Carl Hanser Verlag, München/Wien 1974 – Carlos Mesters, Hören, was der Geist den Gemeinden sagt. Die Bibelauslegung des Volkes in Brasilien, in: Concilium 27, 1991, S. 72
107 Maria Jepsen, Quelle unb. – Mark Tansey (geb. 1949), Reader, 1990 © Marc Tansey, Courtesy Gagosian Gallery
108 Olof Lagercrantz, Die Kunst des Lesens und Schreibens, Suhrkamp Verlag, Frankfurt/M. 1988, S. 9 f. – Cartoon: Rhonald Blommestijn
109 Foto: Stefanie Fuest, Köln
110 zit. nach Jörg Zink, Diabücherei Christliche Kunst, Bd. 14 – Ur- und Patriarchengeschichten, gekürzt und frei nacherzählt von Hartmut Schnückel, Das Gilgamesch-Epos, Kreuz Verlag, Stuttgart ⁴1978, S. 44-46
111 Fabrizio Bensch © Reuters
113 Johannes Itten (1888-1967), Begegnung, 1916, 105 x 80 cm, Öl auf Leinwand © Pro Litteris, Zürich/VG Bild-Kunst, Bonn 2014
115 Rogier van der Weyden (1399-1464), Der heilige Lukas malt die Madonna, um 1435
116 Foto: Quelle unbekannt
117 Das Evangelium der Bauern von Solentiname. Gespräche über das Leben Jesu in Lateinamerika, aufgez. von Ernesto Cardenal, Peter Hammer Verlag, Wuppertal 1980, S. 107 f.
117 Aktion 2003. Das Jahr der Bibel (Hg.), Das Ideenheft zum Jahr der Bibel 2003, Stuttgart 2003, S. 50.
118 SchülerInnentexte (Christian und Natalie, 10. Klasse, Köln) – Schülerarbeiten, Fotos: Stefanie Fuest, Köln
119 Höllenfahrt Christi (Auferstehung), Russland, Anfang 16. Jh., 131,0 x 104,2 cm Eitempera auf Holz © Ikonen-Museum Recklinghausen
120 Manfred Fischer, in: Niedergefahren zur Erde, Quell-Verlag, Stuttgart ³1980, S. 65 ff.
121 Leonardo Boff, in: Jesus Christus, der Befreier, Verlag Herder GmbH, Freiburg 1986, S. 245 ff. – Honoré Daumier (1808-1879), Ecce Homo, 1849-52, 163 x 130 cm, Öl auf Leinwand, Museum Folkwang, Essen
122 Kurt A. Speidel, in: ders., Das Urteil des Pilatus, Katholisches Bibelwerk, Stuttgart 1976 – Grafik in: Willibald Bösen, Der letzte Tag des Jesus von Nazaret © Verlag Herder GmbH, Freiburg im Breisgau 1995, S. 278, S. 335
123 Wilhelm Willms, INRI in: ders., aus der luft gegriffen © 1976 Butzon & Bercker GmbH, Kevelaer ⁴1984, S. 51, www.bube.de
124 Guido Rocha (Brasilien), Der gemarterte Christus, 1975, Skulptur – Kurt Marti, in: ders., Geduld und Revolte, Radius-Verlag, Stuttgart 1984, S. 66 – Rudolf Otto Wiemer, in: ders.: Ernstfall, F. J. Steinkopf-Verlag, Stuttgart ²1973, S. 71 – Grafik in Willibald Bösen, a. a. O. , S. 335 (M 154)
125 in: Lothar Zenetti, Auf seiner Spur, Matthias-Grünewald-Verlag, Mainz ³2002, S. 131 – Roland Peter Litzenburger (1917-1987), Schutzmantelchristus, Tuschaquarell, 1971
126 Inger Hermann, Halt's Maul, jetzt kommt der Segen. Kinder auf der Schattenseite des Lebens fragen nach Gott, Calwer Verlag, Stuttgart ⁵2001, S. 36 ff.
127 Josef Hegenbarth (1884-1962), Öffnung der Seite, in: Letzte Passionsblätter © VG Bild-Kunst, Bonn 2014
128 Franz-Josef Ortkemper, Wäre Christus nicht auferstanden ... Der Osterglaube der Christen, Verlag Katholisches Bibelwerk, Stuttgart o. J., S. 20-22 – Karl Schmidt-Rottluff (1884-1976), Gang nach Emmaus, 1918, Holzschnitt © VG Bild-Kunst, Bonn 2014
129 Arcabas (Jean-Marie Pirot, geb. 1926), Emmaus – Die Rückkehr der Jünger nach Jerusalem, 1994 © VG Bild-Kunst, Bonn 2014
130 © Forsa, Gesellschaft für Sozialforschung und Statistische Analysen mbH., Berlin, März 2002 (Auferstehung), Juli 2001 (Ewiges Leben) – Rudolf Kautzky, in: ders.: Sein Programm, Radius-Verlag, Stuttgart 1984 (gekürzt)
131 in: Kurt Marti, Namenszug mit Mond, Gedichte, Verlag Nagel & Kimche AG, Zürich/Frauenfeld 1996 – Andreas Ebert, in: Evangelisches Sonntagsblatt Bayern (www.sonntagsblatt-bayern.de) – Halterner Kreuz, um 1340, Kirche St. Sixtus in Haltern/Westfalen
132 in: Maxi Wander, Leben wär' eine prima Alternative, Luchterhand, Darmstadt/Neuwied 1983, S. 40 f., 45 f., 57 f. (gekürzt) – Joseph Beuys (1921-1986), Kreuzigung, 1962-63 © VG Bild-Kunst, Bonn 2014
133 Rudolf Otto Wiemer, in: Ernstfall, J. F. Steinkopf Verlag, Stuttgart 1963 – Marie Luise Kaschnitz, in: Dein Schweigen – meine Stimme, Claassen Verlag, Hamburg/Düsseldorf 1967 – Lisbeth Zwerger (geb. 1954), in: Die Bibel mit Bildern von Lisbeth Zwerger © 2000 Deutsche Bibelgesellschaft und Verlag Katholisches Bibelwerk, Stuttgart, S. 157
134 Herbert Falken (geb. 1932), Unvollendetes Doppelkreuz. Bild 14 aus dem Zyklus »Scandalum crucis«, 1969, 130 x 90 cm, Ölfarbe mit Sand gemischt auf Leinen, Suermondt-Ludwig-Museum, Aachen – Benedikta Hintersberger, zit. n. Irmi und Hans-Georg Spangenberger (Hg.), Wo meine Sehnsucht ein Zuhause hat, s. zu K. 131, S. 56
135 Miseror-Hungertuch »Ein neuer Himmel und eine neue Erde« von Adolfo Pérez Esquivel (geb. 1931) © MVG Medienproduktion, Aachen 1992
136 in: Jürgen Bentele, Der Feuerbaum, Thienemann Verlag, Stuttgart 1996
137 Lukas Cranach d. Ä. (1472-1553), Martin Luther als Augustinermönch im Jahr 1520 – Unbekannter Künstler, Herr und Knecht, Anfang 17. Jh., 26 x 30 cm, Öl auf Holz, Museum Catharijneconvent, Utrecht
138 Kösel-Archiv – Jan Luyken (1649-1712), Hugenotten flüchten aus Frankreich, 1669, Kupferstich © Deutsches Hugenotten-Museum Bad Karlshafen (Ausschnitt)
139 Cartoon: Horst Haitzinger
140 Bettina v. Arnim, Dies Buch gehört dem König, Erstdruck: Schroeder, Berlin 1843
141 Karl Marx/Friedrich Engels, Werke, Dietz Verlag, Berlin ⁶1972, Bd. 4 (unveränderter Nachdruck der 1. Auflage 1959, Berlin/DDR), S. 459 ff.
142 Walter Dirks, in: Herbert Gutschera/Jörg Thierfelder (Hg.), Brennpunkte der Kirchengeschichte, Schöningh, Paderborn 1976, S. 200 – Predigt Bischof Ketteler, zit. n. a. a. O., S. 205

143 Foto: Kösel-Archiv – Foto: H. Held, München – Grafik: Brandt, in: iz3w, Freiburg – Die Bischöfe der Bergbauregion Boliviens, Hirtenbrief vom 31.07.1986, zit. n. BDKJ/Misereor (Hg.), Arbeitsmappe zur Jugend-Aktion 1987, S. 48
144 Willi Fährmann, Unter der Asche die Glut, Arena-Verlag, Würzburg 1997, S. 387 f.
145 zit. n. Arbeitsgruppe Pädagogisches Museum (Hg.), Heil Hitler, Herr Lehrer. Volksschule 1933-1945. Das Beispiel Berlin, Rowohlt Verlag, Reinbek b. Hamburg 1983, S. 147 (leicht gekürzt) – zit. n. Hannah Vogt, Schuld oder Verhängnis? Zwölf Fragen an Deutschlands jüngste Vergangenheit, Verlag Moritz Diesterweg, Frankfurt/Berlin/Bonn 1961, S. 147 – Foto: Quelle unbekannt – Kurt Halbritter, Adolf Hitlers Mein Kampf, © 1975 Carl Hanser Verlag, München
146 Foto und Abb.: © Anneliese Knoop-Graf/Erben, Bühl – Theo Heinrichs in: www.willi-graf-realschule.de/schule/willi/texte/willi_graf.rtf
147 Bibelillustration um 1200, Den Haag, Königliche Bibliothek – Quelle unbekannt
148 St. Johann im Felde, Raisting, Foto: Quelle unbekannt – Diethard Zils, in: Bundesleitung der KJG (Hg.), Beten durch die Schallmauer. Impulse und Texte, KJG-Verlag, Düsseldorf ⁴1987, S. 84
149 André Ficus (1919-1999), Kommunication in Ronchamp, 1973, Öl auf Leinwand © Petra und Frieder Gros, Tettnang
150 Kardinal Joachim Meisner, in: K. Richter, Kirchenträume und Kirchenräume, Freiburg 1998 – Grafik: Image – Farbiges großes Volkslexikon in zwölf Bänden, 6. Band, Bibliografisches Institut AB, Mannheim 1981, S. 338 – Gesicht Christi – Gesichter der Menschen © Chrétiens-Medias, Paris – T/M: Waltraut Osterlad, Rechte bei der Urheberin
151 Quelle nicht zu ermitteln
152 Kösel-Archiv – in: Margarete Luise Goecke-Seischab, Kirche erkunden, Kirchen erschließen, Ernst Kaufmann Verlag, Lahr 1998, S. 74
153 St. Peter, Trier, Foto: Gunther Seibold, Hemmingen – Manfred Schröter, Ebrach – Dombauarchiv Köln, Matz und Schenk
154 Foto: Gunther Seibold, Hemmingen – Goecke-Seischab/Harz s. S. 145 – Anton Meisburger, Pfronten
155 Foto: Gunther Seibold, Hemmingen – Kloster St. Katharina von Siena der Dominikanerinnen unserer Dienenden Frau, Düsseldorf-Angermund
156 Text und Fotos: Jugendkirche Oberhausen
158 Thomas Niederberger, Kirche als Internet © Ernst Klett Schulbuchverlag, Leipzig GmbH, Leipzig 1999 – in: Hubertus Halbfas (Hg.), Religionsbuch für das 7./8. Schuljahr, Patmos Verlag, Düsseldorf
160 Ikone. Privatbesitz
161 Grafik: Margarete Luise Goecke-Seischab, Planegg – Fotos: Radke, Unterschleißheim – A. Meßmer, München – in: Jugend hat viele Gesichter, BDKJ-Faltblatt © Pressestelle des BDKJ, Jugendhaus Düsseldorf – Susanne Sievering, Bochum
162 Text: CIR – Christliche Initiative Romero e. V. – Foto: CIR – www.zdf.reporter.de, 24.10.2002
163 www.ci-romero.de
164 Claudia Hofrichter, in: Ich glaube. Jugendbuch zur Firmvorbereitung, Kösel-Verlag, in der Verlagsgruppe Random House GmbH, München 2001, S. 93 – Sandra Leukel, in: Hallo Jesus, ich stell mir vor, Kiefel Verlag, Wuppertal 1993
165 Friedensreich Hundertwasser (1928-2000), 224 Der große Weg, 1955 © Hundertwasser Archiv, Wien
166 Foto: Hans Küng, Spurensuche. Die Weltreligionen auf dem Weg, Piper Verlag, München/Zürich 1999, S. 62 – a. a. O., S. 63
167 Fotos: Hinduismus, Farbfolien u. Erläuterungen. Eine Einführung in Religionsgeschichte, Kultur, Brauchtum, hg. von Christoph Hans Baumann/Christian Hackbarth-Johnson, Rel.Päd. Seminar Diözese Regensburg, 1999, Folie 3, Folie 6, Folie 4 – Regina Chibb, Bochum
168 Wolfgang Sonn, Das Lichterfest, in: Monika und Udo Tworuschka (Hg.), Vorlesebuch fremde Religionen, Bd. 2: Buddhismus – Hinduismus, Patmos/Kaufmann, Düsseldorf/Lahr 1988, S. 250 – Foto in: Hans Küng, a. a. O., S. 83 – in: Weltreligionen, Weltfrieden, Weltethos. Begleitbroschüre zur Ausstellung in 12 Tafeln, Stiftung Weltethos, Tübingen 2000, S. 4
169 Hinduismus, Farbfolien u. Erläuterungen (s. zu S. 167), S. 73 f. – © Ministry of I. and B. (Gouvernement of India) – Laenderpress, Düsseldorf
170 Chinna Katha, Stories and Parables, Bd. 1, New Delhi 1975, S. 79 – Foto: Ingrid Fink, Garching
171 in: Klaus Klostermeier (Hg.), Freiheit ohne Gewalt, E. Bachem Verlag, Köln 1968, S. 30 f. – Fotos: Ingrid Fink, Garching – Miriam Heinhold, München
172 Wolfgang Sonn, Das Lichterfest, in: Monika und Udo Tworuschka (Hg.), Vorlesebuch fremde Religionen, Bd. 2 (s. zu S. 168), S. 280
173 Suniti Namjosh, in: Dieter Riemschneider, Shiva tanzt. Das Indien-Lesebuch, Unionsverlag, Zürich 1987, S. 96 f., S. 75 – Foto: AKG
174 Wolfgang Sonn, Das Lichterfest, in: Monika und Udo Tworuschka (Hg.), Vorlesebuch fremde Religionen, Bd. 2 (s. zu S. 167), S. 376 – Fotos: Matthias Kuhn, München – Rajin Ising, Arnsberg
175 Fotos: Christoph Peter Baumann – Quelle unbekannt (2)
176 Fotos in: Küng, a. a. O., S. 159, 156 – Pali-Kanon, mit freundlicher Genehmigung der Universität Tübingen. Abb. zeigt die erste Seite aus dem Buch Mahavagga des *Vinayapitaka*, dem ersten der drei *Pitakas* (= Körbe) des Pali-Kanons – in: Monika und Udo Tworuschka (Hg.), Vorlesebuch fremde Religionen, Bd. 2 (s. zu S. 168), S. 10
177 in: Das lebendige Wort. Texte aus den Religionen der Welt, ausgewählt von Gustav Mensching, Holle Verlag, Baden-Baden 1952, S. 161 f. – Foto: Claudia Lueg, München
179 in: Monika und Udo Tworuschka (Hg.), Vorlesebuch fremde Religionen, Bd. 2 (s. zu S. 168), S. 11 – Bechert/Gombrich (Hg.), Die Welt des Buddhismus, C. H. Beck Verlag, München 984, S. 53 f. – in: Buddhistisches Wörterbuch, Verlag Beyerlein und Steinschulte, Herrnschrot 2003 – Foto in: Küng, a. a. O., S. 164
180 Fotos: International Campaign for Tibet Deutschland e.V.; ICT/www.savetibet.de – Manava Verlag, Basel – Hinduismus, Farbfolien u. Erläuterungen. Eine Einführung in Religionsgeschichte, Kultur, Brauchtum, hg. von Christoph Hans Baumann/Christian Hackbarth-Johnson (s. zu S. 167), S. 17
181 in: Monika und Udo Tworuschka (Hg.), Religionen der Welt in Geschichte und Gegenwart, Bertelsmann Lexikon Verlag, Gütersloh/München 1992, S. 297 – Foto: Kokugyo Kuwahara, München
182 Ernst Haas, Die Schöpfung, Econ Verlag, Düsseldorf/Wien 1978, S. 18 – H. Seuse, in: Mystische Texte aus dem Mittelalter, hg. v. Walter Muschg, Diogenes, Zürich 1986, S. 99 f.
183 Robert Delaunay (1885-1941), Formes circulaires, Soleil n⁰ 1 (Kreisformen, Sonne Nr. 1), 1912/13 © L & M Services B.V. Amsterdam 20010506, Wilhelm-Hack-Museum Ludwigshafen am Rhein – E. Stein, in: Endliches und ewiges Sein (gekürzt), zit. n. dies., Aus der Tiefe leben. Ein Textbrevier, hg. v. Waltraud Herbstrith, Kösel-Verlag, in der Verlagsgruppe Random House GmbH, München ²1997, S. 175 f. – Teresa v. A., in: Das Buch des Lebens, hg. v. Ulrich Dobhan u. a., Verlag Herder, Freiburg ³2004, S. 156 – Kurt Schmidt, Sprüche und Lieder, Christiani Verlag, Konstanz 1954, S. 15 ff. – ebd. – © Wagenbach Verlag, Berlin
184 Adolf Exeler, Klemens Tilmann, Quelle nicht zu ermitteln – in: Carlo Caretto, Wo der Dornbusch brennt. Geistliche Briefe aus der Wüste, Verlag Herder, Freiburg 1992 – in: Meinrad Bumiller/Elisabeth Groß/Klaus Ritter, Wohin geht die Reise? Das andere Gebetbuch für junge Leute, Kösel-Verlag, in der Verlagsgruppe Random House GmbH, München 1995, S. 31
185 Ernst Steinert, Himmlisches Jerusalem, Mandala, 1980, 150 x 150 cm, Gobelin, gewoben von Verena Kaufmann – Hubertus Halbfas (Hg.), Religionsbuch für die 9./10. Klasse, Düsseldorf 1991
186 in: Bertolt Brecht, Geschichten vom Herrn Keuner, Suhrkamp Verlag, Frankfurt/M. 1971